Uwe Timm
Alle meine Geister

AF196643

»Ein Roman für uns alle, die auch in dieser Zeit und in diesem Land gelebt haben.« *Elke Heidenreich,* WDR 4

»Timms Lebenserinnerungen fließen und stocken, sie sind in kein allzu dramaturgisches Korsett geformt, und genau das macht sie so berührend.«
*Marc Reichwein,* Welt am Sonntag

»Eines seiner großartigsten Bücher. Timm erzeugt eine fast magische Atmosphäre.« *Katrin Krämer,* NDR Kultur

»Ein anrührendes Coming-of-Age Buch. In ›Alle meine Geister‹ erweist sich Timm als gewissenhafter Autobiograf und Erforscher zeitgeschichtlicher Mentalitäten.«
*Wolfgang Höbel,* Der Spiegel

»Uwe Timms Buch ›Alle meine Geister‹ ist die Selbsterfindung eines lesenden Kürschners. Ein offenes, atmendes Buch für alle, die vom Lesen nicht lassen können.«
*Paul Ingendaay,* FAZ Podcast


*Uwe Timm,* geboren 1940 in Hamburg, studierte Philosophie und Germanistik in München und Paris. Seit 1971 arbeitet er als freier Schriftsteller und verfasst Romane, Erzählungen, Kinder- und Jugendbücher sowie Drehbücher. Für sein literarisches Schaffen erhielt er zahlreiche Auszeichnungen, u. a. den Heinrich-Böll-Preis, den Schubart-Literaturpreis, die Schillermedaille und das Bundesverdienstkreuz.

Uwe Timm

# Alle meine Geister

dtv

2025 dtv Verlagsgesellschaft mbH & Co. KG
Tumblingerstraße 21, 80337 München
produktsicherheit@dtv.de
Lizenzausgabe mit Genehmigung von
Kiepenheuer & Witsch GmbH & Co. KG
© 2023, Verlag Kiepenheuer & Witsch, Köln
Umschlaggestaltung: dtv nach einem Entwurf
von Barbara Thoben, Köln
Umschlagmotiv: akg-images/Paul Almasy
Satz: C.H.Beck.Media.Solutions, Nördlingen
Satz nach einer Vorlage von Buch-Werkstatt GmbH, Bad-Aibling
Druck und Bindung: Druckerei C.H.Beck, Nördlingen
Printed in Germany · ISBN 978-3-423-14933-4

I.

Das Kind beobachtet das Rotkehlchen auf dem Ast. Das Kind wartet. Der kleine Vogel sitzt und fliegt nicht. Auch die anderen Vögel, die Bussarde, Sperber, die beiden Kanarienvögel, sitzen auf ihren Ästen und fliegen trotz ausgebreiteter Schwingen nicht auf. Das Kind wartet. Die Tiere sind wie im Märchen erstarrt. Das mächtige Buch, in mattrotes Leinen gebunden, mit einer geprägten Goldzeichnung: Ein bärtiger Riese steht hinter einer Tanne, davor der Däumling. Ein Wunderbuch. Auf den Papierseiten glänzt und blitzt es. Diamanten, sagt der Vater, aus der Schatztruhe von König Drosselbart. *Grimms Märchen*. Die erste eindrückliche Wahrnehmung eines Buchs, das jetzt hinter mir im Schrank der ausgewählten Bände steht. Die Augen der Mutter wandern beim Vorlesen hin und her. Die Vorfreude auf das Umblättern, die zarten Aquarellbilder, das tapfere Schneiderlein, die erstarrte Zeit in Dornröschens Schloss, der Däumling, der mit seinem Spazierstock, einer Stecknadel, durch den Schornstein mit dem Rauch in die weite Welt hinausgetragen wird, und der Schrecken, König Blaubarts Schloss, das verbotene Zimmer. Geschichten, die wiederholt werden konnten, gleichbleibend, und sich doch durch Fragen des Kindes und Antworten der Mutter veränderten. Stille. Draußen war Krieg. Pommerland ist abgebrannt, sagte die junge Frau des Leutnants, die mit uns zur Untermiete in dem ziegelroten Haus wohnte, an der Itz, in Coburg.

Unter der Zimmertür der Lichtschein, dort sitzt die Mutter, liest oder näht. Draußen auf der Straße ziehen die dem großen Morden entkommenen Menschen vorbei.

Im Herbst die Rückkehr nach Hamburg. Eine Trümmerstadt. Schuttberge. Geruch nach feuchtem Mörtel. Wohnen und schlafen in einem zugigen Kellerzimmer mit einer Eislandschaft an der Wand. Hunger und abermals Hunger. Die Mutter, der Vater lesen vor: Geschichten aus *Tausendundeine Nacht*. Der magnetische Fels, an dem die Schiffe zerschellen. Die Palastpforte, durch die der Sultan als Bettler geht. Der Bucklige. Die Gärten. Die Rose. Das Wasser. Der Zauberer. Der Dichter. Der Handwerker.

1955, kurz vor meinem fünfzehnten Geburtstag, stellte ich mich bei Erich Levermann vor. Gekommen war ich mit dem Vater, der, obwohl er das Kürschnerhandwerk nicht erlernt hatte, ein kleines, aber gut gehendes Pelzgeschäft betrieb, das er Atelier nannte. Er hatte uns bei Erich Levermann angemeldet. Ein Selbstständiger, worauf der Vater Wert legte, sprach zum Selbstständigen, wenn auch der Unterschied in der Selbstständigkeit erheblich war, der Betrieb des Vaters hatte, samt Chauffeur, zwölf Angestellte, der von Levermann an die sechzig. Erich Levermann saß im Büro hinter einem breiten Schreibtisch und ihm gegenüber der Vater. Ich stand daneben und blickte aus dem Fenster auf ein gegenüberliegendes Bürohaus, darüber der Himmel. Schien die Sonne oder war es nieselig grau? Ein Tag im März, nicht mehr Kind, aber noch nicht erwachsen. Woran dachte ich? Dass in dem Gespräch über mein Leben verhandelt wurde? Wahrscheinlich dachte ich an den Einbeinigen aus der *Schatzinsel*. Das für Jugendliche gekürzte und illustrierte Buch las ich gerade zum zweiten oder dritten Mal. Draußen flog hin und wieder eine Möwe vorbei, dieses schwerelose Gleiten, diese jähen Abstürze, als hätten sie sich an der Luft gestoßen. Die Binnenalster war nah, nur einen Büroblock entfernt. Die beiden Männer redeten über mich. Was sie sagten, davon ist mir nichts im Gedächtnis geblieben. Die Hände aus den Taschen, hat der Vater gesagt, bevor wir ins Büro gingen. Ich trug den dunkelblauen Konfirmationsanzug, ein weißes Hemd. War die Krawatte grün? Sie war grün, sagt eine Stimme in mir, nein, hellblau, sagt eine andere Stimme. Das Blau war eine sichere Farbe. Die Farbe Grün konnte ins Braun spielen. Nicht Farbenblindheit, aber eine Farbenschwäche im Rot-Grün-Bereich. Das durfte nicht erwähnt werden. Aber die feinsten Grauschattierungen konnte ich sehen und genau bestimmen.

Den Beruf des Kürschners hatte ich mir nicht ausgesucht, so wie auch der Vater ihn nicht für sich ausgesucht hatte. Sein Wunsch war wohl gewesen – er sprach nicht darüber –, Künstler zu werden. War es seine Entscheidung, dass ich auf der Volksschule blieb? Vielleicht wollte der Vater mich vor einem Versagen auf der Höheren Schule schützen. Meine Aufsätze waren lang, aber voller Fehler. Das Schreiben war ein Stutzen, ein Widerwille gegen die Beliebigkeit der Zeichen. Sie waren so fern von dem, was sie bezeichneten, warum, sagt die Erinnerung, muss der Schwan mit einem a geschrieben werden, da er doch zwei Flügel hat? Die Autorität der Zeichen, die durch die Lust am Erzählen überwunden wurde. Dieses gewundene Wort: Rechtschreibschwierigkeit.

Die Möglichkeit, dass ich sitzen bleiben könnte, schreckte den Vater. Besser ein guter Volksschüler als ein schlechter Gymnasiast. Und überhaupt sollte der Junge, nachdem der ältere Sohn gefallen war, einmal das Geschäft übernehmen. Ich schickte mich in die Entscheidung. Die Trauer über den Verlust der Freunde, die zum Gymnasium wechselten, darunter der beste, Klaus Meyer. Der Schmerz, zurückzubleiben. Ich stand da und hörte den beiden Männern zu, die rauchten und Kaffee tranken. Der Nochvierzehnjährige spürte in seiner verträumten Abwesenheit, dass der sonst so souverän auftretende Vater hier zum Bittsteller wurde. Levermann hatte nochmals die Bewerbung gelesen, mein Zeugnis studiert und in unser abwartendes Schweigen hinein gesagt, eigentlich stelle er nur Lehrlinge mit Abitur oder Mittlerer Reife ein. Aber gut, sagte er, das Zeugnis ist in Ordnung.

Der Vater und Levermann gaben sich die Hand. Ich wurde mit einem Kopfnicken entlassen.

Wir fuhren mit dem Fahrstuhl hinunter.

Geschafft, sagte der Vater, und du machst mir keine Schande!

Das Wort Schande bezeichnete alles, was die so mühsam aufgebaute Existenz der Familie, die Selbstständigkeit, hätte vernichten können.

Das Pelz- und Modehaus *Levermann* lag in der Hamburger Innenstadt, dem Rathaus nah. Es war das größte Pelzgeschäft in der Stadt und galt als elegant und solide, allein *Edelpelz Berger* hatte ein vergleichbares Niveau, mit einem nicht unwesentlichen Unterschied: Dessen Namensgeber und Besitzer Otto Berger begleitete der Ruf eines genialen Modisten, der, wenn die ausgefallenen Modelle seiner Mäntel nicht den richtigen Faltenwurf zeigten, im Entwurfsatelier tobte und einmal einen Stellspiegel mit einem Stuhl zertrümmert haben soll. Alltagsmythen, die sich um jeden gefragten Schneider, Friseur, Künstler oder Kürschner ranken. Sie alle dürfen, ja müssen etwas Außerordentliches, auch Verrücktes haben, den Ausweis des Genialen. Nichts davon hatte Erich Levermann, dafür war die Firma – und mit ihr die Lehrlinge und Meister – mit zahlreichen Preisen für solides Handwerk ausgezeichnet worden. Die Modelle wirkten zeitgemäß, also modern, aber in Maßen, sodass man nicht über die Form der Mäntel stutzte und den Trägerinnen irritiert nachblickte.

Unten, an dem Eck Bergstraße und Hermannstraße, zog sich an zwei Seiten die breite Fensterfront der

Firma *Levermann* entlang, eine der Kunststoffpuppen trug einen Ozelotmantel. Wir blieben vor dem Fenster stehen. An keiner Stelle war zu erkennen, wo die zwei Felle, um die Länge des Mantels zu erreichen, aneinandergesetzt worden waren, das feine und dichte, falbbraun bis gelbrötlich glänzende Fell, oben an Kopf und Hals die dunklen Längsstreifen, die sich in Reihen zu Voll- und Ringflecken auflösten, dieser so staunenswerte Farbschutz, der das Tier im Laub verbergen konnte, war hier ausgestellt.

Das sind die Könner unter den Kürschnern. Wenn du mal so einen Mantel machen kannst, dann hast du es geschafft, wird der Vater gesagt haben.

Das waren so ganz andere Schaufenster als das eine mit der darüber leuchtenden milchweißen Neonröhren-Schrift *Pelze Timm*. Das *Pelze* in Schreibschrift mit einem schwungvollen, aus dem *E* kommenden Unterstrich, darunter das *Timm* in Blockschrift. Die Schrift hatte der Vater selbst entworfen, und auf dem Foto wirkt sie noch heute – oder schon wieder – modern. Eine kopflose Puppe stand im Schaufenster und trug wochenweise wechselnde Pelzmäntel: Rotfuchs, Nutria oder Persianer. Neben der Puppe lag ein weiterer Mantel oder eine Pelzjacke und auf der anderen Seite, geometrisch aufgefächert, ein Bündel Nerze oder schwarzer Persianerfelle. Wohlgewählt das gedämpfte, ins Goldene spielende Licht. Und stets ein großer Strauß frischer Blumen, die dem Schaufenster etwas Privates, Einladendes geben sollten. Tatsächlich leuchtete das Geschäft in der Nacht und zog die wenigen Passanten auf dem Eppendorfer Weg an. Die kopflose Puppe mit dem angedeuteten schwarzen Samthals war zeitlos und blieb über Jahrzehnte, bis das Geschäft verkauft wurde.

Im Schaufenster Levermanns hingegen konnte man den Sittenwandel verfolgen und datieren, die stilisierten Kunststoffpuppen der Sechzigerjahre lockten in den frühen Achtzigerjahren mit naturalistischen Echthaar-Perücken, schwungvollen Wimpern und zeigten unter halb geöffneten Nerzmänteln schwarz bestrumpfte Beine mit Strapsen. Zwei Jahrzehnte später schmeichelten die Mäntel abstrakten Stahlgestellen.

Im obersten Stock lag die Werkstatt, zwei über Eck gehende große, lichte Räume, hinter deren Fensterreihen der Himmel nahe schien. An der Fensterfront verlief ein durchgehender, fünfundzwanzig Meter langer Holztisch, Esche poliert, an dem neun Kürschner, zwei Kürschnerinnen und sechs Lehrlinge standen oder auf hohen Holzböcken saßen und arbeiteten, ein ruhiges Tun, Felle nach Farbe und Rauche sortieren, in feine Streifen schneiden, die millimeterweise verschoben und ausgelassen wurden, wie es fachgerecht heißt.

Die Kürschnerei zählte im mittelalterlichen Florenz wegen ihres kostbaren Materials, also der Hermelin-, Nerz-, Fuchs- und Biberfelle, zu den sieben Höheren Künsten. Kürschner waren hoch angesehen und in der Stadt wohlgelitten, während die Gerber abgeschieden am Rande der Dörfer und Städte leben mussten, zu nahe waren sie mit ihrer Tätigkeit dem Tod und dem Gestank.

Die weißen Kittel, die säuberlich geschnittenen Schablonen, die Schnittmuster, die geknickten Leder- und Stoffscheren, die silbernen Markier-Rädchen, die hellen, nach Holz riechenden Polarfuchsfelle, die, hauchte man darüber, sich vom reinen Weiß ins Hellgrauweiß abschatteten, all das Werkzeug und Material hatte mich lange nicht an den Tod und das Leid der Tiere denken lassen. Da war eine Ferne, wie sie ähnlich die Träger der Pelzmäntel, der Ledertaschen oder der Schuhe fraglos begleitet. Ich war nie mit der Tötung der Tiere oder mit dem Abziehen ihrer Felle in Berührung gekommen. Das Gewerk der Zurichtung habe ich nur einmal anlässlich eines Besuchs in einer Gerberei gesehen. Die räumliche Form des Lebens war in eine Fläche verwandelt worden, die nur noch von fern an das Tier erinnerte.

Die Felle aus der Gerberei rochen nach dem Holz der Sägespäne, mit denen sie geläutert wurden, oder nach einem unbestimmten orientalischen Gewürz. Genaue Berechnungen nach Vorgabe der Schnittmuster für die Länge und Breite der Mantelteile oder Capes, Jacken oder Stolen waren notwendig. Nerzfelle mussten, um auf die Länge eines Mantels zu kommen, in Streifen geschnitten und wieder zusammengenäht werden. Eine Arbeit, die, waren die Streifen nur 0,5 Zentimeter breit, eine ruhige Hand und äußerste Präzision erforderte.

Hinter den Kürschnern an der Werkbank standen in einer Reihe die zehn leise surrenden elektrischen Pelznähmaschinen. Eine Arbeit, die keine Gespräche zuließ. Die Näherinnen saßen, der Rangfolge ihres Könnens entsprechend, hintereinander, die beste, eine etwas geziert Gehende und Sprechende mit hochgeschnallten Brüsten, saß in der Nähe von Meister Walther Kruse. Hinter ihr kamen all die anderen bis zu der jeweils Jüngsten, die eben ihre Ausbildung abgeschlossen hatte. Das Nähen erforderte beides, Fingerspitzengefühl und Fingerfertigkeit. Die Nähte durften so wenig wie möglich vom Leder erfassen und mussten dennoch haltbar sein. Haare durften nicht eingenäht, die Fellkanten nicht zu hoch sein und die festgelegte Zeit pro Stück nicht überschritten werden. Auch bei dieser mechanischen Arbeit zeigte sich Können. Von den Kürschnern fehlerhaft berechnete Fellstreifen vermochte eine geschickte Näherin ein wenig auszugleichen. Vor allem durften sich in den fertigen Nerz- oder Nutriamänteln die Nahtstellen im Fell nicht abzeichnen. Das unterschied die gelungene Arbeit von Pfusch.

So anders war der von sachten Bewegungen und verhaltenen Gesprächen erfüllte Raum, in dem an jeweils sechs langen Tischen je vier Handnäherinnen saßen. Am Kopfende stand der Tisch der Directrice und ihrer Assistentin. Hier wurden die Seiden aus Italien, Persien und China nach den Schnittmustern zugeschnitten. Dahinter stand der Tisch, an dem die teuren Pelzmäntel wie Nerz, Nutria, Feh und Biber von meist älteren, schon langjährig in der Firma arbeitenden Frauen *gefüttert* wurden, wie es sprechend hieß. Sie verstärkten das Leder der Mantelteile mit Vliesstoff, an den Rändern mit einem fest gewebten Stoffstreifen und brachten die Schulterpolster an. Sodann wurden die Seidenfutter eingenäht. Hinter diesem Tisch kam ein zweiter, an dem die weniger wertvollen Mäntel gefüttert wurden, die verschiedenen Persianer-, Fuchs-, Wallabymäntel, und die hinteren Tische waren den aus Persianerstücken zusammengesetzten Mänteln sowie den Reparaturen vorbehalten.

Die Handnäherinnen arbeiteten wie alle anderen auf Akkord, allerdings war der damals noch gemach. Die vorgegebene Stückzeit war, wie die Stempeluhr, eine Neuerung in der Firma Levermann. Im hellen Raum der Handnäherinnen herrschte zumeist die Ruhe einer nachmittäglichen Hausarbeit, hin und wieder das Rascheln der Seide, das Zischen eines der wuchtigen Bügeleisen.

Der Weg durch diesen Raum zu den weiter hinten gelegenen Waschräumen und Toiletten war begleitet von den leisen Gesprächen der Näherinnen und diesem unbestimmbaren Duft aller nur denkbaren Parfums, der sich süßlich schwer auf das Hirn legte. Hin und wieder, eher selten, blickte eine der Näherinnen von ihrer Arbeit auf. Die Erinnerung bringt mit dem Raum sogleich diese junge Frau vor Augen, die unter ihnen saß, vielleicht drei oder vier Jahre älter als ich, also schier unerreichbar fern, mit ihrem mir zugewandten Lächeln jedoch so nah. Das Erscheinen dieser blond strahlenden Näherin wurde von den Gesellen mit Bemerkungen kommentiert. Vor allem von Breitkamp, meinem Lehrgesellen, einem ehemaligen Marineleutnant, der sie so gern einmal eingeladen hätte, was sie freundlich ablehnte.

Die Lehrlinge wurden für drei oder mehr Monate einem Meister zugeteilt oder einem Lehrgesellen, der kurz vor der Meisterprüfung stand oder sich darauf vorbereitete. Keiner von ihnen hatte eine pädagogische Ausbildung. Breitkamp war, wenn er nicht von seinen Liebschaften sprach – er brauchte Zuhörer –, ein umgänglicher, gut aussehender, witziger, sich mehrmals am Tag das Haar kämmender Mann Anfang dreißig. Er prüfte seinen Kamm, zählte die darin hängenden Haare, schüttelte den Kopf, sagte: Bitte keine Glatze. Er erzählte von seinen norwegischen Freundinnen, die er in Narvik, Stavanger und Bergen gehabt hatte, und von dem vor zehn Jahren zu Ende gegangenen Seekrieg, von U-Booten, Torpedobooten und dem Untergang seines Schiffs, eines Transporters. Der war trotz des heftigen Abwehrfeuers der Flak von englischen Flugzeugen angegriffen und mittschiffs von einem abgeworfenen Torpedo getroffen worden. In wenigen Minuten war der mit Eisenerz aus Narvik beladene Frachter gesunken. Breitkamp hatte das Glück, gerade auf der Brücke Dienst zu tun, sprang in das sieben Grad kalte Wasser und wurde nach wenigen Minuten von einem begleitenden Torpedoboot aus entdeckt und von der Besatzung geborgen. Von dem Schock war ihm der Tick geblieben, dass er, war er aufgeregt, einen Rachenlaut ausstieß, als müsse er Wasser ausspucken.

Das waren die Erzählungen der Überlebenden.

Breitkamp zeigte mir, wie Persianerfelle mit einer Zackennaht ineinandergeschnitten wurden, damit sie die erforderliche Mantellänge bekamen, erklärte die

Formeln für die Berechnung. Er nahm sich Zeit für seine Erklärungen, schob mir allerdings auch Arbeiten zu, die ihm erlaubten, die eigene Stückabrechnung zu verbessern.

Einmal kam eine Näherin, stempelte ihre Karte ab, ging zu ihm und flüsterte ihm etwas ins Ohr. Ein Lachen, sie gab ihm einen leichten Stoß vor die Brust und ging zurück zu all den anderen Näherinnen. Gott sei Dank, sagte er, sie hat ihre Tage bekommen. Das war, solange ich mit ihm arbeitete, seine Hauptsorge, dass eine seiner Freundinnen schwanger werden könnte. Geschafft, sagte er dann. Und manchmal schwieg er und schüttelte nur den Kopf.

Sein Reden war jedes Mal ein Stich, und ich versuchte das Gespräch in andere Richtungen zu lenken, auf Stavanger, auf die Vorpostenboote und den Schiffsuntergang, auf die junge Frau, die Norwegerin, wie er sie nannte, die nach der Kapitulation der Wehrmacht in Stavanger von ihm schwanger zurückgeblieben war. Er habe sie zurücklassen müssen, betonte er. Die Wehrmacht hatte kapituliert, und er kam drei Monate lang in englische Kriegsgefangenschaft. Zugleich begleitete ihn die Furcht, die Frau könne eines Tages mit dem Kind an der Hand vor seinem Reihenhaus in Rahlstedt stehen.

Und Ihre Frau?, fragte ich.

Kann keine Kinder kriegen.

Die Lehrlinge siezten die Gesellen, diese wiederum duzten die Lehrlinge. Drei, höchstens vier Jahre, dann wird die Lust zur Pflicht, sagte Breitkamp. Heirate nicht, war sein Rat.

Ein Filou, sagten die Maschinennäherinnen, von denen er der einen oder anderen auch schon *Gutes getan* und mir davon erzählt hatte, der die Einzelheiten nicht hören wollte. Nichts von dieser mir noch unbekannten Nähe mit all dem nur Wünschbaren, dem noch Unfasslichen und Geheimnisvollen.

Die Werkstatt Levermanns war durch die Anmietung eines Büros im obersten Stockwerk des gegenüber gelegenen Fölsch-Blocks erweitert worden. In dem hellen, sparsam eingerichteten Raum arbeiteten der Geselle Drechsler, die Kürschnerin Annabell, eine aus dem Banat geflohene Maschinennäherin, und ich. Annabell und Drechsler waren ein Paar. Ich stand als Lehrling zwischen ihnen. Hin und wieder brachte Drechsler, was in der Werkstatt verboten war, einen Plattenspieler mit, legte Jazzplatten auf und erzählte von Charlie Parker, Dizzy Gillespie und Miles Davis, den er mit der Platte *Blue Moods* gerade für sich entdeckt hatte. Die lichte Werkstatt war erfüllt von einem Rhythmus, einer Melodie, die zu der sorgsamen Arbeit, dem hellen Leder, den Fellen passten. Hier hörte ich den Jazz, der zu Hause, wo es nur Beethoven-, Brahms- und Tschaikowski-Schallplatten gab, verpönt war. Drechsler konnte die Melodien summen und den Rhythmus bestimmter Stücke in bewundernswerter Präzision mit den Zeigefingern und der flachen Hand auf den Tisch trommeln. Seine Platten lieh er nicht aus – ihm sei einmal eine zerkratzt zurückgegeben worden. Spielte er Trompete? Oder Schlagzeug oder Bass oder beides?

Sonderbar, dass ich mich daran nicht erinnern kann. Und fragen kann ich nicht mehr. Aber das blieb im Gedächtnis: Dieser junge Mann mit dem dichten hellblonden Haar und den blauen Augen konnte sich regelrecht in Wut reden, über die Wiederbewaffnung, über die alten Nazis in Regierung und Wirtschaft. Als Kind war er mit seiner Mutter aus Braunsberg in Ostpreußen geflüchtet. Sie hatten die Wohnung aufgeräumt und sorgfältig abgeschlossen und waren, die russische Artillerie feuerte schon in die Stadt, mit den Koffern zum Bahnhof gegangen und in einem der letzten überfüllten Züge Richtung Westen, ins Reich, gefahren, mussten aber, weil der Zugverkehr unterbrochen war, umkehren und den Weg mit einem Treck über das zugefrorene Haff nehmen, wurden manchmal von einem Pferdewagen oder einem Militärlaster mitgenommen bis nach Kolberg, wenn ich es richtig in Erinnerung habe, und sind von dort mit einem Fischkutter nach Flensburg gebracht worden. Die Mutter hatte auf dem gesamten Weg den Wäschesack mitgeschleppt. Am Straßenrand lagen die Erfrorenen und die durch Beschuss getöteten Frauen und Kinder.

Aufbrausend und ungeduldig mit mir, dem Lehrling im ersten Jahr, hatte er etwas Einschüchterndes, von dem auch die Maschinennäherin und seine Freundin Annabell betroffen waren. Diese arbeitete in der Hierarchie des Könnens und der Achtung im mittleren Feld der Kürschner, die mit der Herstellung von Persianermänteln beschäftigt waren, wobei es in der Gruppe abermals eine Rangordnung gab: Jene, die auch die in

Locke, Farbe und Glanz kompliziert zu verarbeitenden hell- bis weißgrauen Naturpersianer in Mäntel oder Jacken verwandeln durften, standen über denen, die nur die einheitlich schwarz gefärbten und daher leichter zu verarbeitenden Persianerfelle zugeteilt bekamen. Eine besondere Herausforderung hingegen waren die in der Locke flachen, geflammten Breitschwanzpersianer, die eine Fachklasse bearbeitete, zu der Drechsler gehörte.

Aus den anfallenden Fellresten wurden Persianer-Stücke-Mäntel hergestellt, eine Aufgabe der Lehrlinge im dritten Lehrjahr und zwei alter Kürschner. Eine gering geachtete Arbeit, bei der die Ränder ähnlicher Stücke gerade geschnitten, zusammengenäht und dann auf einer Holzplatte aufgezweckt wurden. Die Maschinennäherinnen hassten diese Arbeit, die Lehrlinge und die beiden in der Hierarchie zuunterst stehenden Kürschner auch.

Für das Sortieren der Persianerstücke war ein weiteres Büro im Fölsch-Block angemietet worden, dessen beide Fenster in den Hof des großen Hauses führten. Das Sortieren, das Vergleichen der Fellstücke, die nach Größe, Form der Locke und dem Glanz in verschiedenen Kästen gesammelt wurden, war ein ruhiges Tun, das dem Tagträumen Raum ließ. Das Vergleichen dieser bei näherer Betrachtung so ähnlichen und doch unterschiedlichen Fellstücke hatte etwas von einer meditativen Tätigkeit. Eine bei den Lehrlingen unbeliebte, da einsame Arbeit, die mir allerdings zusagte.

Ich saß und blickte in die gegenüberliegenden Büros, wo Frauen an Schreibmaschinen saßen, telefonierten, schrieben, gut ausgeleuchtet von den Neonröhren und Schreibtischlampen, die jetzt, im November, schon am frühen Nachmittag, wenn die Dunkelheit sich im Innenhof sammelte, angeschaltet waren. Hin und wieder, selten, kamen Männer in die Zimmer, wahrscheinlich leitende Angestellte, deren Räume zum Rathaus und zur Bergstraße hinausgingen. Einmal, abends, sah ich, wie, als ein Mann ins Zimmer kam, eine Frau vom Schreibtisch aufsprang, ihm entgegenstürzte, um den Hals fiel, während er sich mit ihr wie zum Tanz drehte, sie mit dem Rücken gegen die Tür drückte, die beiden sich küssten, wie er die Hand unter ihren Rock schob und wie die wild verknäuelte Bewegung plötzlich erstarrte, sie den Rock wieder herunterzog. Beide standen lauschend da, dann ging er schnell aus dem Zimmer und sie zum Schreibtisch, ließ sich in den Sessel fallen, schüttelte den Kopf, ihr Haar flog nur so hin und her.

Ein andermal saß in einem weiter unten gelegenen Büro eine Frau über den Schreibtisch gebeugt, das Gesicht in den Händen verborgen, ihr Kopf zuckte, dann blickte sie hoch, holte aus der Handtasche ein Taschentuch, einen Spiegel und ein Etui, wischte sich die Augen und begann sich zu schminken, sorgfältig, prüfte mit kleinen Kopfbewegungen sachlich ihre Arbeit im Spiegel. Das waren die seltenen Bilder zu dem Kummer, den Leidenschaften, der Eifersucht, von denen in der Werkstatt erzählt wurde. Das Gewöhnliche war das Telefonieren, Schreibmaschineschreiben, Abheften der Briefe in Ordner.

Die Tage dehnten sich. Und ich träumte vor mich hin. Drechsler kam selten ins Zimmer, und wenn, nicht etwa zur Kontrolle, sondern weil ich etwas für ihn holen oder ausrichten sollte. Auf dem kurzen Weg vom obersten Stock hinunter auf die Straße, die ich überqueren musste, um im gegenüberliegenden Gebäude mit dem Fahrstuhl hinauf zur Werkstatt in den fünften Stock zu fahren, hatte ich, in ganz andere Welten versunken, vergessen, was ich denn bringen oder ausrichten sollte. Kam zurück und hatte etwas anderes gebracht. Drechsler sagte: Himmel Sack, und schlug auf den Tisch. Es war Annabell, die ihn dann beruhigte, vorsichtig, da sich seine Wut auch gegen sie richten konnte. Fünfzehn Jahre war ich alt und stolperte oft, stieß an Tische, Stühle, Tassen fielen zu Boden, Gläser zersplitterten, ich war mit der Länge meiner Arme und Beine noch nicht vertraut. In den letzten Monaten hatte ich überraschend noch ein paar Zentimeter zugelegt.

Das Sortierzimmer, so wurde es in der Firma genannt, hatte den Vorteil, dass ich dort lesen konnte, nur in Maßen allerdings, denn die geleistete Arbeit war an den verschiedenen Kisten ablesbar. Jedenfalls habe ich mich später, im Sommer des zweiten Lehrjahrs, zur Überraschung von Werkmeister Jäckel nochmals freiwillig zum Stückesortieren gemeldet. Ich las die in einem Trödelantiquariat gekauften Bücher über die Polarforscher Fridtjof Nansen und Ernest Shackleton, vor allem die zweibändige *Eroberung des Südpols* von Roald Amundsen. Das jeweilige Buch konnte ich, falls jemand ins Zimmer kam, unter die Persianerstücke schieben. Die staunenswert akribische Vorbereitung Amundsens auf die Reise zum Südpol, die Mühen und Strapazen der Wanderung über das Eis haben mich – draußen zog der Sommer vorbei – zu seinem Begleiter gemacht. Jahrzehnte später, eingeladen zu einer Lesung in Oslo, war mein Wunsch, dieses Museum zu besuchen, das eine Ausstellung zu Amundsen zeigte, seine Tagebücher, Berechnungen, Pelzjacken. Amundsen, der mit einem Flugzeug 1928 zur Rettung des mit seinem Zeppelin auf einer Eisscholle notgelandeten Generals Nobile aufgebrochen war, kehrte von diesem Flug nicht zurück. Eine Suchexpedition wurde ausgeschickt, vergeblich. Amundsen war und blieb verschwunden. Nach Jahren wurde in Nordnorwegen ein Treibstofftank seines Flugzeugs angeschwemmt. Fünfzig Jahre nach der Lektüre habe ich ihn gesehen, zylindrisch, in Form und Länge einem Kajak ähnlich. Der Tank war wie eine Konservendose an einer Seite ein Stück weit aufgeschnitten, das Metall war hoch- und umgebogen worden. Wahrscheinlich hatte aus dem Metalltank ein Boot gebaut werden sollen.

Eines Tages kam ein junger Mann in mein stilles Zimmer, groß und kräftig, trug, was im Pelzgeschäft nicht gern gesehen wurde, eine abgetragene proletarische Lederjacke. Erik war nur kurz in der Hauptwerkstatt beschäftigt gewesen, hatte Ärger mit dem Werkmeister bekommen und war überraschend dieser den Lehrlingen zugeordneten Beschäftigung zugeteilt worden. Nun saßen wir, Erik und ich, nebeneinander an dem langen Tisch auf hohen Holzböcken – man musste auf die ausgebreiteten Fellstücke von oben blicken können. Die im Hof gestaute Wärme strömte durch die beiden geöffneten Fenster ins Zimmer.

Erik war ein gutes halbes Jahr durch die Vereinigten Staaten gereist und der Erste, dem ich begegnete, der das Land nach dem Krieg besucht hatte. Erzählungen über Amerika, andere, kannte ich von den dort interniert gewesenen deutschen Kriegsgefangenen.

Ich saß im weißen Umhang vor dem Spiegel, und Friseur Mansfeld machte mit der Schere ein paar Leerschnitte in der Luft, erzählte, wie er als Soldat im Afrikakorps 1943 von den Amerikanern in Tunesien gefangen genommen und mit anderen Gefangenen in einem Truppentransporter nach Amerika gebracht worden war. Voll schwärmerischer Bewunderung waren seine Erzählungen, wie er mit dem Schiff in New York ankam, die Lichter der Wolkenkratzer sah, die lange Fahrt in den Süden, die Landschaft, die Berge, die Wüste, und wie sie, während die Menschen in Deutschland der Gefahr der Bomben ausgesetzt waren, sicher, wenn auch hinter Stacheldraht, und gut genährt leben konnten. Sein Staunen sprach aus der Beschreibung der Baumwollhemden, der Kammgarnhosen, der Qualität der Lederschuhe, des reichhaltigen Essens. Er verdiente als Kriegsgefangener in einer Konservendosenfabrik achtzig Cent pro Tag und im Lager etwas hinzu, konnte als Friseur arbeiten, sich im Beruf perfektionieren und lernte, mit der Schere eine Stoppelfrisur zu schneiden. Die trug er mir bei jedem Besuch wieder von Neuem an, was ich jedes Mal wieder ablehnte, um weiter bei meinem unauffälligen Kurzhaarschnitt zu bleiben. Sommer 1946, sagte er, war der amerikanische Traum aus, da wurde er mit anderen Kameraden aus dem Paradies in New Mexico vertrieben und in das zerstörte Hamburg zurückgebracht. Wir hatten Glück, sagte er jedes Mal, die armen Kameraden, die in Sibirien Bäume fällen mussten.

Ganz anders waren Eriks Erzählungen. Nach dem Abschluss seiner Lehre war er wiederholt im Frankfurter US-Konsulat vorstellig geworden, hatte schließlich ein Visum bekommen und war an Bord eines Frachters nach New York gefahren, hatte sich, wie es hieß, rübergearbeitet, als Hilfssteward. Davon zeugten Anekdoten, deren Wahrheitsgehalt durch ihre Detailgenauigkeit Beglaubigung gewann. Dieser junge Mensch musste dem Kapitän regelmäßig eine Tasse Kaffee auf die Brücke bringen. Bei Wellengang schwappte der Kaffee über, und die Tasse war nur noch halb voll. Nachdem Erik jedes Mal angeschnauzt worden war, nahm er fortan einen kräftigen Schluck Kaffee in den Mund und spuckte ihn kurz vor der Tür zur Brücke wieder in die Tasse.

In Amerika war er mit Bus, Eisenbahn und per Anhalter gereist und erzählte von den weiten Feldern, den Wäldern und der Gastfreundschaft auf dem Lande, aber auch vom Leid und der Armut der Menschen in den Städten. Er hatte in New York in einer großen Pelzmanufaktur gearbeitet, wo er, obwohl nicht gelernt, als Maschinennäher angestellt worden war. Zeitungen hatte er ausgetragen, in einer Reinigung Hemden gepresst und in Chicago in einer Fleischfabrik den geschlachteten Rindern die Zungen herausgeschnitten.

Ich fragte viel und war ein begieriger Zuhörer, sodass er, obwohl sechs Jahre älter als ich, mich zu einem Kinobesuch einlud – der Lehrling verdiente 30 DM im Monat. War es *Das Fenster zum Hof*? Aber die Vorführung war ausverkauft. So gingen wir, eine milde Frühsommernacht, weiter zur Reeperbahn, schlenderten zwischen den Neugierigen und Erlebnishungrigen an den Kneipen, Restaurants vorbei, am *Café Keese* mit seinem Ball Paradox – Kurt Student, hochdekorierter General der Fallschirmjäger, war der damals noch Empfangschef? –, gingen diesen Boulevard der Lüste entlang. Im Eingang einer großen Bar – kein Bums, kein Striptease, kein Rotlicht, ein Etablissement, das sich als gepflegt auswies – spielte ein Barpianist auf dem Klavier. Wir hörten einen Augenblick den gängigen Melodien zu. Der Pianist stand auf, reckte sich, zündete sich eine Zigarette an. Der Portier, ein geübter Aufreißer und Menschenkenner, hatte Erik beobachtet, wie er dastand und zuhörte, und sagte: Versuchen Sie's doch mal.

Nach einem kurzen Zögern setzte Erik sich tatsächlich auf den Klavierhocker, griff sehr langsam, kurz innehaltend, in die Tasten, einen Moment dachte ich peinlich berührt, noch kannte ich ihn zu wenig, er wolle den Pianisten parodieren, könne gar nicht spielen, aber nach einem kurzen Lauf, und dann sehr entschieden und konzentriert, spielte er drei Stücke, drei

Stücke von Bach. Das ist die Erinnerung: Der Barpianist hielt wie vergessen die brennende Zigarette in den Fingern, Passanten waren stehen geblieben, ein paar Touristen, rotgesichtige Bauern mit Ehefrauen, aus Schleswig-Holstein oder Niedersachsen, Matrosen eines im Hafen liegenden spanischen Zerstörers, zwei, drei Nutten, ein Betrunkener mit schaukelndem Oberkörper, den Kopf nach vorn gebeugt und schwerfällig nickend. Erik spielte in diesem breiten, grell beleuchteten Eingang, umgeben von einer konzentrierten, den Trubel draußen abgrenzenden Stille. Er endete, stand auf, ein kurzes Nicken zu dem Pianisten und den Zuhörern, deren Klatschen er mit der Hand abwinkte.

Komm, sagte er, komm, und so gingen wir weiter in den trunkenen Lärm, in das Neonleuchten der Nacht.

In den knapp zwei Wochen, die wir zusammenarbeiteten, hatte er nicht erwähnt, dass er Klavier spielen konnte, und erst recht nicht, in welch staunenswerter Perfektion. Jetzt erzählte er auf meine Frage, dass er fast jeden Abend spiele. Die Behandlung der Felle sei gut für die Finger und für das Klavierspiel. Und ich dachte, mit diesen Händen hat er geschlachteten Ochsen die Zungen herausgeschnitten.

Nach gründlicher Vorbereitung zur Aufnahme am Konservatorium – in Frankfurt oder Berlin? –, sagte er, sei er nach seinem Vorspiel in der klassischen Abteilung abgelehnt worden. Er hatte sich entschieden, mit seiner Mittleren Reife eine Kürschnerlehre zu machen, um seinen, wie er mit einem inzwischen nahezu ausgestorbenen Wort sagte, Broterwerb zu sichern. Spielen, mit dem Ziel aufzutreten, wollte er weiter, und zwar ganz entschieden – Jazz. Jetzt spiele er hin und wieder in einer Band in Pinneberg, manchmal hier und da in Amateurbands, er müsse sich aber weiter perfektionieren.

Ich hatte ihn in den nächsten Tagen in seiner kleinen, gesondert auf einem Grundstück in Eppendorf stehenden Garage besucht, in der ein Opel Olympia auf Holzpfosten aufgebockt war, die Reifen standen an der Wand, daneben ein paar leere, noch aus englischem Militärbestand stammende Benzinkanister. Das rückwärtige Mauerwerk war, vermutlich aus akustischen Gründen, mit einer Spanplatte abgedeckt, auf die er eine Wolldecke gezweckt hatte. Davor stand das Klavier. Dort spielte er am Abend, oft auch nachts, in einem Geruch von Öl und Benzin.

Ich saß auf einem Kanister und hörte zu, wie er einige Etüden von Chopin spielte, er nannte die Nummern der Stücke, und nach einer kurzen Pause, in der er die Tasten anstarrte, als wollte er sie durch Hypnose eigenständig zum Erklingen bringen, sagte er, in der nächsten Woche werde er in Barmbek mit einer Amateurband auftreten. Das Klavier hatte er stimmen lassen, dennoch, der Klang war nicht gut. Auch diese Verstimmung gehöre, wie er sagte, dazu. Ich fragte ihn, ob er in Amerika gespielt hätte, nein, aber er habe viele Bands in den Clubs gehört.

Ein fremder Klang, schroff, disharmonisch, schlug gegen die Wolldecke, nicht vergleichbar dem Swing, den ich bis dahin gehört hatte. Sommer 1956, der Free

Jazz kam, nach Meinung der Fachleute, erst um 1960 auf. Vielleicht wurde ich in dieser Garage Zeuge eines Experiments, das von vielen Musikern zur gleichen Zeit, an verschiedenen Orten betrieben wurde, um schließlich in so herausragenden Musikern wie Ornette Coleman, John Coltrane und anderen seine Ausprägung zu erlangen.

Ich habe Erik und seine Band in Barmbek gehört. Ein guter Swing, mehr nicht. Er saß am Piano, hinzu kamen ein Kornett, Bass, Klarinette, eine dieser zahlreichen Amateurbands, die sich am Wochenende verabredeten und in inniger Versunkenheit miteinander spielten. Ungefähr zwanzig Zuhörer saßen in der Kneipe. Ich war der Einzige, der nicht rauchte und kein Bier trank.

Ich erzählte ihm, dass ich als Schüler im Amerikahaus Hemingways *The Old Man and the Sea* mithilfe eines Wörterbuchs gelesen hätte. Gut drei Wochen dauerte es, bis ich mich durch den kurzen Roman gekämpft hatte, ganz auf die Handlung konzentriert, die verlässliche Freundschaft zwischen dem Jungen und dem alten Fischer, wie der Junge sich um den Alten sorgt, ihm Essen und ein Bier bringt, den Korb mit den Seilen und der Harpune zum Boot trägt, Abschied von dem Alten nimmt, der hinausrudert, sich von der Strömung weit treiben lässt, bis auf dem offenen Meer ein Fisch anbeißt, der Kampf mit dem mächtigen Tier, zwei Tage und zwei Nächte zieht der Fisch das Boot an der Angelschnur hinter sich her, die aufgerissenen Hände des Alten, der die Angelschnur über den Rücken gelegt in den Händen hält, damit er nachgeben und wieder anziehen kann, der nicht loslässt, mit dem Fisch redet, ihn seinen Bruder nennt, ihn schließlich mit der Harpune tötet, der Kampf mit den Haien, die den Kadaver anfressen, und das Ende, als das Boot den Hafen mit einem gewaltigen Skelett erreicht.

Ich habe nicht die Bezüge zum Alten Testament erkannt und nicht die Anspielung auf Melvilles *Moby-Dick,* nicht die Struktur der knappen Sätze, nicht die feinen Abschattierungen in der Beschreibung der Farben des Meers, der Wolken, der Fische, all das geschah erst bei einer späteren Lektüre. Und doch hatte ich das Buch auf meine Weise verstanden, bewunderte die Kompromisslosigkeit, die Ausdauer, die Zähigkeit des Alten in seinem vergeblichen Kampf.

Warum gerade dieses Buch? Ich weiß es nicht, kann mich nicht entsinnen, ob mir jemand bloß das Buch oder den Autor Hemingway empfohlen oder ob ich darüber in einer Zeitschrift gelesen hatte. Die Verfilmung kann es nicht gewesen sein, die kam erst 1958 in die Kinos.

Erik brachte mir am nächsten Tag *Der Mann im Roggen* von Jerome D. Salinger mit, ein Buch, dem, wohl um es in der Manteltasche tragen zu können, die Pappumschläge abgerissen worden waren. Was hat er mir dazu gesagt? Das Buch sei mit ein Grund für ihn gewesen, nach Amerika aufzubrechen? In dem sichtlich zerlesenen Buchblock waren feine Anstreichungen und einige nur schwer oder gar nicht zu entziffernde Anmerkungen mit Bleistift gemacht worden.

Noch hatte ich nicht mit der Lektüre begonnen, als er eines Tages in das Sortierzimmer gestürmt kam, seinen weißen Kittel vom Haken riss, sagte: Der kann mich mal am Arsch lecken. Alles Gute. Wir sehen uns.

Ich habe ihn nie wiedergesehen. Auch nichts von ihm gehört. Hieß er Blohm? Erik Blohm? Oder hatte er einen Künstlernamen? Breitkamp hatte ihm den Spitznamen Erik der Rote gegeben. Ich achtete in den folgenden Jahren auf Jazzplatten und -gruppen, auf der Suche nach seinem Namen. Später brachte ich ihn mit dem Aufkommen des Free Jazz in Verbindung. *Der Mann im Roggen* hatte er mir wie eine Flaschenpost zurückgelassen. Diese Geschichte von Holden Caulfield, die ich langsam las und abermals las. Und heute, sie wieder lesend, nun ungekürzt in einer neuen, von Eike Schönfeld erstellten Übersetzung unter dem seit 1963 üblichen Titel *Der Fänger im Roggen,* kann ich nachempfinden, mit welcher Wucht gerade diese Geschichte mich, den eben Sechzehnjährigen, traf – das so ganz andere, ferne Milieu, der Erlebnisreichtum, die Wildheit, die Orte, Personen und Erfahrungen, die mit dem Kehren und Feudeln der Werkstatt, dem Reinigen der Toiletten, dem Sortieren der Persianerstücke, dem fieseligen In-Streifen-Schneiden der Felle so gar nichts gemein hatten.

Die Lektüre muss ein Kraftstoß gewesen sein, dem es nachzuleben galt, dem Widerständigen, Aufmüpfigen, auch das war zu lernen, eine Verweigerung, die sich dort nicht zuletzt in der Sprache ausdrückte, dieser flapsigen Jugendsprache, dem Witzelnden, *der gute*

*Luce,* den Übertreibungen, eine Sprache, die beim heutigen Lesen schwer erträglich ist, mir damals aber Mut zusprach, wie die Beschreibung des nächtlichen Herumstreunens in New York, der Bars und des Lebens am College. Die Vorstellung bildete sich, ebenfalls ein College zu besuchen, nicht aber wie Holden Caulfield das Lernen als Anpassung zu missachten, sondern es vielmehr mit aller Kraft und Neugier auf ein Gelingen hin zu betreiben. Vor allem waren es diese Leselust, die ferne Welt, die Sprache, das Flapsige, das Freche und auch die liebevolle Bewunderung Holdens für seine kleine Schwester Phoebe, die in ihrer Wahrheit und Unschuld für all das steht, was die Erwachsenenwelt vermissen lässt. Dass der Bericht von Holden als therapeutische Maßnahme in einer Klinik geschrieben ist, hat sich, obwohl erzähltechnisch doch wichtig, nicht eingeprägt. Ist es mir damals gar nicht aufgefallen?

Die Lektüre bestärkte jedenfalls das Schreiben- und Erzählen-Wollen. Vorausgegangen war, noch in der Volksschule, der naive Versuch, einen Roman zu schreiben. Warum einen Roman? Niemand hatte mich dazu angeregt oder gar ermutigt. Woher kam dieser Wunsch? Von der ersten überwältigenden Lektüre der *Schatzinsel?* Das Schreiben war voller Lust und Fehler und eine Gegenwehr zum lähmend langweiligen, zugleich mit Abfragen drohenden Zensurunterricht. Erzählen wollte ich die Geschichte einer der tausend Familien, die, was eben im Unterricht behandelt worden war, als *unnütze Esser* Weihnachten 1813 von den französischen Truppen aus Hamburg vertrieben worden waren.

Ein koloriertes Historienbild zeigte die Verzweifelten, deren Schicksal dem der aus Ostpreußen Vertriebenen in der Nissenhütten-Siedlung am Isebekkanal glich.

Ich schrieb nicht zu Hause, sondern in den Pausen, auf und manchmal unter der Bank. Es war wie ein Luftholen. Bis der Lehrer, Herr Blumenthal, dem die Haare büschelweise aus Nase und Ohren wuchsen, auf den Schreibenden aufmerksam wurde, ihm das Heft wegnahm, darin las, den Kopf schüttelte und es in den Papierkorb warf.

Gegen Ende sagt Holden Caulfield – tatsächlich redet er zu viel daher: *Es tut mir leid, dass ich so vielen davon erzählt habe. Ich weiß eigentlich nur eins, dass ich irgendwie alle vermisse, von denen ich euch erzählt habe.* Das Erzählen Holden Caulfields hat sich in dem Roman ins Schreiben gekleidet. Eine Erinnerungsarbeit, durch deren Festschreibung Holden Caulfield die herbeizitierten Personen nicht mehr loswird. Sie werden ihn weiterhin geisterhaft begleiten und mit ihnen die Trauer über das erwartbar endgültige Vergessen.

Breitkamp erzählte später, der Rote Erik habe sich morgens vor dem Abstempeln beim Werkmeister beschwert, er habe keine Lust zum Stückesortieren. *Ich habe längst ausgelernt, verstehen Sie?* Und als Jäckel ihn zurechtwies und sagte, er habe das zu tun, was er ihm befehle, habe Erik *Leck mich* gerufen und sei gegangen.

Wieder in meiner Einsamkeit, schrieb ich auf das Papier der alten Schnittmuster, ein festes zart hellbraun gestreiftes Papier, Wörter, Sätze und zerschnitt sie, setzte sie neu zusammen, zerschnitt sie abermals, bis kleine zusammenhanglose Wörter dastanden, die ich aneinanderpuzzelte. Merkwürdige Wortgebilde.

Eines Tages, als ich in die große Werkstatt kam, sagte Meister Jäckel mal wieder: Seht, da kommt unser Träumer, was hat er uns denn zu melden?

Worauf ich sagte, Sie haben sich bei den Nerzfellen verzählt, Herr Jäckel. Ich habe nachgezählt. Es ist eines zu viel. Hier! Und reichte ihm das Fell.

Von da an blieb ich von Kommentaren verschont.

Im zweiten Lehrjahr war ich dem Meister Walther Kruse auf dessen Wunsch zugeteilt worden. Kruse, der wenige Jahre vor seiner Rente und in der Hierarchie der Kürschner ganz oben stand, wurden die kostbaren, kompliziert zu verarbeitenden Biber-, Ozelot-, Feh-, Luchs- und Chinchillafelle anvertraut. Er nahm in der Rangordnung des Betriebs eine Sonderstellung ein, konnte sich die Arbeit aussuchen und hatte die Freiheit, morgens später zu kommen. Sein Platz war am Ende des langen Werktischs, vor dem letzten Fenster, von dem, beugte man sich vor, ein Stück der Binnenalster zu sehen war, ein Sehnsuchtsort des Lehrlings.

Jetzt, als ich mir das Haus wieder ansehe, stelle ich fest, dass dieses Erinnerungsbild trügt, die Alster ist von dort aus nicht zu sehen, allenfalls etwas vom Jungfernstieg. Die Erinnerung will aber diesen Blick. Kruse saß meist auf einem hohen Holzbock, das fein geschnittene Gesicht mit dem grauen gescheitelten Haar über die Felle gebeugt, konzentriert und ruhig, einem Gelehrten gleich, sprach er ein genau artikuliertes Deutsch, oft wie für sich, versunken in seine Arbeit. Niemand behelligte ihn. Er war Sozialist, hatte als Kind an der Hand seines Vaters noch August Bebel sprechen hören, und er war Betriebsrat, nicht kündbar, vor allem aber wegen seines Könnens unverzichtbar. Das war der Anspruch der Gewerkschaft: Die politische Arbeit und das handwerkliche Können gehören zusammen. Im Betrieb gab es zwei Beschäftigte, die Levermann offen widersprechen konnten, eine schöne Schleichende, die Designerin, die sich diese Freiheit durch einen Moment der Hingabe geschaffen hatte, und ihn, Kruse, der durch Erfahrung, Wissen, Genauigkeit und Ausdauer in seinem Fach nicht nur zum Meister, sondern zum Künstler geworden war. Er war nicht zu ersetzen. Eine genau zu beobachtende, erst später für mich auf den Begriff zu bringende Herr-Knecht-Dialektik. Wie ich auch bei der Lektüre von Richard Sennetts *Handwerk,* worin er die Künste dem Handwerk so schwesterlich nah deutet, Walther Kruse vor Augen hatte. Die Obsession der Genauigkeit, die Achtung gegenüber der Besonderheit des Materials und die Verpflichtung, dieses in eine perfekte Form zu bringen, ist ein sinnbildender Prozess. Er ist das emotionale Gegenteil zu dem verbreiteten: Passt schon. In Walther Kruse fand der Handwerker zu seiner Autonomie.

Allerdings kamen diese so besonderen, auch charakterlich bedingten Eigenschaften an ihre Grenzen in den Zeiten der Gewalt. Da war das Können nur noch in Ausnahmefällen gefragt, wenn Frau v. Ribbentrop einen Fehmantel von ihrem Mann, dem Außenminister, geschenkt bekam, der die Fehfelle wiederum von einem General der Heeresgruppe Nord bekommen hatte. Sonst war der Könner Kruse, wegen Wehrwirtschaft unabkömmlich, damit beschäftigt, für die Soldaten an der Ostfront schlichte Fellkappen und einfache Schaffellmäntel zuzuschneiden, die dann die Näherinnen zusammenschusterten. Passt schon. Im Russlandkrieg wurden Kürschner und Kürschnerinnen gebraucht. Allerdings reichte der wärmende Schutz in der Nazizeit nur für diejenigen, deren Pass kein eingestempeltes J zeigte.

Walther Kruse, der politisch dachte und handelte, bot mir, dem Verträumten, allein dadurch, dass er neben mir stand, Schutz. Ihm hatte ich mich mit meiner Farbenschwäche anvertraut, musste nicht indirekt wie bei Breitkamp fragen: Wie finden Sie diesen Zusammenschnitt der Nerzstreifen? Der ist ein wenig zu dunkel, nicht? Die Farbenschwäche, die ich verheimlichen musste, konnte ich meistens durch das genaue Erkennen von Schattierungen ausgleichen. Dennoch konnte es passieren, dass Breitkamp sagte: Nee, da ist doch ein zartes Rot drin. Also nee, passt nicht zu dem Braunton. Es kam also vor, dass ich Walther Kruse fragen musste: Passt das im Ton? Und er antwortete sachlich und half mir beim Suchen nach dem passenden Fell.

Seit ich neben ihm stand, konnten die anderen Kürschner mich nicht mehr anweisen, mal eben etwas zu holen, zu suchen, zu putzen, zu bringen. Die ruhige Art der Meisterschaft, mit der Kruse mir die komplizierte Berechnung der Auslassschnitte erklärte.

Die Zahl der Schnitte und der prozentuale Verlust durch die Nähte erforderten genaue Berechnungen. Die Fellbahnen wurden abgeglichen, zusammengenäht, die Lederseite der Vorder- und Rückenpartie des Mantels wurde mit Wasser eingestrichen, auf große Holzplatten gestreckt und mit Nägeln fixiert – aufgezweckt. Die getrockneten Felle waren auf der Lederseite wie Pergament, auf das die Zacken oder Auslassschnitte mit einem Kugelschreiber eingezeichnet wurden, blau oder schwarz, rot die Abstände, mit denen die Streifen verschoben und zu einem langen Fellstreifen zusammengenäht wurden. Die Nähte wurden mit einer Messingrolle flach gedrückt, anschließend erneut mit Wasser eingestrichen und aufgezweckt. Während die Teile trockneten, bereitete man die nächste Arbeit vor. Persianerfelle wurden nach Haardichte, Lockenform, Farbe und Glanz sortiert, ein Hin- und Herschieben, ein Austauschen, abermaliges Suchen nach dem geringst sichtbaren Übergang von Fell zu Fell, die wiederum mit einer Zackennaht eingeschnitten und zusammengenäht wurden. Das war die Zeit, in der erzählt wurde.

Das Erzählen begleitete die eingeübten Arbeitsgänge, die keine rechnende Überlegung erforderten, aber doch höchst genau in der Handhabe sein mussten, wie das feine In-Streifen-Schneiden der Felle.

Das muss, da der Beruf ausstirbt oder in seiner exklusiven Feinheit bereits ausgestorben ist, so ausführlich beschrieben werden. Mit ihm gehen seine Kenntnisse, seine Handreichungen, Fertigkeiten und auch jahrhundertalte Geheimnisse verloren.

Die genauen Berechnungen boten jedoch keineswegs die Gewähr dafür, dass die Fellstreifen nach dem Zusammennähen die gewünschte geschweifte Form bekamen. Hinzutreten musste die jahrelange Erfahrung im Taktilen, die Fähigkeit zu fühlen, wie geschmeidig das Leder war, wo es etwas brüchig werden konnte, wie genau die Haare beschaffen waren, wo man die Streifen eine Winzigkeit schmaler, die anderen etwas breiter schneiden musste.

Kruse saß auf seinem Holzbock, ich, der Lehrling, stand neben ihm, so arbeiteten wir nebeneinander und konnten miteinander reden. Bei vielen Arbeitsgängen gab es diesen Wechsel von Berechnung zum handlichen Tun, dem Einschneiden, tatsächlich hantieren Kürschner die meiste Zeit mit dem Messer, gleichmäßig, mit ruhiger Hand, wie ein Chirurg, sagte Kruse, fünf Millimeter Breite, und nicht zu vergessen das Anpassen, das Vergleichen der Farbe, der Haarhöhe und -dichte, der Rauche – all das und die Begriffe dafür werden mit dem Handwerk verschwinden. Und mit ihm die tragbaren Pelze.

Gut gearbeitete Pelzmäntel hatten eine lange Lebensdauer, und die Ausbesserungen, die für langjährige Kundinnen im Sommer gemacht wurden, gehörten zu den Aufgaben der Lehrlinge im zweiten Lehrjahr. Die getragenen Mäntel verrieten etwas von den Trägerinnen. Hatten eine eigene Individualität. Wie und an welcher Stelle das Fell abgerieben war, Uhrenträgerinnen und Links- oder Rechtshänder waren am Fell zu erkennen, auch die Art, wie ein Schalkragen hochgeschlagen wurde, verrieten die Druckstellen im Fell. Und die Reinigung mit Sägemehl und das lange Klopfen der Felle mit Weidenstöcken, eine Aufgabe der Lehrlinge im ersten Lehrjahr, konnten nicht den Geruch des Parfums austreiben.

Als Lehrling wurde mir einmal der Persianermantel der Frau des in Nürnberg hingerichteten Außenministers v. Ribbentrop zur Ausbesserung gegeben. Walther Kruse hatte den Mantel Ende der Dreißigerjahre angefertigt und erzählte mir, dass er im Rückenteil des Mantels eine Lockenbildung in Form eines Sowjetsterns belassen habe. Ich konnte in der abgewetzten, mildhaarigen – eines dieser sterbenden Wörter – Stelle keinen Stern erkennen. Aber Kruse behauptete, als der Mantel neu gewesen sei, die Locke noch glatt, habe diese Persianerlocke, wenn man genau hinsah, wie ein Sowjetstern geglänzt. Die Stelle war nun aber derart berieben, dass sie herausgeschnitten und durch ein neues Stück Fell ersetzt werden sollte. Nachdem das Futter des Mantels von einer Näherin aufgetrennt worden war, sah ich, das Stück war schon einmal eingesetzt worden, also nicht natürlich gewachsen.

Es war kein großer Widerstandsakt, die Frau des großkotzigen Nazi-Außenministers mit dem Sowjetstern auf dem Rücken herumlaufen zu lassen.

Die Erzählung in der Werkstatt: Frau v. Ribbentrop kommt zur Anprobe, Meister Kruse wird aus der Werkstatt gerufen, er prüft nochmals den Sitz des Mantels, sagt, würden Sie sich bitte einmal umdrehen, und dann sein Blick auf den Rücken und: Passt genau.

Das war die Zeit des Erzählens, von dem Walter Benjamin in seinem Essay *Der Erzähler* sagt: *Erfahrung, die von Mund zu Mund geht, ist die Quelle, aus der alle Erzähler geschöpft haben. Und unter denen, die Geschichten niedergeschrieben haben, sind es die Großen, deren Niederschrift sich am wenigsten von der Rede der vielen namenlosen Erzähler abhebt.*

*Die Erzählung, wie sie im Kreis des Handwerks – des bäuerlichen, des maritimen und dann des städtischen – lange gedieh, ist selbst eine gleichsam handwerkliche Form der Mitteilung.*

Aus den zwei Urformen des Erzählens aus dem bäuerlichen und maritimen Umkreis hat sich die des Handwerks herausgebildet: *Die reale Erstreckung des Reiches der Erzählungen in seiner ganzen historischen Breite ist nicht ohne die innige Durchdringung dieser beiden archaischen Typen denkbar. Eine solche Durchdringung hat ganz besonders das Mittelalter in seiner Handwerksverfassung zustande gebracht. Der seßhafte Meister und die wandernden Burschen werkten in den gleichen Stuben zusammen; und jeder Meister war Wanderbursche gewesen, bevor er in sei-*

*ner Heimat oder in der Fremde sich niederließ. Wenn Bauern und Seeleute Altmeister des Erzählens gewesen sind, so war der Handwerkerstand seine hohe Schule. In ihm verband sich die Kunde von der Ferne, wie der Vielgewanderte sie nach Hause bringt, mit der Kunde aus der Vergangenheit, die am liebsten dem Seßhaften sich anvertraut.*

Walther Kruse hatte auf der Veddel eine Parzelle in einer Kleingartensiedlung hinter den von der Reederei Hapag gebauten Hallen für die Auswanderer nach Amerika. Dorthin lud er mich am Wochenende ein. Seine Frau brachte uns die Thermosflasche mit Kaffee und Kuchen. Wir hatten ein wenig umgegraben, aber die Arbeit, zu der ich ihm eine Hand reichen sollte, wie er sagte, war nur ein Vorwand. Es war nicht viel zu tun, ein bisschen Unkrautzupfen, das Auflesen der Birnen von dem einzigen Bäumchen auf der Parzelle. Eine Holzhütte, zwei Fenster, dahinter Gardinen, über der Tür befand sich als ironisches Herrenhauszitat ein auf zwei weiß gestrichenen kannelierten Holzsäulen liegendes Teerpappen-Vordach. Der Tisch gedeckt mit einfachem weißem Porzellan, Tassen und Tellern, dem Kuchenblech, das seine Frau aus der nahe gelegenen Wohnung brachte, ein dünner Teig, darauf die fein geschnittenen, zum Fächer drapierten Birnenscheiben. Wir saßen und redeten, auch über den neuen Menschen, den befreiten, wir saßen zwischen Levkojen und Blumenkohl und hin und wieder, wenn der Wind von Nordwesten kam, im Duft von Schokolade. Dort hinten lag eine Kakaorösterei. Kinder hatte das Paar nicht bekommen können – leider, sagte Kruse.

Er, der Meister seines Fachs, hätte lieber Häuser bauen mögen, wäre gern Architekt geworden. Aber wie? Der Vater Zimmermann, die Mutter Näherin. Die Volksschule – dann das reine Glück, damals eine Lehrstelle bei einem Kürschner zu bekommen. Jetzt ein Sozialist zwischen Sellerie und Sipprisa. Er hatte Marx gelesen, Engels und Kautsky. Nie hätten die Sozialdemokraten unter Bebel den Kriegskrediten zugestimmt. Aber Ebert. Er machte eine wegwerfende Handbewegung in die Rabatten. Ebert hatte mit Noske den für immer unverzeihlichen Fehler gemacht und die Erlaubnis gegeben, die Verteidiger der Revolution, die Marinedivision, von der Reichsarmee niederkämpfen zu lassen. Damit war die Entscheidung gefallen. Die Revolution abgewürgt. Die konservativen Kräfte, Monarchisten, adelige Offiziere, blieben an der Macht. Kruse war nicht zu den Kommunisten gegangen, war bei den Sozis geblieben, in der Gewerkschaft, hatte im Bildungsverein gearbeitet. Er brachte mir Bücher mit. Keine politischen Schriften, sondern Literatur, *Die göttliche Komödie, Wilhelm Meisters Lehrjahre,* die er mir empfahl, dringlich, die ich zu Hause in meinem Alkoven las, so wunschnah der Figur Philine, *wenn ich dich lieb habe, was geht's dich an,* und das von der Gesellschaft vom Turm begleitete Leben Wilhelms, die Beschreibung des Theaterspielens, die eigene Wünsche bestärkte und mich später auf die Studentenbühne im Braunschweig-Kolleg führte.

Walther Kruse empfahl die russische Literatur. Lermontows Erzählungen, Turgenjew, Gorki, vor allem Gogol. Lies *Der Mantel.* Und unbedingt Dostojewskis *Der Idiot.* Das Buch im schwarzen Leineneinband stand zu Hause im Bücherschrank. Es wäre greifbar gewesen, aber es fehlte der dazu nötige, für ein veränderndes Lesen so wichtige Anstoß. Der Bertelsmann-Lesering bot um 1950 vielen Hamburger Haushalten die Chance zum Neuaufbau einer Bibliothek, nachdem die alte in der Gomorrha-Nacht 1943 in Flammen aufgegangen war. Die Bücher, die Kruse mir mitbrachte, waren nicht wie in der Schule Pflichtlektüre, das war kein vorgeschriebener Kanon, sondern es waren Geschenke. Die Begeisterung des Schenkenden lag darin.

Im Sommer und Herbst 1956 habe ich Dostojewski gelesen, Roman um Roman, keine Zigaretten, kein Alkohol, ich war süchtig nach Worten. Kam nach der Arbeit nach Hause, aß mit Mutter, Vater und Schwester zu Abend und zog mich in mein kleines Zimmer, den Alkoven, zurück. Die Wohnung lag hinter dem Geschäft, hinter der Werkstatt, die der Vater strikt *das Atelier* nannte. Ich las *Schuld und Sühne, Der Spieler, Die Dämonen, Die Brüder Karamasow.* Ich war versunken in diesen Wortwelten. Ich las *Der Idiot,* wie auch die anderen Romane, mit einem eingeklebten Zettel, auf dem ich die Namen der jeweiligen Personen aufgeschrieben hatte, um sie zuordnen zu können.

Zwei Szenen aus dem Roman habe ich damals, ums

tiefere Verstehen bemüht, mehrmals gelesen. Sie begleiten mich seitdem durch mein Leben.

Der junge, an Epilepsie leidende Fürst Myschkin
erscheint in seiner kindlichen Treuherzigkeit, seiner
großherzigen Hilfsbereitschaft und außergewöhnli-
chen Ehrlichkeit, also den denkbar besten Charakter-
eigenschaften, als Sonderling in der ihn umgebenden
adeligen Gesellschaft. Was sich mir eingeprägt hat, sind
die Wahrhaftigkeit und das gänzliche Fehlen von Neid,
Konkurrenzgefühlen und taktischen Überlegungen,
mit denen sich Myschkin in einer Gesellschaft bewegt,
in der von Geburt her die Ungleichheit festgeschrieben
ist und in der Dünkel und Heuchelei verbreitet sind.
Eine Hoffart des Adels gegenüber all jenen, die sie
nähren, den Bauern, die ihr Tagwerk vollbringen, die
für Nahrung und Auskommen der Anderen, Wenigen,
Glänzenden sorgen, ohne selbst über das von ihnen
Hervorgebrachte bestimmen zu können. Die adeligen
Personen werden von Dostojewski nicht überzeichnet,
nicht karikiert, sie sind eher sympathisch, großzügig,
förmlich und manchmal schrullig – aber eine lähmende
Stimmung liegt über dieser Gesellschaftsschicht, die,
das teilt sich deutlich mit, selbst ökonomisch gefährdet
und von Schulden bedrängt ist. Die Hoffnung, so las
ich es, sprach aus dem Buch, es möge eben diese Kind-
lichkeit des Unverstellten, die Ehrlichkeit und ein ech-
tes Mitempfinden die russische Gesellschaft reinigen,
der Mensch möge ohne Standesschranken dem anderen begegnen, also gleich zu gleich nach seiner Arbeit
geachtet werden, der Handwerker, der Bauer, der Wis-

senschaftler oder der Staatsdiener. Eine derart einander zugewandte Gemeinschaft könnte die Zukunft jeglicher Gesellschaft sein.

So ungefähr hatte ich damals diese Szene verstanden, in der Fürst Myschkin zur Abendgesellschaft des Generals Jepantschin redet. Ausdrücklich warnt Aglaja, die Tochter des Generals, den Fürsten, sich in seiner Ungeschicklichkeit nicht einer im Saal stehenden teuren, ihrer Mutter so wichtigen chinesischen Vase zu nähern, indem sie ihn ironisch auffordert: *Machen Sie doch eine Ihrer Gesten, wie Sie es sonst tun, und stoßen Sie gegen die Vase, setzen Sie sich absichtlich neben die Vase.*

Myschkin beginnt, nachdem er sich in die weiteste Entfernung zu dieser Vase gestellt hat, seine Sicht auf Russland, den Westen, die Gesellschaft, Philosophie, den Katholizismus, die freie Frau, die russische Orthodoxie, den Adel und den Anarchismus – kurzum über Gott und die Welt – zu verbreiten, eine wirre, prophetische, durch Wiederholungen, logische Brüche, sonderbare Vergleiche und Bilder bestimmte Rede.

*Gestern hat mir Aglaja Iwanowna verboten zu sprechen und sogar die Themen genannt, über die ich nicht reden dürfte; sie weiß, dass ich dabei lächerlich bin. Ich bin siebenundzwanzig, aber ich weiß, daß ich wie ein Kind bin. Mir steht es nicht zu, meine Ideen auszusprechen, das sage ich schon seit langem; nur in Moskau, mit Rogoschin, habe ich offen geredet … Wir lasen zusammen Puschkin … wir haben alles von ihm gelesen; er kannte nichts davon, nicht einmal den Na-*

*men Puschkin ... Ich fürchte immer, durch mein lächer-*
*liches Auftreten meine Gedanken und die Hauptidee*
*zu kompromittieren. Ich habe die Geste nicht. Ich habe*
*stets die verkehrte Geste, und das ist zum Lachen und*
*erniedrigt die Idee. Mir fehlt auch das Gefühl für Maß,*
*und das ist doch die Hauptsache; sogar die allerwich-*
*tigste Hauptsache ... Ich weiß, ich sollte lieber dasitzen*
*und schweigen.*

Während dieser Rede nähert er sich jetzt – beim Wiederlesen springt ins Auge, wie staunenswert genau das
sprachmimetisch und psychologisch beschrieben ist –
sehr langsam dieser Vase und stößt sie schließlich um.
Die Gesellschaft versucht, ihn über die am Boden liegenden kostbaren Scherben zu beruhigen, lacht wohl-
wollend und ermunternd, zeigt keine Schadenfreude.
Myschkin fährt in seiner so wirren wie tiefsinnigen
Rede fort, bis er mit schmerzverzerrtem Gesicht und
einem furchtbaren Schrei in den Armen der hinzu-
geeilten Aglaja zusammenbricht. *Der Kranke lag auf*
*dem Teppich, jemand hatte ihm eilig ein Kissen unter*
*den Kopf geschoben.*

Die Figur des Myschkin war mir wie ein Bruder nah,
durch ihn wurde mir ein so ganz anderes Verstehen
dessen möglich, was als gesund und was als krank in
der Gesellschaft gilt. Wie diese Abweichungen im Verhalten ausschließen und wie sehr wiederum solche Abweichungen, die Erscheinungsformen der Krankheit,
in diesem Fall der Epilepsie, einen anderen Blick auf
die Gesellschaft ermöglichen. Eine Einsicht, die über
das spontane Mitleid mit einem beschädigten Leben

hinausgeht: dass Krankheit von dem Verständnis des Normalen her gedeutet oder stigmatisiert wird und welch ausschließende Macht das Konstrukt des Normalen hat, wie es das Ein- und Unterordnen bestimmt.

Das Lesen von *Der Idiot* wurde und wird von der Erinnerung an zwei Kinder begleitet. Karlchen, ein Junge, der von seinen Eltern zwölf Jahre lang in einer Wohnung im vierten Stockwerk eines Mietshauses im Eppendorfer Weg versteckt worden war, ein Kind mit Downsyndrom, das herangewachsen war, leise auf Socken gehend, damit die darunter Wohnenden nicht hörten, dass über ihnen nicht zwei, sondern drei Menschen lebten. Haben sich die Eltern Schuhe mit kräftigen Absätzen angezogen, um ihren Tritt deutlicher werden zu lassen? Wussten einige der Mitbewohner von dem Versteckten und haben geschwiegen? Hätten sie geschwiegen, wäre es ein jüdisches Kind gewesen? Karlchen wurde vor den Mördern und den grauen Vergasungsbussen gerettet.

In der hessischen Stadt Hadamar wussten die Einwohner: Jedes Mal wenn die grauen, fensterlosen Busse kamen und in die Corrigenden-Anstalt fuhren, musste man Türen und Fenster schließen. Zwei, drei Stunden später stieg ein dunkler, übel riechender Rauch aus dem Schornstein der Anstalt auf.

Karlchen kam am 4. Mai, einen Tag nachdem das britische Militär Hamburg besetzt hatte, auf die Straße, stand da, als wäre er eben vom Himmel gefallen. Niemand hatte ihn je zuvor gesehen, ein dreizehnjähriger

Junge, kräftig, der eigentümliche Schreie ausstieß und einen Baum umarmte. Aus dem Fenster zur Straßenseite, wo die Kastanien standen, hatte er nicht hinausschauen dürfen. Man hätte ihn von den gegenüberliegenden Häusern aus sehen können. Fast zwölf Jahre blickte er auf den asphaltierten Hof der Batterien-Fabrik *Habafa*.

Der andere Junge, Jürgen Heise, war 1946 mit mir eingeschult worden und mein Banknachbar. Er konnte so staunenswerte Fragen stellen: Warum man die Wolken nicht einfach mit dem Besen wegschieben könne. Was für eine dumme Frage, sagte Frau Sörensen. Aber immerhin, dachte ich, kann er die Frage doch stellen. Und dumm schien sie mir auch nicht zu sein, nur wunderlich, und was er sagte, hatte etwas von einem Märchen. Frau Holle schüttelte doch auch die Kissen – waren das nicht die Wolken? – und der Schnee fiel. Ich versuchte meiner Mutter zu erklären, dass Jürgen Heise ein sehr schlauer Junge war. Ich mochte ihn, spielte mit ihm. Er schwieg, wenn er von den anderen gehänselt wurde, grinste nur, wehrte sich auch dann nicht, wenn er herumgeschubst wurde, und ich nahm ihn gegen den Spott und die Attacken der anderen Kinder in Schutz, nicht körperlich, aber ich versuchte zu erklären, was er mit seinem Sagen vielleicht meinte.

Dann habe auch ich ihn verraten. Er hatte den Schwamm von der Tafel abgerissen und in den Isebekkanal geworfen, der an der Schule vorbeiführte. Befragt vom Lehrer, warum er das getan hatte, sagte er, der Schwamm habe trinken wollen.

Die Klasse lachte, und ich lachte mit. Und sogleich schämte ich mich. Er saß stumm da, verwundert. Hätte er wenigstens geweint. Aber er lachte fröhlich mit.

Eines Tages kam er nicht mehr zur Schule, und die Lehrerin sagte, er sei in ein Heim gekommen. Ein kranker Junge. Aber so erschien er mir, dem Kind, nicht, sondern wie jemand, der das Ungewöhnliche als etwas Normales denken konnte.

Ist die Literatur nicht in eben diesem Sinn das Nicht-Normale? Das, was man nicht kennt. So verstand ich den Roman *Der Idiot*. Ein Gegenraum zum Gewohnten. Das Erlaubt-Verbotene.

Zutiefst beunruhigend war die rätselhafte Dreiecksbeziehung zwischen Rogoschin und Fürst Myschkin und der gesellschaftlich geächteten Mätresse Nastassja. Ein Gespräch darüber war weder mit Walther Kruse noch mit den Eltern, auch nicht mit anderen Erwachsenen, denkbar, ernsthaft auch nicht mit Breitkamp, dem sonst nichts fremd war. Wie kompliziert war das Geflecht von Zuneigung, Abneigung, Liebe, Hass und Eifersucht, in das diese drei Menschen verstrickt waren. Als Sechzehnjähriger erlebte ich den Schluss des Romans wie einen Albtraum.

Nastassja, die Braut, die vor der Heirat mit Myschkin, der sie, aber auch Aglaja liebt, im letzten Moment zurückschreckt – warum? – und im Hochzeitskleid zu Rogoschin in dessen Wohnung flieht, um dort – das hieße ja mit ihrer Zustimmung – von ihm erstochen zu werden. Myschkin, der, von einer Ahnung getrieben, Rogoschin sucht, der wiederum Myschkin finden will und auf ihn wartet. Rogoschin führt den ahnungsvollen Myschkin – und mit ihm den Leser – in seine Wohnung, alle Fenster sind, obwohl es sehr heiß ist, geschlossen, die Rollos heruntergelassen, alle Vorhänge zugezogen, durch die Räume, in das abgedunkelte Schlafzimmer: *Inzwischen hatten sich seine Augen an das Dunkel gewöhnt, und er konnte das Bett deutlich sehen; jemand schlief darauf in einem völlig reglosen Schlaf; man hörte nicht das leiseste Geräusch, nicht den leisesten Atemzug. Der Schlafende war bis über den Kopf mit einem weißen Laken zugedeckt, die Glieder jedoch hoben sich irgendwie undeutlich ab; man konnte nur an den Erhebungen erkennen, daß dort ein Mensch ausgestreckt lag. Ringsum in großer Unordnung, auf dem Bett, am Fußende, auf einem Sessel unmittelbar vor dem Bett, sogar auf dem Fußboden lagen hastig abgestreifte Kleidungsstücke, ein prachtvolles weißes Seidenkleid, Blumen, Bänder. Auf dem Tischchen am Kopfende funkelten abgelegte, achtlos hingeworfene Juwelen. Am Fußende bauschten sich zusammengeknüllte Spitzen, und inmitten des weißen Bausches sah unter dem Laken eine nackte Fußspitze hervor; sie schien wie aus Marmor gemeißelt und war furchtbar unbeweglich. Der Fürst schaute und fühlte, dass es im Zimmer, je länger er schaute, immer toter und stiller wurde. Plötzlich summte eine erwachte Fliege, flog über das Bett und verstummte am Kopfende.*

So sieht der Fürst seine Braut wieder. Die Beschreibung der abgelegten Kleider, der gebauschten Unterröcke legt nahe, dass sich Nastassja selbst ausgezogen hat. Und er hört Rogoschin: *Und … und da is' noch was, wo ich mich wundern tu': Das Messer is' vielleicht anderhalb … oder sogar zwei Werschok tief reingegangen … genau unter der linken Brust … Blut aber kam nur wenig, kaum ein halber Suppenlöffel, auf das Hemd; mehr war's nich'…*

Das damalige mehrfache und genaue Lesen gab keine Antwort auf die Frage nach dem Warum. Und ich ahnte, es war die falsche Frage.

Mein Erschrecken über das, worauf der Text – sage ich heute – keine Antwort gab, war groß und die Verunsicherung wuchs mit jedem Wieder- und Wiederlesen. Wie unerklärlich waren die Gefühle dieser Menschen, die ich nicht distanziert wie literarische Figuren, sondern wie mir nahe Menschen las, wie rätselhaft waren ihre Motive, wie abgründig ihre Wünsche, ihr Hass, ihre Liebe und der Schmerz – das war die Wunde Leben. *Hier ist irgendetwas, was ich Ihnen nicht erklären kann …,* sagt Fürst Myschkin.

Und unfasslich war – ist –, wie diese beiden Liebenden sich neben der Leiche Nastassjas ein Lager aus Kissen bereiten. *Außerdem hab' ich Angst, daß es schwül is' und daß es riecht. Merkst du schon, daß es riecht? Merkst du schon?,* fragt Rogoschin, und Fürst Myschkin antwortet: *Vielleicht merk ich es, weiß nicht. Gegen Morgen fängt es bestimmt an.*

Dort verbringen die beiden Liebenden, der Mörder

Rogoschin und Fürst Myschkin, auch sie in gegenseitiger Ablehnung und Zuneigung verstrickt, neben der Leiche liegend die Nacht. Dieser Wirrwarr der Gefühle. Am nächsten Morgen werden sie gefunden, der Mörder bewusstlos und mit hohem Fieber. *Der Fürst saß unbeweglich neben ihm auf dem Kissen und strich dem Kranken jedesmal, sobald er aufschrie oder redete, behutsam mit zitternder Hand über Haar und Wangen, als wolle er ihn liebkosen und beschwichtigen.*

Der Fürst verliert in dieser Nacht den Verstand – ist jetzt, wie es heißt, ein *Idiot* – und wird wieder in das Schweizer Sanatorium gebracht, in dem er schon zuvor einige Jahre gelebt hat.

Das damals gelesene Exemplar existiert nicht mehr. Wahrscheinlich war der Roman von dem bekannten Dostojewski-Übersetzer Hermann Röhl in ein genaues, inzwischen ein wenig klassisch wirkendes Deutsch übertragen worden – was der Lektüre zugutekommt. Beim Vergleich mit der neuen Übersetzung sticht als größter Unterschied die Wiedergabe der Dialoge hervor. Swetlana Geier hat die Nuancen der wörtlichen Rede herausgearbeitet, die prägend für die Charakterisierung der Figuren sind. Fürst Myschkins erregtes Sprechen, das durch Stocken, Auslassungen, Wiederholungen gekennzeichnet ist, wird in der Typografie wie auch im Original durch drei Pünktchen sichtbar gemacht. Dagegen die klare, entschiedene Diktion Aglajas, die sich von dem nachlässigen Reden Rogoschins mit seinen verschluckten Endungen, den Auslassungen, seinem Genuschel abhebt. Auch das war beim jetzigen Wiederlesen für mich neu und eine Entdeckung, Dostojewski hat einen feinen Witz in seinen Dialogen und Beschreibungen. *Die Vase schwankte, wie unschlüssig, ob sie nicht einem der alten Herren auf den Kopf fallen sollte, neigte sich aber plötzlich nach der entgegengesetzten Seite, nach der Seite des deutschen Dichterlings, der gerade noch Zeit hatte, entsetzt zurückzuspringen, und stürzte zu Boden.*

Im Sommer, an Sonntagen, fuhr ich, schien die Sonne, an die Ostsee, nach Travemünde, und an diesem Sonntag schien die Sonne. Ich ging zum Hundestrand, wo keine Strandgebühren verlangt wurden, lag im Sand, las, so war das Geschilderte erträglicher, in dem eingebundenen Buch *Der Idiot*. Gäbe es das Exemplar noch, könnte man auf den Seiten die eingetrockneten Tropfen der Ostsee sehen.

Ich watete ins Wasser, das Kläffen und Japsen der Hunde hinter mir, und wenn ich weit genug hinausschwamm, der schwedischen Fähre entgegen, die langsam aus dem Hafen auslief, drehte ich mich auf den Rücken und konnte als Toter Mann meinen Gedanken nachhängen, wahrscheinlich denen an Fürst Myschkin, der die kostbare chinesische Vase trotz, ja wegen der Warnung Aglajas und mit dem festen Willen, das große Gefäß zu meiden, umstößt und zerbricht, eine Zwangshandlung. Vielleicht dachte ich aber auch an nichts oder an fast nichts, hatte nur die Wolken im Blick, die bei

Nordwestwind weiß und tief und langsam den Himmel zuzogen.

Die Rückfahrt am späten Abend im überfüllten Zug mit all dem von Sonne und Wind müde braun gebrannten Fleisch. Draußen zog die Holsteinische Landschaft vorbei, schwarz-weiße Kühe, Knicks, kleine umbuschte Toteistümpel, daraus aufrudernde Krähen, am Wegrand Milchkannen, solitäre Eichen. Es roch nach getrocknetem Schweiß und Sonnenöl, und das erschöpfte Schweigen galt schon dem kommenden Tag, dem Montag.

In der Werkstatt hatte ich mit der Arbeit an einem Nerzkragen, der auf einen Stoffmantel genäht werden sollte, einige Schwierigkeiten. Die Felle mussten ausgesucht und sortiert werden. Je nach Kragengröße mussten drei oder vier unterschiedliche Nerzbahnen eingeschnitten werden, die kleinste für die Innenseite, die größte für die Außenseite, jede Bahn am Anfang schmal, sodann breiter werdend und in einem Bogen ausschwingend. Länge, Breite und Biegung waren genau zu berechnen, wurden eingeschnitten und dann millimeterweise jeder Lederstreifen unterschiedlich verschoben, so bildeten sie den vorgeschriebenen Bogen zum Kragen. Für die Maschinennäherin war das eine verfinkelte Arbeit.

Ich hatte mich verrechnet, die eine Außenbahn war genäht, aber nicht rund genug geworden, hatte zudem in der Innenseite kleine Lederfalten. Ich musste alles wieder auftrennen, eine mühselige Arbeit, die schmalen Streifen mit Stecknadeln auf einem Brett feststecken und mithilfe von Walther Kruse neue Abstände einzeichnen. Die Bahnen mussten nun neu genäht werden. Was äußerst schwierig war, weil die schmalen Streifen schon Nähstiche hatten und das Leder durch das Auftrennen weich geworden war. Vor allem konnte die abermalige Näharbeit nicht abgestempelt werden. Ich hätte zu Jäckel gehen müssen und der ins Lohnbüro, womöglich hätte Levermann die zusätzliche Arbeit abzeichnen müssen. Zwei Näherinnen weigerten sich, den Kragen nochmals zu nähen. Eine ältere, sonst schweigsame, zuweilen mufflige Maschinennäherin hörte von dem Problem, sagte: Gib her, ich mach das am Sonnabend, gleich nach Arbeitsschluss.

Am Montag habe ich ihr einen Blumentopf mit Vergissmeinnicht geschenkt. Wann immer es möglich war, haben wir von da an zusammengearbeitet.

Wieder einmal war ich auf die Veddel zu Walther Kruse gefahren. Wir saßen im Schrebergarten und sprachen über diese Hütten, die nicht winterfest waren und keine Öfen haben durften. In eine der Hütten hatten sie 1933, nachdem die sozialdemokratischen Genossen in den Untergrund gegangen waren, einen Apparat geschafft, auf dem mittels einer Handkurbel Flugblätter abgezogen werden konnten. Dass seine SPD nicht gemeinsam mit den Kommunisten den Generalstreik ausgerufen hatte, war für Walther Kruse ein unverzeihlicher Fehler gewesen. Es gab in den Parteigruppen und in der Gewerkschaft Stimmen, die, nachdem 1933 das Ermächtigungsgesetz beschlossen worden war, zum Streik aufgerufen hatten. Man hätte alles verhindern können, die Toten, die Mordlager, die Zerstörung Deutschlands. Aber die Parteileitung war wie schon 1919 zu staatsgehorsam gewesen. Er erzählte von einem Werftarbeiter, der von der Gestapo verhaftet worden und erst nach Tagen zurückgekommen war. Ein wandelnder Toter. Der nicht erzählte, was man ihm angetan hatte. Ein Kämpfer, wie Kruse sagte, unbeirrt und stark. Eines Tages war der Kämpfer von einer Helge gefallen. War es ein selbst gewählter Tod oder ein Unfall?

Wie hatte es dazu kommen können, dass Genossen so bereitwillig zu den Nazis übergelaufen waren? Das Versprechen von der klassenlosen Gesellschaft ist fern und grau, aber die Beförderung vom SA-Sturmmann zum SA-Obersturmmann kann schon morgen kommen, das verspricht Aufstieg, bringt sofortige Vorteile, Übersichtlichkeit, zudem klare Befehle, Gehorsam, Autorität. Und jeder wusste, es ist besser, mit einem Gewehr andere beim Schaufeln zu bewachen, als selbst zu schaufeln.

Walther Kruse begleitet mich mit seinem kritischen Blick auf die Gesellschaft und auf die deutsche Geschichte. Meine vom Elternhaus geprägten Argumente, dass jeder doch seines Glückes Schmied sei, es allein darauf ankomme, zu wollen, zu können, tüchtig zu sein, widerlegte Kruse geduldig mit Beispielen, wie und wodurch diese freie Entfaltung verhindert werde. Vor allem war da seine stille zähe Wut, mit der er beschrieb, wie Hitler mit seiner SA das demokratische Zusammenleben terrorisiert, wie er mit dem Ermächtigungsgesetz die freien Wahlen beschränkt und schließlich ausgesetzt hatte, wie diese Vorstellung vom kriegerisch arischen Herrenvolk jüdische Menschen ausgegrenzt und später in die Mordlager gebracht und dort umgebracht hatte. Geschärft in der Argumentation, begann der Kampf – und es war ein Kampf – mit den Argumenten des Vaters, die immer auf die Behauptung zuliefen, man – es war immer das man, nicht das Ich – habe nichts von der Vernichtung der Juden gewusst. Die Luftwaffe, in der der Vater gedient hatte, sei nicht daran beteiligt gewesen, ein endloser Streit, der in meinem Vorwurf gipfelte, dass all die Soldaten der Marine, der Luftwaffe mit ihrer Tapferkeit, mit den Eisernen Kreuzen und Ritterkreuzen, dem Eichenlaub und den Brillanten am Hals das Morden nicht nur ermöglicht, sondern auch verlängert und verziert hatten. Rede und Gegenrede, Geschrei, ja, Geschrei. Und die Mutter, die zu vermitteln versuchte, wo nichts mehr zu vermitteln war.

Walther Kruse hielt, was ich nicht glauben wollte, ein erneutes Aufleben des Faschismus für möglich. Er nannte all die leitenden Beamten, die für den NS-Staat gearbeitet hatten und jetzt in der Regierung Adenauers ihren Dienst taten, in der Justiz, in Schulen und Universitäten, und nun kam auch noch die Gründung der Bundeswehr hinzu, die ehemaligen Wehrmachtsgeneräle, die in eben der Funktion in die Bundeswehr eintraten.

Nie hat Kruse versucht, mich für die Gewerkschaft oder für die SPD zu gewinnen. Aber er hat mir, als wir im Spätherbst in seiner Laube saßen, auf dem Tisch das Blech mit Apfelkuchen, mit diesem köstlich dünnen, aber festen Teig, ein Buch hingelegt: *Der SS-Staat* von Eugen Kogon. Ein Buch, das er mir diesmal nicht schenkte, sondern sich zurückerbat. Darin fand sich die Widmung eines Genossen, der, wie er mir erzählte, im KZ Neuengamme inhaftiert gewesen war und überlebt hatte, wie auch der Häftling Eugen Kogon das KZ Buchenwald, paradox genug, als Schreibkraft eines mit Menschen experimentierenden SS-Lagerarztes überleben konnte.

Das Buch habe ich abends in meinem Alkoven gelesen, keineswegs heimlich, aber doch abgeschieden von den Eltern. Das Konzentrationslager wird von Kogon als ein in sich geschlossener Staat des Terrors beschrieben, eine kalte bürokratische Konstruktion zur Entmenschlichung der Häftlinge. In der absoluten Rechtlosigkeit waren diese nicht nur der Willkür der Bewacher ausgeliefert, sondern wegen kleinster Vergünstigungen in einem wölfischen Überlebenskampf ineinander verbissen. Das Unverständnis des jugendlichen Lesers wuchs: Wie war es möglich gewesen, dass Menschen arbeiteten, sich vergnügten, Feste feierten, Musik hörten, Theater besuchten, während es zugleich diese Lager der Qual gab. Die Lektüre löste eine bleibende Empörung aus – das Entsetzen kam später hinzu durch Alain Resnais' Dokumentarfilm *Nacht und Nebel*.

Eines Tages fand der Vater das Buch, hatte darin geblättert und sinngemäß gesagt: Das alles haben wir so nicht gewusst. Damit verschärfte sich abermals der bis zu seinem Tod dauernde zähe Streit über die Vergangenheit, ein Streit über den Sinn des Todes meines Bruders, der sich freiwillig zur Waffen-SS gemeldet hatte – der tapfere, anständige Junge, der mir ein Vorbild sein sollte. Ein Streit, der die Autorität des Vaters infrage stellte, ein Streit über den Sinn der Anstrengungen, der Kämpfe, der Tapferkeit, ein Streit über die zerstörten Städte, die Vertriebenen, aber vor allem ein Streit über das, was man hätte wissen können und wissen müssen, wenn man es denn gewollt hätte, über das Verschwinden der Mitbürger, der jüdischen Menschen. Ich weiß nicht, wie weit der Vater im *SS-Staat* gelesen hatte, der Band lag ja zugänglich auf dem kleinen Tisch im Alkoven, denn seine Argumente fußten, anders als bei vielen seiner Generation, nicht darauf, das Massenmorden zu bezweifeln, so verblendet war er nicht, sondern es war der Versuch, das Geschehene als ein Nicht-zu-verhindern-Gewesenes zu deuten. Und schließlich hätten sie, die Anständigen, versucht, noch Schlimmeres zu verhindern. Aber was heißt *anständig,* wenn Heinrich Himmler in der Posener Rede zu seinen SS-Führern sagte, sie, die Hunderte oder Tausende hätten tot daliegen sehen und dabei anständig geblieben seien, das sei *ein niemals geschriebenes und niemals zu schreibendes Ruhmesblatt unserer Geschichte.* Die anständige Ausrottung von Menschen.

Und dann sah ich den Vater, der immer Haltung bewahrte, eines Tages am Heißluftkamin stehen, die

Hände ringen und still weinen. Ich war erschrocken und peinlich berührt und hätte ihn doch einfach in die Arme nehmen sollen, vielleicht wäre danach ein anderes Reden möglich gewesen, so blieben wir im Streit, bis zu der Nacht, als er tot, von einem Herzschlag gefällt, am Boden des Geschäfts lag.

Das Buch *Der SS-Staat* habe ich Walther Kruse nach der Gesellenprüfung zurückgegeben. Er bat mich, meinen Namen hineinzuschreiben. Ich zögerte, aber er bestand darauf. Einfach deinen Namen.

Im dritten Lehrjahr wurde ich dem Gesellen Zoern zugeteilt. Anders als der immer noch zackige und wasserspuckende Leutnant zur See Breitkamp, der aufbrausende Jazzfanatiker Drechsler oder der ruhige, nachdenklich fragende Kruse gab Dieter Zoern sich betont exquisit, trug enge Cordhosen, dazu abwechselnd hellbraune oder dunkelblaue Lederschuhe mit weißen, alternativ schwarzen Kappen. Niemand wusste, woher er diese Schuhe bezog. Er verriet es nicht, wahrscheinlich befürchtete er, dass dann der eine oder andere Geselle, womöglich einer der Lehrlinge, mit ähnlichem Schuhwerk herumlaufen könnte. Die Brille, für deren Fassung eine der seltenen hellgelb-braun gemusterten Schildkröten der Karibik ihren Panzer hatte lassen müssen, schob er sich, arbeitete er nicht, ins rötlich blonde Haar, das schon ein wenig dünn war, aber dramatisch zerwühlt und hochgebürstet. Er trug keinen weißen Kittel, damit die schräg gestreiften lila oder grün-orangen Hemden zur Geltung kamen, Hemden, die er sich nach genauer Farbvorgabe schneidern ließ. Dieter Zoern sollte Jahrzehnte später, wie Jil Sander und Wolfgang Joop, als deutscher Modedesigner auch international bekannt und vor allem reich werden.

Erbringen Modedesigner kulturelle Leistungen? Schließlich sind sie es, die der Notdurft, sich vor Kälte, Regen oder Hitze zu schützen, dem Praktischen jene Linie geben, die schon in der Schnurkeramik über den Gebrauchswert des Wasserschöpfens hinausführte und das Spiel, das Zweckfreie, das Schöne in Erscheinung treten lässt. Die Mode erinnert zugleich an die Vertreibung aus dem Paradies, in dem die langweilige Unschuld der Nacktheit herrschte. Dem Zwang, sich kleiden zu müssen, aus klimatischen Gründen oder aus Scham, fügt die Mode ein zweckfrei Spielerisches hinzu. Sie ist in ihrer Raffinesse die späte Rache an der Vertreibung aus dem Garten Eden. Wegen seines Schutzes vor Kälte ist der Pelzmantel ein schlichter Gebrauchsgegenstand, erst wenn die verschiedenen Farbtöne, die Haarlängen geordnet, also stimmig gemacht, oder im Gegenteil gekontert werden, entsteht aus dem natürlich Gewachsenen ein Künstliches, ein noch nie Gesehenes.

Ich stand neben Zoern und arbeitete an einem Persianermantel, während Zoern die Rotfuchsfelle für einen weit fallenden Mantel einschnitt und über die blonde Designerin lästerte, die mit ihrem schleichenden Schritt hin und wieder in die Werkstatt kam, eine auffallend schöne Frau mit einer hell leuchtenden Pagenfrisur. Sie hatte in dem damals als fortgeschritten geltenden Alter von Mitte dreißig noch ein Kind bekommen, von dem Firmenbesitzer. Ein Skandal. Anhaltender Gesprächsstoff der Kürschnerinnung und vor allem der Angestellten in der Werkstatt. Wo war das Kind gezeugt worden? Breitkamp behauptete, in der Kammer, auf Fellsäcken, nach einer nächtlichen Arbeitssitzung mit Champagner und Häppchen. Eine schnelle saftige Nummer auf einer weißen Wolke, so Breitkamp, der glaubte, das Zeugungsdatum zurückrechnen zu können in die Zeit, als er eine Polarfuchsstola angefertigt hatte. Eine höchst kompliziert verschlungene Stola, in der die Felle zu verschiedenen geschweiften Bahnen hatten ausgelassen und wieder zusammengeführt werden müssen. Darüber hinaus hatte er, eine besondere Raffinesse, in den Pumpf, das dicht, fast filzig behaarte Hinterteil der Fuchsfelle, feine, schmale weiße Lederstreifen einnähen lassen, wodurch das Fell luftiger wurde und besonders locker fiel.

Auch in dem großen Raum der Näherinnen wurden der Ort und Anlass der Zeugung ausgeschmückt: eine gemeinsame Reise zur Pelzwarenmesse in Frankfurt. Die Rede war von Musik, Tanz, Rotwein. Von dem Moment an war sie unkündbar.

Wobei gesagt sein muss, sie war eine sehr gute Designerin, ihre Schnitte waren solide, genau und immer passgerecht.

Erich Levermann erhöhte sich selbst durch maßgefertigte Schuhe mit hohen Absätzen. Er hatte als einer der Ersten in Bad Harzburg eine Schulung für Führungskräfte der Wirtschaft durchlaufen. Drechsler berichtete, wie er bei dem Versuch, eine Lohnerhöhung zu erstreiten, von Levermann sofort in die Defensive gedrängt worden sei. Noch hatte er seine Forderung gar nicht ausgesprochen, da habe Levermann ihm einen Vortrag gehalten, wie schwierig die Situation gerade jetzt sei, die Material-, Miet- und Elektrizitätspreise seien gestiegen, zugleich habe der Neuverkauf nachgelassen, die Billigproduktion in den Kaufhäusern und so weiter und so weiter. Drechsler hatte sich nicht beirren lassen, hatte seine Forderung vorgetragen, verbunden mit dem Hinweis, er habe ein Angebot von einem namhaften Geschäft bekommen, was den Konkurrenten *Edelpelz Berger* insinuierte. Die Lohnerhöhung bekam er, allerdings nicht in der erhofften Höhe, dennoch war es Drechsler gelungen, die Bad Harzburger Vorwärtsverteidigung durch einen linken Flankenangriff zu durchbrechen.

Die Bad Harzburger Akademie war von dem ehemaligen SS-Oberführer und Träger des SS-Ehrendegens Reinhard Höhn 1956 gegründet worden. Das schon in der SS und der NSDAP regierende Führerprinzip war Grundlage der Schulungskurse, die später auch von Vertretern der Bundeswehr und sogar der Gewerkschaften besucht wurden. Man musste die gegnerischen Positionen kennen, um, wie Drechsler, Gegenangriffe führen zu können. Klare Anweisung, knappe Begründung. Beherrschung der Mimik. Kontrolle der Aufgaben durch genaue Vorgaben. In der Bundesrepublik wurden aus den Wirtschaftsführern Manager und aus den Untergebenen, den Arbeitern und Angestellten, Mitarbeiter. Franz Six, ein ehemaliger SS-Brigadeführer, der eine Einsatzgruppe befehligt hatte, auch er war in Bad Harzburg Schulungsleiter.

Man hatte dazugelernt. Kein dumpfes Auftreten, kein Brüllen, keine Kommandosprache, sondern in Bad Harzburg wurden psychologische Strategien gelehrt, Gespräche – das Wort Motivation. Routineentscheidungen wurden an die Mitarbeiter delegiert, deren Arbeit diskret beobachtet und kontrolliert, wichtige Entscheidungen wurden als *betriebswichtig* begründet und schließlich von oben entschieden. Mitarbeiter – aber kühle Distanz. Kein Duzen.

Wurde ich zu Levermann befohlen, was selten vorkam, führte mich die Sekretärin in das Büro, dort, hinter der leeren, spiegelnden Schreibtischplatte, saß er, vor dem hellen Fenster, der Kopf von einem Glorienschein umgeben. Sein Gesicht war kaum zu erkennen. Im Winter, am Abend, mit einem noch stärkeren Effekt, stand hinter ihm eine Lampe, wie bei einem Verhör. Nie wurde dem Lehrling ein Stuhl angeboten. Levermann kommentierte sachlich distanziert die Noten der Berufsschule, sagte, weiter so. Oder er sagte, das kann nicht einfach ein Strohfeuer bleiben, sondern erfordert konstante Arbeit. Die Arbeitszeiten müssen stimmen, gemeint war die Stückzahl, die für Lehrlinge gar nicht gelten durfte.

Da ich oftmals das Abstempeln vergaß – unser Träumer! –, häufte sich auf einem Arbeitsstück unverhältnismäßig viel Zeit, Zeit, die einem anderen, unbeteiligten Kürschner zugerechnet und vom Lohn abgezogen wurde. Meine sich wiederholenden Schreckträume: Ich hatte falsch abgestempelt oder es ganz vergessen. Die Zeit – ein Angsttraum.

Zeit ist Geld, sagte Levermann. Dann wurde ich mit einem Kopfnicken entlassen.

Einen Kopf kleiner, vermied ich, mit ihm im Fahrstuhl zu fahren. Es war mir peinlich, wie er sich streckte und reckte, die stets gebräunte – Höhensonne? – Stirn, das dünner werdende Haar auf dem Schädel, vor allem aber dieser Moschusdunst, den er mit seinem Herrenparfum verströmte. War die Designerin davon betört oder irritiert worden?

Kritisierte Levermann etwas an einem Modellentwurf, ließ die schöne Schleichende diesen allmächtigen, in Bad Harzburg zum Wirtschaftsführer geschulten Chef vor allen Werkstattaugen einfach stehen und ging in ihrem langsamen lasziven Schritt zurück in ihr Schnittmusteratelier.

Designerin, Himmel, sagte Zoern, wie sich das schon anhört, bisschen ville. Sie macht gute Schnittmuster, das schon, aber sonst bringt sie nichts Neues. Alles etwas sehr bieder. Und bieder war für Zoern nur durch spießig zu überbieten. Hier dieser Schnitt, sagte er, ist doch zu knapp, müsste flach fallen und erst unten, am Mantelsaum, den leichten Schwung nehmen. Die Abnäher zur Taille, die sind viel zu groß, müssten auch weiter runter. Und die Nähte müssen dem Körper folgen, nicht umgekehrt.

Die Modelle der Mäntel und Jacken sollten einfach sein, schlicht. Zoern hasste Schnörkel, predigte das Einfache, andererseits konnte man nicht sicher davor sein, dass er plötzlich einen gigantischen, an Elefantenohren erinnernden Kragen entwarf. Oder an eine schwarze, streng geschnittene Persianerjacke eine große, aus weißen und schwarzen Nerzpfoten gefertigte sternenartige Brosche applizieren wollte.

Sieht aus wie 'ne Zielscheibe. Unmöglich, sagte Levermann.

Zoerns Entwürfe wurden von Levermann und der Designerin regelmäßig abgelehnt.

Das Geheimnis ist das Unerwartete, das Neue, sagte Zoern, als er ein eigenes Pelzatelier eröffnete. War das eingenähte große »Z« auf den Rücken der geschorenen Goldzobelmäntel, das Stück à 150.000 Mark, eine zoernsche Eingebung? Giorgio Armani hatte den dick genähten Adler auf seinen Sweatshirts 1988 herausgebracht. Hatte Dieter Zoern sein Z-Signet von Armani abgekupfert? Oder hatte er es schon vor Armani entworfen?

In jener Zeit war Zoern auch international mit seinen Modenschauen unterwegs. 1985 gewann er für seine Kreationen den amerikanischen Spitzenpreis, den *Golden Cup Blackglama*. Außerdem wurden ihm zwei Saga-Goldmedaillen, zweimal Gold im Viking-Lamb-Wettbewerb und Gold beim Modellwettbewerb des Deutschen Kürschnerhandwerks verliehen. Sehr viel Gold in einem Jahr.

Drei Monate stand ich neben Zoern. Hatte ich eine Frage, gab er kurz Auskunft, ließ mich sonst meine Arbeit tun. Er hatte nicht den Mitteilungsdrang eines Breitkamp mit seinen bis in die anatomischen Details reichenden Beschreibungen nächtlicher Freuden.

Zoern fragte nichts, erzählte nichts, offenkundig war ich für ihn kein Gesprächspartner, kam hingegen die eine der beiden Kürschnerinnen, um mit ihm zu reden, wurde er munter. Unsere beiden Paradiesvögel, sagte Walther Kruse. Sie trug einen eng taillierten weißen Kittel, war grell geschminkt, eine übergroße blau eingeschattete Brille hing an einer Kette aus kleinen, bunt eingefärbten Korken von Baldrianfläschchen um ihren Hals. Die Werkstatt wusste von ihren Schlafproblemen. Mit einer unvergleichlichen Geste, den kleinen Finger nach oben gereckt, schob sie sich die Brille ins volle rötlich braune Haar. Dann standen sie nebeneinander, ein Gekicher und Gelächter, etwas kindlich Albernes war an den beiden, sie lästerten über die anderen, es störte sie nicht, dass ich, der Lehrling, danebenstand und Zeuge ihrer Sottisen wurde. Beide waren scharfe Beobachter von Eigenarten, Unregelmäßigkeiten und Abweichungen in Gesichtern und Körpern, in den Bewegungen der anderen, ein erbarmungsloser Blick für das Sonderliche, der sich auch auf die Kleidung richtete. Eine sprachliche Übung für die Arbeit, die ja körperlich Harmonisches hervorheben, Unregelmäßigkeiten und Defekte aber verdecken oder verspielen – so der Fachausdruck – sollte. Bestimmte Körperformen, Brüste und Gesäß konnten durch Abnäher hervorgehoben oder versteckt werden. Abfallende Schultern wurden durch Polster priesterlich angehoben, und ein Buckel konnte durch einen guten Zuschnitt abgemildert oder, je nach Größe, sogar verdeckt werden.

Alle im Haus bekamen von den beiden Lästerern Spitznamen wie Johnny-Look oder der SA-Kater. Das war Jäckel, der Werkmeister, der früher in SA-Uniform in die Werkstatt gekommen war. Der scharfe Zerstörer: Breitkamp. Die Gazelle – eine schwergewichtige Näherin. Die Bosheit der beiden hatte sicherlich auch für mich einen Spitznamen. Aus Furcht, verletzt zu werden, habe ich andere Lehrlinge nie danach gefragt. Jetzt wüsste ich ihn gern. Insbesondere über die zweite Kürschnerin, Annabell, die Freundin Drechslers, erregten sich die beiden, das war die Plantschkuh. Die Frau war auf eine mich sehr ansprechende Weise rundlich, der Busen, die Hüften, der Hintern, sie hatte einen freundlich warmen Blick und war hilfsbereit gegenüber den Lehrlingen. Mir unerklärlich, warum gerade sie den Spott der beiden auf sich zog. Wahrscheinlich, weil sie freundlich war, ihre Arbeit machte und keinen Ehrgeiz zeigte.

Einmal fragte ich Zoern, was ihn an der Frau störe.

Zum Einschlafen, sagte er. So was von normal. Die gesamte Evolution ist bei der zum Stillstand gekommen.

Aber ausgerechnet sie sollte der Mittelpunkt eines Falls von versuchtem Totschlag aus Eifersucht werden, so jedenfalls die Deutung Breitkamps. Das einzige spektakuläre Ereignis in den drei Jahren meiner Lehre.

Die meisten Dramen spielten sich in der Ferne ab, die Todesfälle, Krankheiten, Abtreibungen, Trennungen waren kleine Epen, die ihren Stoff vor allem aus dem Wochenende bezogen. Das war, was den Erzählfluss anging, ein Strömungsbeschleuniger für den Montag. Am Samstag hatten sich all die Wünsche, Sehnsüchte aufgestaut, richteten sich auf diesen freien Nachmittag, auf den Abend. Samstags wurde bis 13:30 Uhr gearbeitet. Am Samstagnachmittag begann die Freiheit. Der Horizont war offen, schier grenzenlos, ausschlafen, am Sonntag aber wartete schon der Montag. Der Samstag war der Tag der Wünsche, der Sonntag der Tag der Enttäuschungen. Am Samstag war in dem großen Raum der Handnäherinnen, die sonst eher leise ihrer Arbeit nachgingen, ein Gerede, Rufen, Lachen, begleitet von den langsamen, gezielten Bewegungen des Nähens.

Am Samstag drängten sich die Näherinnen im Vorraum der Toilette, schminkten sich, richteten die Frisuren, prüften den Sitz der Nylonstrümpfe. Am Montag grau die Gesichter, grau die Herzen. Schon samstagnachts der Familienkrach, die Tochter war spät nach Hause gekommen. Das Essen angebrannt. Der Mann war erst im Morgengrauen und wieder betrunken aufgetaucht, hatte nicht die Säuferregel eingehalten, einen Schnaps, ein Bier. Stattdessen immer Lütt-un-Lütt. Zum zweiten Mal *Vom Winde verweht* gesehen. Clark Gable oder Leslie Howard. Nie diesen Howard. Könntest mir den auf den Bauch binden. Und wieder das Klosett verstopft. Erst kotzt das Mädchen, dann der Junge. Die Tage, jetzt schon zehn Tage drüber. Wenn? Nicht auszudenken. Der Opel wieder stehen geblieben. Rätselhaft. Kühlte der Motor ab, sprang er wieder an, fuhr eine Zeit lang, blieb stehen. Bockig wie ein Esel. Politik, davon hatten die Älteren die Nase voll. Das hatte man ja nun erlebt. Erst ganz groß und dann alles in Trümmern. Alltagsbanalitäten, hin und wieder weitererzählte, drangen bis in die Kürschnerwerkstatt, der Mann, der auf seiner BMW – einer der dämlichen Sprüche: BMW fährt nie im Schnee – verunglückt war. Der Opa, der wieder einmal verschwunden war, drei Tage lang gesucht und dann in Elmshorn aufgegriffen wurde, in einer neuen Hose und frisch gewaschenem Hemd, und niemand wusste, wie und von wem er das bekommen hatte, wer ihn gefüttert, wer ihn beherbergt hatte und von wo er wieder weggelaufen war. Mutmaßungen. Geschichten. Vor allem nach dem Urlaub. Drei Wochen mit dem Zelt nach Italien, im VW-Käfer. Eine Näherin, der Mann Automechaniker, die hatten Mut, waren mit dem Käfer bis nach Sorrent gefahren. Sonnenuntergänge, unglaublich. Und die Pizza, die sah so ganz anders aus als beim Itaker auf der Reeperbahn. Gab ja nur einen in Hamburg. So dick war die Pizza. Und der Wein billig. Waren auch beklaut worden. Und jeden Abend ganz schön angeschickert ins Bett gesunken. Kam auch schwanger zurück. Gespräche über Schwangerschaften, komplizierte und abgebrochene. Das Erzählen befreite, man wurde wenigstens darin Herr des Zufalls und ein wenig Siegerin über all die anderen Niederlagen.

Und dann die Geschichte jener Kürschnerin, die Zoerns Spott auf sich zog, die als Kontrast zu ihrer unauffälligen Erscheinung, rundlich, freundlich, still, einen geheimnisvoll fremden Vornamen bekommen hatte, Annabell. Zoern fielen immer wieder neue Reime ein – und es ist ein Name, der zum Reim regelrecht drängt: Annabell, sehr reell, man schläft schnell.

Und plötzlich das – eines Morgens kam sie und ging ungewohnt schnell, beschwingt klang ihr Schritt, sie trug nicht wie sonst Latschen, sondern Schuhe mit hohen Absätzen, und zwei Tage später war das mittelblonde Haar zu einem Helm hochtoupiert, die Augen wie ein Kohlentrimmer geschminkt, sie lachte oft, redete munter, summte, sang sogar bei der Arbeit.

Vom wilden Schwan gebissen, sagte Zoern. Aber wann und wo und vor allem, wer hatte sie gebissen?

Samstags mussten die Lehrlinge nach Arbeitsschluss noch die Werkstatt fegen und feudeln, die Klosetts putzen.

Dann, endlich, um 13:30, war Feierabend. Was für ein schönes Wort, dachte ich. Ja, man konnte feiern – konnte lesen.

An einem Samstag kam Annabell in einem schwingenden Petticoat in die Werkstatt. Der erste in der Werkstatt getragene Petticoat.

Zugegeben, die Beine sind nicht schlecht, sagte Zoern, aber so, in diesem wippenden Rock, die ist doch längst kein Teenie mehr.

Annabell war vor einigen Wochen von dem Fölsch-Block zurück in die große Werkstatt gewechselt, hatte ihren alten Platz eingenommen. Inzwischen war ein neuer Geselle eingestellt worden, neben dem sie jetzt stand, kräftig von Gestalt, voll gelocktes braunes Haar, eine rheinische Fröhlichkeit, kein aufbrausender Intellektueller wie ihr Freund Drechsler, der seine Wut auf die Tischplatte trommelte, sondern ein Mann, der wanderte, der lachte, der im Kürschner-Chor sang, *Hoch auf dem gelben Wagen / sitz ich beim Schwager vorn.* Und tatsächlich sang er manchmal, ein samtener Bariton, der die Werkstatt leuchten ließ.

Oh Gott, sagte Zoern und hielt sich dramatisch die Ohren zu, *dumm sein und Arbeit haben,* zitierte er Gottfried Benn, *das ist das Glück,* mit dem Blick auf die Frohnatur, und dann heißt er auch noch Herbert.

Die Gottfried-Benn-Gedichte waren das Einzige, was mich mit Zoern verband. Zum ersten Mal blickte er mich mit seinen verwaschenen blaugrauen Augen erstaunt an, als ich den Titel des Gedichts nannte, aus dem er zitiert hatte: *Eure Etüden.*

Wenn Zoern Gedichtzeilen zitierte, waren es Kommentare und nicht Ausdruck seiner Stimmung. Nie kam es zu einem Gespräch über eines der Gedichte. Den Siebzehnjährigen störte, dass Zoern die Verse wie Einwickelpapier für seine Meinungen benutzte.

Ich weiß nicht, wer mir Benn empfohlen haben könnte. Das schmale Feuilleton des *Hamburger Abendblatts* las ich nicht. Wahrscheinlich war es ein Zufallsfund bei Lüders. *Gesammelte Gedichte,* 1956 bei Limes/Verlag Arche erschienen. Vielleicht lag der Band einfach da und wartete darauf, dass ich hineinblätterte. Er wollte mitgenommen werden. Die Benn-Gedichte trafen meine Stimmung, meine Unsicherheit, meine Zweifel, und schufen Distanz zu den eigenen so bedrängend konfusen Gefühlen.

## TEILS-TEILS

*In meinem Elternhaus hingen keine Gainsboroughs*
*wurde auch kein Chopin gespielt*
*ganz amusisches Gedankenleben*
*mein Vater war einmal im Theater gewesen*
*Anfang des Jahrhunderts*
*Wildenbruchs »Haubenlerche«*
*davon zehrten wir*
*das war alles.*

*Nun längst zu Ende*
*graue Herzen, graue Haare*
*der Garten in polnischem Besitz*
*die Gräber teils-teils*
*aber alle slawisch,*
*Oder-Neiße-Linie*
*für Sarginhalte ohne Belang*
*die Kinder denken an sie*
*die Gatten auch noch eine Weile*
*teils-teils*
*bis sie weitermüssen*
*Sela, Psalmenende.*

Heute noch in einer Großstadtnacht
Caféterrasse
Sommersterne,
vom Nebentisch
Hotelqualitäten in Frankfurt
Vergleiche,
die Damen unbefriedigt
wenn ihre Sehnsucht Gewicht hätte
wöge jede drei Zentner.

Aber ein Fluidum! Heiße Nacht
à la Reiseprospekt und
die Ladies treten aus ihren Bildern:
unwahrscheinliche Beauties
langbeinig, hoher Wasserfall
über ihre Hingabe kann man sich gar nicht erlauben
nachzudenken.

Ehepaare fallen demgegenüber ab,
kommen nicht an, Bälle gehn ins Netz,
er raucht, sie dreht ihre Ringe,
überhaupt nachdenkenswert
Verhältnis von Ehe und Mannesschaffen
Lähmung oder Hochtrieb.

Fragen, Fragen! Erinnerungen in einer Sommernacht
hingeblinzelt, hingestrichen,
in meinem Elternhaus hingen keine Gainsboroughs
nun alles abgesunken

*teils-teils das Ganze*
*Sela, Psalmenende.*

Ein Gedicht, das mich in seinen Bildern, in seinem melodisch-erzählerischen Ton damals berückt hat und mich immer noch gefangen hält. Eine Biografie in Gedichtform, rhythmisiert und in gebrochenen Zeilen, die eine lapidare, sprachliche Präsenz entfalten – die Herkunft und Familie des Dichters ist unspektakulär eingelagert in die politische Geschichte – *Oder-Neiße-Linie.* Allein dieses *Für Sarginhalte ohne Belang,* geschrieben von Benn Mitte Juni 1954, mit diesem biblischen Schluss: *Sela, Psalmenende.* Der Zuruf: *Sela!,* der das Schlusszeichen einer Strophe beim Spiel des Psalteriums ist.

Die Brüche, die Schnodderigkeiten neben den lyrischen Bildern relativieren den hohen Ton, und meine emotionale Erinnerung wehrt sich gegen den heute kritischen Blick auf diese männerbündlerische Sprache vom *hohen Wasserfall,* will sich auch nicht irritieren lassen von der trüben Altmännersicht auf Frauen, *über ihre Hingabe kann man sich gar nicht erlauben/ nachzudenken.* Die poetische, in den Bildern der ersten beiden Strophen liegende Kraft überdeckt den lässig ausgestellten Zynismus des Kommentators. Darin liegt das Geheimnis der Gedichte Gottfried Benns, dass sie zugleich so betörend anziehend wie abstoßend sein können, von einer zur anderen Strophe, wie etwa in dem Gedicht *D-Zug:*

*Eine Frau ist etwas für eine Nacht.*

*Und wenn es schön war, noch für die nächste!*
*Oh! Und dann wieder dies Bei-sich-selbst-sein!*
*Diese Stummheiten! Dies Getriebenwerden!*

Aber dann steht in der nächsten Strophe dieser Hymnus:

*Eine Frau ist etwas mit Geruch.*
*Unsägliches! Stirb hin! Resede.*
*Darin ist Süden, Hirt und Meer.*
*An jedem Abhang lehnt ein Glück.*

Dieses eine ungewöhnliche, dreisilbig tonal gedehnte Wort *Resede,* eine duftende, rosafarbene, beiläufig an Wegesrändern stehende Pflanze, mit ihrer schmerz-stillenden, beruhigenden Wirkung, ist so genau gesetzt und hebt damit all das im Gedicht Grobschlächtige auf. Diese wunderschöne Zeile: *An jedem Abhang lehnt ein Glück.*

Darüber war nur das Selbstgespräch im Alkoven möglich. Verschwiegenheit.

Damals fehlte noch das erst später hinzugekommene Wissen von dem politischen Sündenfall des Bewun-derten, der sich für knapp zwei Jahre mit Hitler und der *Bewegung* gemeingemacht hatte und verächtlich über die Emigranten hergefallen war – dieser unsäglich dumm-arrogante Brief an Klaus Mann.

Später kamen die langen, kontroversen Diskussionen in den linken Zirkeln, wo er wegen seiner Nähe zum Nationalsozialismus rundweg abgelehnt wurde. Seine Gedichte zu verteidigen, schärfte den Blick auf die Sprache und die Frage, inwieweit man die Kunst vom

Künstler und seinem Leben, seiner Moral, seiner politischen und religiösen Überzeugung trennen kann. Es ist diese für mich am Beispiel Gottfried Benns gewonnene Einsicht, dass literarische Werke, Lyrik wie Prosa, ihre eigene Logik und Intentionalität entfalten und sich damit auch gegen die Intention des Autors behaupten und ihre Schönheit schadlos bewahren können.

Eine ganz eigentümlich faszinierende Wirkung hat der kleine, dickliche, glatzköpfige, gamaschentragende Dichter auf Frauen ausgeübt. War es seine illusionslose Sicht, sein Zynismus, seine überraschende Bildhaftigkeit auch im Gespräch, die eher monoton gleichgültige Stimme, der verhangene Blick? Bei einer Mensur war ihm der Lidnerv des linken Auges durchtrennt worden. Ein durch so *viele Formen gegangenes* Leben?

Die letzte seiner zahlreichen Geliebten, die fünfunddreißig Jahre jüngere Ursula Ziebarth, legte sich am Abend vor der Beerdigung Gottfried Benns in das ausgehobene Grab und verbrachte darin die Nacht. Sie hatte es für ihn warm gelegen.

Das Grab Benns habe ich Jahre später vergeblich auf dem Dahlemer Dorffriedhof gesucht, dann recherchiert, dass es auf dem Dahlemer Waldfriedhof liegt.

Berlin, ein Morgen im Januar, neblig, Raureif auf Wiesen und Wegen und den immergrünen Büschen. Ein heller Stein, rechteckig, mit der Aufschrift: *Gottfried Benn 2.5.1886–7.7.1956*. Darunter: *Ilse Benn geb. Kaul 14.7.1913–18.3.1995*. Auf dem Grabstein lagen eine von Raureif bedeckte vertrocknete Rose und eine tote Maus.

Hatte ein Raubvogel sie dort abgelegt? Ein Besucher oder eine Besucherin?

Gottfried Benn, glaube ich, hätte dieses Arrangement gefallen.

Jahre später, im Braunschweig-Kolleg, haben wir, Benno Ohnesorg und ich, eine kleine literarische Zeitschrift gegründet, die nicht über die erste Nummer hinausgekommen ist. Wie sollte sie heißen? Wir einigten uns nach einer langen Diskussion auf *Teils-Teils,* auch wenn Ohnesorgs Vorschlag *Sprachgitter* literarisch aktueller gewesen wäre.

Der Raum im Fölsch-Block war gekündigt worden. Vielleicht war die Kündigung dieser Werkstatt das erste Anzeichen, dass im Jahr 1957 das Geschäft mit Pelzen nicht mehr so gut ging, nicht mehr brummte, wie es hieß. Annabell war gleich in die Hauptwerkstatt versetzt worden, Drechsler sollte noch zwei Monate, bis zum Ende der Miete, in diesen gemütlich sonnigen Räumen bleiben, und mit ihm die Maschinennäherin aus dem Banat.

Was in dieser kleinen ausgelagerten Werkstatt dann geschah, darüber gab es Gerüchte, es gab das Sortierzimmer mit den weichen Fellstücksäcken, die so gut nach Sägespänen rochen. Aber vielleicht arbeiteten die beiden schweigend, hin und wieder von Drechslers Summen und Brummen einer Jazzmelodie unterbrochen. In der Pause unterhielten sie sich, die Thermosflasche auf dem Tisch, die Butterbrote in der Blechdose. Und das einzig Erregende war wohl, wenn Drechsler wieder einmal eine Jazzsequenz kräftig auf den Arbeitstisch trommelte.

Annabell stand jetzt an dem langen Werktisch neben diesem Herbert, und plötzlich sang auch sie. Eine angenehm sanfte Stimme, ein Mezzosopran.

Zusammengestellt und an die Wand gelehnt standen die Zweckplatten, massive Holzplatten, vier Zentimeter dick, mit einer Fläche von drei mal vier Metern. Die Breite war für die damals taillierten, zum Saum hin ausschwingenden Mäntel erforderlich. Aneinander und gegen die Wand gestellt, bildeten sie eine massive, meterdicke Holzwucht. Die Platten konnten nur von zwei Männern auf die Böcke gehoben werden. Darauf wurden die nach dem aufgezeichneten Schnittmuster aneinandergenähten Fellteile mit Wasser eingestrichen, glatt gezogen und mit dem Fell nach unten aufgezweckt. Über Nacht trockneten die Lederflächen, glatt und fest, der Rand mit den Löchern der Zwecknägel wurde sauber abgeschnitten, abgeglichen, wie es heißt, morgens kamen die Teile in den Raum der Näherinnen.

Der muntere Sänger wollte am Abend den Wallabymantel, an dem er eine Woche herumgebastelt hatte, aufzwecken. Kurz vor Arbeitsschluss bat er Breitkamp, ob er das für ihn tun könne, da er an eben diesem Abend überraschend für einen Auftritt des Kürschner-Chors angefordert worden sei. In seiner Marinetradition zur Kameradschaft verpflichtet, willigte Breitkamp ein. Vielleicht zog ihn an dem Abend auch nichts in sein Reihenhaus. Breitkamp stand an dieser großen Holzplatte, die er noch mit Herbert auf die Böcke gewuchtet hatte, stand, den Stapel Holzplatten im Rücken, und zweckte. Genoss er die Stille, wie ich sie genießen konnte, wenn eine Arbeit weit in den Abend hineinreichte? Die Stille im Haus. Dieser Kontrast zu dem umtriebigen Wirken am Tag. Jetzt war allein das ferne Anfahren des Fahrstuhls zu hören. Der allmählich nachlassende Lärm der Stadt, die Schiffssirenen, noch waren bis in die Nacht hinein die Presslufthämmer von der Stülcken-Werft zu hören. Breitkamp hatte sich einen Augenblick, so erzählte er später, um sich zu entspannen, an die Holzplatten gelehnt, als er plötzlich einen Druck spürte, als legte sich eine mächtige Hand schwer auf seinen Rücken. Der langsam wachsende, massige Druck der sich auf ihn neigenden Holzplatten. Sein Versuch, sie mit aller Kraft wieder in ihre alte Stellung zurückzustemmen, misslang. Vielmehr nahm der Druck stetig zu. Nach vorn konnte Breitkamp nicht springen, dort lag die massive Holzplatte mit dem aufgezweckten Mantel auf den Böcken. Er wäre nicht nur von der Wucht der Holzplatten erschlagen, sondern auch von den zahlreichen, wenn auch kleinen Stahlnägeln perforiert worden. Auch zur Seite konnte er nicht entweichen, links die Wand, und rechts war ein großer Weidenkorb mit Fellen abgestellt. So stand er eine gute Stunde, spürte, wie ein Zittern seine Beine ergriff, wie sich Hals und Schultern verkrampften, wie auch die

Arme, mit denen er sich auf die vor ihm liegende Platte aufstützte, zu zittern begannen. Unmöglich, diesem Druck eine Nacht lang standzuhalten. Ein Zittern, das mehr und mehr den ganzen Körper erfasste. Was ihm zunächst noch peinlich gewesen war, brüllte er jetzt heraus, erst ein Hallo, Hallo, dann Hilfe! Zunächst noch leise, dann laut, schließlich schrie er. Durch das Schreien, dieses stoßweise heftige Ausatmen, wurde der Oberkörper noch weiter nach vorn und unten gedrückt, was abermals den Druck der Holzplatten erhöhte.

Er hatte Glück. Zum zweiten Mal in seinem Leben hatte er lebensrettendes Glück. Der Hausmeister, der seine letzte Runde durch das Gebäude machte, hörte ein Keuchen, Ächzen, schließlich das Rufen, dann das Schreien, schloss die Tür zur Werkstatt auf, kam herein, und gemeinsam stemmten sie die Platten wieder gegen die Wand.

Breitkamp konnte nicht mehr gehen. Ein Dauerkrampf versagte ihm jeden Schritt. Weich gebettet, aber zuckend lag er auf einem Fellbündel. So lag er bis in den Morgen, als die ersten Näherinnen kamen, die Lehrlinge, die Kürschner, der Werkmeister.

Später witzelte er, dass es doch etwas komisch gewesen wäre, einen Schiffsuntergang zu überleben, um dann von Holzplatten erschlagen zu werden.

Breitkamp fuhr im Taxi nach Hause und bekam für den nächsten Tag frei.

Keine Polizei! Das fehle noch, Pelze *Levermann* in der Boulevardpresse. Versuchter Holzplattenmord oder so ähnlich. Die Kundschaft von *Edelpelz Berger* hätte die Nachricht womöglich goutiert, nicht aber die von Erich Levermann. Welche Reedersgattin will einen Pelzmantel an der Operngarderobe abgeben – das Etikett von Levermann war gut sichtbar und groß im Innenfutter eingenäht –, um sich fragen zu lassen, ob der Kürschner die Anfertigung des Mantels überlebt habe.

Nein, das war ein dummer Zufall, eine dieser Merkwürdigkeiten im Leben.

Aber natürlich wurde in der Firma geredet, wurden Mutmaßungen über einen Täter und ein Tatmotiv angestellt. Denn das konnte sich doch nur gegen diesen Herbert, den singenden Kürschner, gerichtet haben, die rheinische Frohnatur, der an dem Abend eigentlich den Mantel aufwecken wollte. Wer hatte mühsam die massiven Platten derart sorgfältig zusammengestellt, dass sie kurz vor dem Kippen zu stehen kamen? Drechsler? Hatte sich doch schon vorher von Annabell getrennt. Ach ja? Wann? Drechsler, nee, hat schon 'ne Neue. Unachtsame Lehrlinge? Ein Dummejungenstreich?

Zoern war überzeugt, die rheinische Frohnatur hatte zum Schweigen gebracht werden sollen, nicht von Drechsler, nicht von einem Lehrling, sondern von einem Gegner des deutschen Volkslieds. Oder hatte jemand es auf Breitkamp abgesehen? Aber warum? Mutmaßungen. Verdächtigungen. Gesprächsstoff für Wochen.

Höchst sonderbar war, dass Breitkamp danach nicht mehr das gutturale, imaginäres Wasser ausspuckende Geräusch machte. Wir haben nie darüber geredet, aber diese die Platten auf dem Rücken wegstemmende Haltung und die Panik, erschlagen zu werden, hatten ihn von dem Tick befreit.

Im dritten Lehrjahr war ich nach Dieter Zoern Johnny-Look zugeteilt worden. Den Namen hatte ihm Zoern gegeben und damit etwas von diesem jungen Mann erfasst, nicht nur weil er tatsächlich in die Wolken guckte wie Johnny-Look-in-the-Air, sondern weil er ein Staunender war. Er kam, freundlich, ohne Allüren, der Ruf, im Sinne des Wortes ein ausgezeichneter Kürschner zu sein, eilte ihm voraus. Tatsächlich arbeitete er mit großer Genauigkeit, geradezu skrupulös, zeichnete die Entwürfe der Mäntel mit einer Ausziehfeder und schwarzer Tusche, als ginge es darum, Kathedralen zu bauen. Er wäre wohl, trotz seiner freundlichen Zugewandtheit, als Sonderling dem Spott in der Werkstatt ausgesetzt gewesen, wenn nicht sein Können, seine Perfektion sowie die scheinbar mühelose Bewältigung der Stückzeiten ihm größte berufliche Anerkennung gebracht hätten. Fachlich musste ich nichts Neues dazulernen, mich nur perfektionieren. Überraschend aber waren für mich die so nie zuvor geführten Gespräche während der Arbeit. Er sagte, die Aufmerksamkeit und Exaktheit beim Arbeiten seien eine Verantwortung, die wir, die Kürschner, hätten, eine Verantwortung gegenüber den Tieren, die sie uns mit ihrem Tod übertrugen, die Verpflichtung, ihr gelebtes Leben in Schönheit zu verwandeln. Das war ein merkwürdiger Satz und eine ganz ungewöhnliche Sicht auf unsere Arbeit, die so sehr von dem wegführte, was sie sonst war, ein Material in Stückzeit zu verarbeiten und wie die meisten Kürschner im Zweifelsfall zu sagen: Das passt schon. Ich hatte mir bis dahin äußerste Mühe gegeben, genau zu arbeiten, hatte das aber nie mit dem Gedanken an eine Verpflichtung gegenüber dem früheren Lebewesen verbunden, das um seines Pelzes willen zu Tode gekommen war. Das Fell war die Haut des Lebens.

Dieser Johnny-Look war ein Grübler. Ein Fragender, ein Staunender, ein Wolkengucker. Die Werkstatt gab den Blick in den Himmel frei. Wir, er und ich, machten uns gegenseitig auf die sich beständig verändernden Farben und Formen aufmerksam. Allein diese Worte: Federwolken, Quellwolken, Schäfchenwolken, Schleierwolken, die, wie ich fand, bei Weitem nicht die vielfältigen Formen erfassten. Er las, ich las, und wir tauschten uns über die Lektüre aus. Wir lasen in einer antiquarischen Ausgabe Arthur Schopenhauers *Über die Freiheit des menschlichen Willens. Über die Grundlage der Moral.* Johnny-Look wohnte an der Rothenbaumchaussee zur Untermiete in einem dunklen Zimmer, dessen Fenster auf eine schmale Durchfahrt hinausging. Das gegenüberliegende Haus war höchstens sieben Meter entfernt, und fast auf der gleichen Ebene lag dort ein Fenster, hinter dem eine junge Frau wohnte, wahrscheinlich wie Johnny-Look zur Untermiete. Die Zimmer waren, auch bei hellem Tag, derart dunkel, dass man Licht brennen lassen musste. So sahen wir die junge Frau hinter einem Vorhang im Zimmer hin und her gehen und manchmal am Fenster sitzen, wohl in einer Zeitschrift oder einem Buch lesend. Diesmal nähte sie an dem Bund eines Rocks. Ein so ruhiges Tun. Sie biss, wie als Zuwendung zum Rock, den Faden ab, zog den Bund straff, betrachtete ihn. Hatte sie ihn verkleinert oder erweitert? Dieses eine Mal konnten wir sie deutlich sehen. Hatte sie absichtlich den hellgrauen Vorhang aufgezogen, der gewöhnlich auch tagsüber geschlossen blieb und nur ihren schattenhaften Umriss zeigte? Wir saßen und redeten über den freien Willen, als es dunkel geworden war, sie den Vorhang wieder zuzog, und warteten, ohne es anzusprechen, auf die Bewegungen hinter dem Vorhang. Darüber, wie Schopenhauer den freien Willen versteht und dass man Schopenhauer wohl nur in einem jugendlichen Alter lesen kann, als eine theoretische Absicherung der eigenen ängstlich-neugierigen Unsicherheit, als wirkendes Wollen, da der Wille angeboren ist als Charakter. Ist jede Entscheidung arbiträr? Wir warteten darauf, dass der Schatten gegenüber aus dem Kleid oder dem Rock stieg, den Unterrock fallen ließ, den Büstenhalter öffnete und aus dem Blickfeld verschwand, nach einiger Zeit wieder erschien, dann schließlich nach rechts, wo vermutlich das Bett stand, verschwand. Wir redeten weiter über den freien unfreien Willen. Bis drüben das Licht gelöscht wurde. Die Zeit, zu der wir uns verabredeten, war, ohne dass wir darüber je sprachen, ebendie, in der die junge Frau zu Bett ging. Nie wurde dieses wie für uns inszenierte Schattentheater kommentiert. Allenfalls ein: Heute wird sie müde sein, wenn das Licht gegen zehn Uhr gelöscht wurde. Etwas Keusches war an diesem Johnny-Look, nur einmal haben wir erörtert, ob sie wisse, dass wir sie beobachteten. Wir glaubten oder wollten glauben, sie wisse es nicht.

Einmal habe ich sie auf der Straße getroffen, es war ein Schock, sie war als Schatten so vertraut, und plötzlich stand sie in ihrer Leiblichkeit da, eine junge Frau, das volle kupferrote Haar hochgesteckt, ein kurzes Lächeln, und noch bevor ich etwas sagen konnte, war sie im Eingang des Nachbarhauses verschwunden.

Auch darin glichen Johnny-Look und ich uns, wir verbargen unsere Lesesucht vor den anderen, mit denen wir tagsüber an den Arbeitstischen standen. Allerdings habe ich zunächst auch vor ihm etwas verborgen – dass ich nicht nur las, sondern auch schrieb.

Einmal, im ersten Lehrjahr, ich war fünfzehn und schrieb Tagebuch und kleine Geschichten, hatte ich auf die Frage, was ich denn später einmal werden wolle, spontan gesagt, ich wolle schreiben, würde gern Schriftsteller werden – damit war ich für Wochen zum Gespött der Lehrlinge geworden. Erst im Braunschweig-Kolleg traf ich jemanden, der auch schrieb, Benno Ohnesorg. Ein gegenseitiges Offenbaren, was ihm, da er schon kleine Texte veröffentlicht hatte, leichter fiel als mir, der sein Schreiben bis dahin für sich behalten hatte. Vielleicht hätte ich es Johnny-Look erzählen sollen. Sicherlich hätte er dann etwas lesen wollen, aber da war durchaus schon das rätselhaft genaue Wissen, dass das, was ich schrieb, noch nicht gut genug war, um es herzuzeigen.

Johnny-Look trug Schwarz. Einen schwarzen Anzug, weiße Hemden, zuweilen einen grobmaschigen, wie gehäkelten, sehr schmalen schwarzen Schlips. Hochgewachsen war er und hielt sich sehr aufrecht, das dichte mittelblonde Haar schlug eine eigensinnige Welle, und in den ein wenig hervortretenden blauen Augen lag ein beständiges kindliches Staunen über die alltäglichen Dinge. Er betrachtete ein Markier-Rädchen und sagte, wie sinnvoll doch die Krümmung sei, die von oben den Blick erlaube, der handlich gerundete Holzgriff, dieses kleine Messingrad, mit dessen Spitzen die Form der Schnittmuster auf die Mantelteile übertragen wurde. Er feierte den wunderbaren Flug der Möwen, die so ruckartig hart abknickten und hinunterstießen, und dieses Wunder der Haare, diese unendlich feinen, sich bei einem leisen Hauch sacht wie Quecksilber bewegenden Haare der Chinchillafelle, die erstaunlichen feinst nuancierten Grautöne der Naturpersianerfelle, die in der Natur nie ihre Schönheit zeigen konnten, staubig, verfilzt, wie sie waren, die Felle der Füchse, jene der Biber oder Persianer waren sich jeweils ähnlich, aber nie ganz gleich, eine unendliche Variation beim genauen Hinsehen, wie das Allgemeine sich da im Einzelnen brach, wie die zarte Maserung der Holzplatten, die von Wuchs und Zeit erzählte. Er sah die alltäglichen Dinge, wie sie das Lied des Lammes rühmt: *Groß und wunderbar sind Deine Werke.*

Von den Näherinnen und Kürschnern wurde seine Gutgläubigkeit hin und wieder mit seltsamen Geschichten auf die Probe gestellt, nicht gerade mit einem eben am Fenster vorbeifliegenden Esel, mit dessen Erscheinung Thomas von Aquin von seinen Confratres geneckt wurde, aber doch mit Erzählungen wie der von der Sprengung des U-Boot-Bunkers im Hamburger Hafen – Tausende Möwen seien tot vom Himmel gefallen. Oder wie man Fußpilz sofort heilen könne, man müsse nur die Füße in einer Schüssel mit dem eigenen Urin baden. Mondsüchtige träfen sich bei Vollmond an der Alster, an der Schwanenwik, wo sie sich mitternachts einer Therapie gegen Somnambulismus zu unterziehen hätten. Hunderte stünden dort mit den Füßen im Wasser, den Blick auf den Mond gerichtet.

Johnny-Look war beim nächsten Vollmond hingegangen. Niemand hatte dort im Wasser gestanden.

Zoern tröstete ihn: Bei dem Wetter haben die einfach zu schnell kalte Füße bekommen. Gehen Sie beim nächsten Vollmond früher hin.

Er blickte Menschen mit seinen staunenden, ein wenig herausdrängenden Augen an und konnte dann so etwas sagen wie: Geht das wirklich? Tatsächlich? Kann das sein? Aber wie?

Wie andere mir nahe Menschen ist Johnny-Look eines Tages aus meinem Leben verschwunden. Ich ging nach Braunschweig, um mich an dem dortigen Kolleg auf das Abitur vorzubereiten, und fuhr in den zwei Jahren aus einem zwingenden Grund – ich wollte ein anderer werden – nicht zurück nach Hamburg. Ich wollte alle Beziehungen abbrechen, eine Schneise schlagen zwischen dem bisherigen auf Verdienst ausgerichteten, zerstreut geselligen Leben und dem anderen, gewünschten, dem Leben des genauen Wahrnehmens, des Studiums und der Aufmerksamkeit, die, wie Nicolas Malebranche sagt, das natürliche Gebet der Seele sei, um in Wahrheit mit ihr zu leben.

Als ich nach zwei Jahren aus Braunschweig nach Hamburg zurückkam, hieß es, Johnny-Look sei nach Berlin gezogen. Niemand kannte seine Adresse, Briefe an die alte kamen als unzustellbar zurück. Ich hoffte, er würde sich irgendwann einmal melden, hörte jedoch nie wieder von ihm, wie übrigens auch nicht von all den anderen Kollegen, den Gesellen, den Näherinnen, Lehrlingen, die mich mehr als drei Jahre begleitet hatten. Allerdings habe ich mich auch nicht bemüht, sie zu sehen oder von ihnen zu hören. Hin und wieder denke ich an die eine und den anderen, hin und wieder träume ich von dem einen oder der anderen.

Allein von Dieter Zoern las ich später in Zeitungen und Zeitschriften, sah ihn im Fernsehen und konnte ihn einmal in seinem Geschäft an der ABC-Straße unbemerkt beobachten. Johnny-Look hingegen begleitet mich beim Lesen und begegnet mir hin und wieder im Traum. Einmal, erst jüngst, habe ich ihm, der eine Art Jockey-Kappe trug, beim Mähen eines Tulpenfelds helfen müssen. Das Gerät, ein überdimensionierter auf hohen Rädern fahrender Mähdrescher, häckselte die Blütenblätter. Mit bloßen Händen versuchte ich sie aufzufangen. Da reichte er mir vom hohen Fahrersitz herab seine Kappe. Er sang, und auf meine Frage, was er da oben singe, antwortete er, das sei das Falsett der Krähen.

Das Fest war im *Hamburger Abendblatt* angekündigt worden. Johnny-Look hatte mich angerufen und gefragt, ob ich mitkommen wolle. Pinneberg. Tanz und munteres Treiben. Samstagnachmittag. Ein warmer Tag im September, wir fuhren mit dem Zug nach Pinneberg. Der Rosengarten. Kein Jazz, eine Kapelle spielte *Heinzelmännchens Wachtparade,* später Foxtrott. Tanz. Die Herren im Anzug, Krawatte, polierte Schuhe. Die Frauen in Waden umspielenden Kleidern. Darf ich bitten. Wie in der Tanzstunde am Winterhuder Markt gelernt. Nach Ermessen auch: Gestatten Sie. Die Herren fordern mit einer Verbeugung auf, und wenn die Eltern am Tisch sitzen, werden auch die mit einer leichten Verbeugung bedacht, wenn Sie gestatten. Beim Tanz hatten wir in der kleinen Provinzstadt den Vorteil, Fremde zu sein und aus dem verrufenen Hamburg zu kommen. Man konnte fragen. Gespräche waren leicht zu führen. Sind die wirklich so bestimmend für die Stadt, die Haferflocken? Nein, das ist Elmshorn. Die Schulen?

Wir saßen unter einer Pergola. Später kamen zwei Mädchen an unseren Tisch. Die eine fragte, mir stockte das Herz vor diesem Glanz, dem Lachen, der Bewegung, den zusammengebundenen hellbraunen, leicht ins Rötliche spielenden Haaren, ob die beiden Stühle frei seien. Dunkelblaue Augen. Ein hellblau-weiß gestreiftes Kleid, mit Puffärmeln. So genau dieses erste, bleibende Bild ist, so matt das der Freundin, vielleicht in einem Glockenrock, wie sie damals getragen wurden, vielleicht eine Bluse, eine Pagenfrisur, braunes Haar.

Diese soziale Differenz, damals noch ausgeprägter, zwei Schülerinnen aus dem Gymnasium und zwei Kürschner, wobei der eine, ich, wenn auch im letzten Jahr, noch die niederziehende Berufsbezeichnung Lehrling hatte. Aber auch das, was danach kam – Geselle hörte sich immer noch nach der Reparatur von Steig- oder Knickrohren an. Wie hätte man den Mädchen in so kurzer Zeit das Besondere, Einmalige dieses Gewerbes und seine lange Tradition beschreiben können, die Vielfalt der Farben, den feinen Flaum, ich hätte es höchstens anschaulich machen können an einem Nutriamantel, an dem Fell, das in seiner Dichte und Feinheit das Tier vor Kälte und Wasser schützen muss und zur vollen Entfaltung seiner Schönheit mit einer aus dem Mittelalter überkommenen Rezeptur aus Essig, Senfkornsaft und der Geheimtinktur von Meister Kruse eingestrichen, dann leicht mit einem heißen, aber nicht zu heißen Bügeleisen, sonst würde das äußerst feine Haar stumpf und grau werden, also mit genau der richtigen Hitze gebügelt wurde und daraufhin den Glanz von flüssigem – ja – flüssigem Gold bekam. Wir sprachen aber nicht über Pelze und schon gar nicht über Mäntel, sondern über ihren Deutschunterricht in der letzten Klasse mit Blick auf das Abitur im nächsten Frühjahr. Sie lasen, erzählten sie, gerade Hofmannsthal und Rilke. Einer dieser Zufälle – der dann doch kein Zufall, sondern auf geheimnisvolle Weise durch uns geradezu erwirkt ist –, ich hatte wenige Tage zuvor ein Rilke-Gedicht auswendig gelernt, das mich, den Siebzehnjährigen, höchst genau in meiner Stimmung traf, das Hoffen, Wünschen, Suchen, gefunden auf einem Kalenderblatt, das den Herbst ankündigte, was dem Gedicht nichts anhaben konnte, wie auch die dämlichen Weingirlanden nicht: *Herbsttag*. Die beiden Mädchen kannten das Gedicht, die eine sagte ein wenig belustigt die erste Strophe auf, die andere, innig, mit ruhig-genauer Betonung die zweite – damals wurden Gedichte noch auswendig gelernt –, und ich konnte mit der dritten Strophe fortfahren, konzentriert und mit Herzklopfen, es war meine Stimmung, die ich darin beschrieben und im Klang erkannt hatte, bis mir beim *in den Alleen hin und her / unruhig wandern* in der vorletzten Zeile der Atem ausging und mir schwindelig wurde. Die beiden Mädchen schwiegen, und Johnny-Look sagte mit seinem staunenden blauen Blick: Was für ein toller Blues. Wenig später kam der Bruder der Freundin gelaufen, unvergessen, ein pickeliger Junge, und sagte, die Eltern wollten fahren, die Mädchen müssten sofort kommen. Und ich saß stumm und brachte es nicht über mich, nach der Adresse zu fragen. So ist dieses Herbstgedicht von Rilke mit dem biederen Rosengarten in Pinneberg verbunden und mit dem stillen Staunen über diesen auf mich gerichteten, so überraschend offenen, mich einladenden, Zukunft versprechenden Blick. Die Erinnerung löste noch Wochen später einen körperlichen Wärmestrom aus, der stets von Selbstvorwürfen begleitet war, nicht nach der Adresse gefragt zu haben.

Einige Zeit später, auf einem Spaziergang entlang der Elbe, dem Övelgönner Uferweg, kehrten wir in eine Wirtschaft ein, saßen draußen im Herbstwind, Johnny-Look trank ein Bier, ich eine Limonade, und er erzählte wirr und gleichermaßen begeistert von seiner Lektüre am Abend zuvor, bis in die tiefe Nacht habe er Kafka gelesen, *Die Verwandlung*.

Johnny Look erzählte, was Gregor Samsa widerfahren war, er erzählte es in einer händeringenden Rede, als müsse er sich von einer Last befreien. Meine Frage, ob er mir das Buch ausleihen könne, beantwortete er mit einem Nein, er müsse den Band bei sich behalten. Er sagte das mit Überzeugung und Ernst, denn Ironie, dieser autoritäre Sprachgestus, war ihm fremd.

An dem folgenden Montag kaufte ich das Taschenbuch *Franz Kafka, Die Erzählungen* bei Lüders in Eimsbüttel. Lüders sagte, Lesefutter gehöre in Silos, nicht in seinen Laden.

Zu Hause, nach der Arbeit und nach dem von der Mutter bereiteten Abendbrot, der Wurst- und Käseplatte, dem Lüneburger Brot und dem sehr leichten schwarzen Tee mit Zitrone, saß ich im Alkoven und las, und von da an war mir ein anderer Blick gewährt. Ein Lesen, in dem ich mich selbst verlor und mir fremd wurde. Ein Überschuss an Nichtgewusstem, nie Gelesenem, die Frage, warum etwas ist, wie es ist, und wie es so ganz anders sein könnte. Wie die Dinge durch eine leichte sprachliche Verschiebung aus den Fugen geraten und doch als Unbekanntes sich zum erschreckend Bekannten neu fügen. Der immer wieder zitierte Anfang vollzieht die Kreation eines Tierwesens, mit menschlichem Bewusstsein und Erinnerung ausgestattet, aber zur Sprachlosigkeit verdammt. Denn das Erschreckende ist nicht einmal die Verwandlung – mit der geht Gregor Samsa eher gefasst um –, sondern dass er sich nicht mitteilen kann. Dieser fürchterliche Zwang, verstehen, aber nicht sprechen zu können. Die Fähigkeit der Sprache ist verloren. Geblieben ist ein Fauchen, Zischen, Grunzen, Schnauben, das nicht mehr die Wünsche, Verletzungen, Ängste, Träume artikulieren kann: *Als Gregor Samsa eines Morgens aus unruhigen Träumen erwachte, fand er sich in seinem Bett zu einem ungeheueren Ungeziefer verwandelt. Er lag auf seinem panzerartig harten Rücken und sah, wenn er den Kopf ein wenig hob, seinen gewölbten, braunen, von bogenförmigen Versteifungen geteilten Bauch, auf dessen Höhe sich die Bettdecke, zum gänzlichen Niedergleiten bereit, kaum noch erhalten konnte. Seine vielen, im Vergleich zu seinem sonstigen Umfang kläglich dünnen Beine flimmerten hilflos vor den Augen.*

*»Was ist mit mir geschehen?« dachte er. Es war kein Traum.*

Die Glaubwürdigkeit dieser so unrealistischen Szene wird durch die Beschreibung beiläufiger, höchst realistischer Details hergestellt, so, wenn die Bettdecke vom durch die *bogenförmigen Versteifungen geteilten Bauch* abgleitet. *Es war kein Traum.* Das ist zwar dem *dachte er* nahe, aber doch aus der objektiven Perspektive als Aussagesatz gesetzt. Dem folgt die Beschreibung von dem *Menschenzimmer* und dessen Interieur.

*Sein Zimmer, ein richtiges, nur etwas zu kleines Menschenzimmer, lag ruhig zwischen den vier wohlbekannten Wänden. Über dem Tisch, auf dem eine auseinander gepackte Musterkollektion von Tuchwaren ausgebreitet war – Samsa war Reisender –, hing das Bild, das er vor kurzem aus einer illustrierten Zeitschrift ausgeschnitten und in einem hübschen, vergoldeten Rahmen untergebracht hatte. Es stellte eine Dame dar, die, mit einem Pelzhut und einer Pelzboa versehen, aufrecht dasaß und einen schweren Pelzmuff, in dem ihr ganzer Unterarm verschwunden war, dem Beschauer entgegenhob.*

Das Zimmer wird nicht distanziert sachlich beschrieben, sondern da spielt, wie in der gesamten Prosa Kafkas, immer eine deutende Valeur hinein, was sich schon in dem ungewöhnlichen Substantiv *Menschenzimmer* andeutet, welches das *Menschsein* vom Verwandelten abrückt. Darin zu sehen sind Alltagsgegenstände aus Samsas Menschenleben, darunter, hervorgehoben durch den goldenen Rahmen, das Illustrierten-Bild der Dame mit Pelzhut, Pelzboa und dem Betrachter entgegengehobenem Pelzmuff – die Accessoires aus Kürschnerhand –, die als Wärmendes, Schmeichelndes in einem so argen Kontrast zum Chitinpanzer des Käfers stehen, der nicht einmal der Bettdecke Halt geben kann. Könnte es sein, dass Samsa der Wunsch nach Zartheit, Geborgenheit und Schönheit bewegt, denn als das etwas zu kleine Menschenzimmer von der Schwester und der Mutter ausgeräumt wird, die Möbel verschoben, der Kasten mit der Laubsäge und den Werkzeugen, der Schreibtisch herausgetragen werden, bricht Gregor Samsa unter dem Bett hervor: ... *die Frauen stützten sich gerade im Nebenzimmer an den Schreibtisch, um ein wenig zu verschnaufen –, wechselte viermal die Richtung des Laufes, er wußte wirklich nicht, was er zuerst retten sollte, da sah er an der im übrigen schon leeren Wand auffallend das Bild der in lauter Pelzwerk gekleideten Dame hängen, kroch eilends hinauf und preßte sich an das Glas, das ihn festhielt und seinem heißen Bauch wohltat. Dieses Bild wenigstens, das Gregor jetzt ganz verdeckte, würde nun gewiß niemand wegnehmen. Er verdrehte den Kopf nach der Tür des Wohnzimmers, um die Frauen bei ihrer Rückkehr zu beobachten.*

Das Interesse vieler Literaturwissenschaftler an der Sexualität Kafkas hat dieses Bild der Dame im Pelz mit Sacher-Masoch in Verbindung gebracht. Einen Bezug, den wir damals nicht kannten, aber von der Beziehung des Pelzes zur Sexualität wussten wir durchaus. Nicht nur Breitkamp erzählte von Ehefrauen, die sich im Bett zum Coitus – a tergo – den Pelzmantel anziehen mussten.

Ein überraschendes Verrücktsein – so fremd, so fern, so unbekannt –, das, wie bei fast allen Erzählungen und Romanen Kafkas, ohne einen vermittelnden Wärmestrom auskommt und dennoch einen gleichermaßen verstörenden wie fesselnden Sog zum Weiterlesen und

Abermals-Lesen entwickelt. Wo ist dieses Wort, dieser Satz, der nach dem Grund, der Ursache der Verwandlung fragt. »*Was ist mit mir geschehen?*« *dachte er. Es war kein Traum.*

Kafka lässt Samsa nicht fragen: Träume ich?, sondern *Was ist mit mir geschehen?* Es ist etwas außer ihm Liegendes, das keinen Namen, keine Begründung erhält. Kafka ist Realist, der durch einen Schnitt, durch ein Wort, das Wort *Ungeziefer,* die Wirklichkeit verrückt, in eine neue fremde, erschreckende Wirklichkeit. Plötzlich ist man in einer anderen Welt. Im Talmud findet sich die Vorstellung, dass ein Wort die Welt zurechtrücken und heilen könne. Sodass sie, wie Ernst Bloch sagt, Heimat wird. Das eine, das richtige Wort, das die Welt verändert. Also müssen alle Worte richtig sein. Daraus leitet sich Karl Kraus' strenger Anspruch auf Genauigkeit, auf Richtigkeit der Sprache bis zur Setzung der Kommata ab. Demnach kann auch ein falsches Wort, das Wort Ungeziefer, die Welt gänzlich aus den Fugen bringen – ins Unheimliche drängen, wo Mord und Vernichtung drohen.

In den nächtlichen Gesprächen über *Die Verwandlung* war Johnny-Look zu der Erkenntnis gekommen, es sei eine Verpflichtung unseres Handwerks, durch Genauigkeit und Sorgsamkeit dem Leid und Tod der Tiere Achtung zu zollen – als wären wir verschwistert.

Wir zogen den naheliegenden Vergleich dieser Erzählung mit dem Traum, dem Albtraum, in dem der Betroffene sich in Handlungen sieht, von außen wie von innen, ohne handelnd eingreifen zu können. Es war ein erstes tastendes Verstehen dessen, was Literatur sein könnte. Und im Weiterlesen der anderen Erzählungen bemerkten wir, dass bei Kafka Tiere häufig wie Menschen auftauchen, selbst zur Person werden, wohingegen die Menschen in ihren wärmenden Pelzen gleichsam in die Tiere hineinschlüpfen, sich ihnen anverwandeln. Tiere, die märchenhaft sprechen, denken, auch forschen können.

Ist das Schlachten, das Essen von Tieren ein lustvoller Kannibalismus? Das Abziehen ihres Pelzes eine Häutung, wie sie die Janitscharen an den Ungläubigen praktizierten? Das Tragen ihrer Haut zum eigenen Schutz zugleich ein Zeichen der Macht? Je seltener das Fell, desto höher die Stellung.

Die in der Natur lebenden Völker zeigen den Tieren gegenüber eine vom Nützlichkeitsdenken geprägte Haltung, die mit einer hohen Achtung einhergeht – die Tötung muss durch ein Opfer ausgeglichen werden, und sei es durch ins Feuer geworfene Bissen.

Auch das Erotische und Sexuelle offenbart sich im Pelzwerk, das Weiche, das Tierhafte, eine Ahnung von Wildnis, von einer reflexionsfernen Vorzeit. Noch in den einfachsten Modellen von Mänteln und Capes besteht das Raffinement darin, nicht nur den Voyeur zu erwecken, sondern auch das direkte taktile Verlangen.

Die hoch verfeinerte Arbeit mit Pelzen führte in die ferne Welt der Triebe und in die Wildnis zurück.

Auf dem Sandweg in Tansania standen Menschen, Frauen, Kinder, Männer, ein Zusammenlauf. Der Fahrer unseres Wagens hielt, und wir gingen zwischen den gestikulierenden, erregt redenden Menschen hindurch. Auf dem Weg lag eine ungeheure Masse Fleisch, in die Dorfbewohner mit Äxten hackten. Es roch nach Blut, und der graue Sandboden war rot gefärbt, ein Elefant, ein gewaltiges Tier, war eben erlegt worden. Ein riesiger Stoßzahn lag herausgehauen, blutig, mit Fleischfetzen im Sand. Den anderen schälte ein Mann mit einem Buschmesser aus dem Schädel. Das kleine Auge stand offen, wie erstaunt, aber schon stumpf blickte es in den Himmel. Ein Rinnsal zog eine schwarze Spur über die graue Haut.

Die Menschen waren wie berauscht, lachten und riefen und klatschten in die Hände, andere trugen Fleischklumpen zu den Hütten. Einer hatte die Hand ins Blut getaucht und einen Abdruck auf der staubgrauen Elefantenhaut hinterlassen. Etwas abseits stand der Schütze, ein schwarzer Wildhüter, in einer zerschlissenen Uniform. Das große Gewehr hatte er neben sich auf den Boden gestellt.

Der Elefant, ein Einzelgänger, musste seit Tagen die umliegenden Maisfelder zertrampelt und abgefressen haben. Das sei ein genehmigter Abschuss gewesen, erzählte uns der Fahrer, als wir wieder in den Wagen stiegen und weiter zu der Lodge nach Arusha fuhren.

Das breite Fenster des Alkovens ging nicht, wie man vermuten könnte, ins Grüne, sondern auf einen asphaltierten Hof, dahinter ragte die in roten Ziegelsteinen erbaute Batterien-Fabrik *Habafa* auf. Zur Produktion der Batterien gehörte ein silbrig schwarzer Grafitstaub. In Säcken wurde er von Lastwagen angeliefert und von zwei Männern in Kapuzenkitteln in den Keller getragen. Die Hände, die Gesichter der Träger waren grafitschwarz, die Augen geisterhaft weiß. Auch nach der Arbeit blieben, obwohl sie sich geduscht und gewaschen hatten, die Falten in ihren Gesichtern schwarz, wie auf Masken eingekerbt. Kamen die Männer nach dem zweifachen Sirenenton, der den Arbeitsschluss anzeigte, durch den dunklen Torweg, liefen die Kinder schreiend davon.

Sonderbar, Kafka habe ich nicht wie die anderen Bücher im Freien lesen können. Für mich passte er nicht in die Natur.

An einem der Samstage war ich mit Johnny-Look über die Reeperbahn gegangen, hatte ihm von Erik erzählt. So ganz anders als damals ging ich, gingen wir von einer Neugier bestimmt auf das, was wir suchten, ja, was? Erleben. Das Unbekannte. Frauen. Das Glück der Nähe. Wir gingen, müde vom Schlendern und Schauen inmitten all dieser nach dem Ungewöhnlichen Suchenden, den Trunkenen, den Frauen mit den hochgegürteten Brüsten, in eine kleine Bar, nicht zu vergleichen mit der glänzenden, sich breit öffnenden, vor der Erik der Rote einmal Klavier gespielt hatte, ja, auch Holden Caulfield begleitete mich noch. An der mit einer polierten Bronzestange bewehrten Bartheke saßen ein paar Männer. Als wir hereinkamen, wandten die auf dem Hocker Sitzenden uns wie auf Zuruf die Köpfe zu, blickten dann wieder in die verspiegelte Wand mit all den davorgestellten Flaschen. Merkwürdig, wie diese Männer zusammen und doch jeder für sich allein sitzen und trinken konnten. Eine junge Frau bediente hinter dem Tresen. Johnny-Look bestellte sich, was ihn als Barbesucher auswies, einen Bourbon, einen Wild Turkey, mit Eis, was die junge Frau mit: Good taste, kommentierte.

Und du?

Ich bestellte eine Cola.

Ohne alles?

Ja.

Das fand die Frau ganz süß. Darfst du überhaupt schon hier rein?

Genau genommen nicht, noch war ich nicht achtzehn, und die Frau ließ sich nicht von meiner Größe und nicht von dem gediegenen grauen Jackett täuschen.

Du musst noch angelernt werden.

Woran sehen Sie das denn?

Erfahrung, mein Kleiner.

Auffällig an der jungen Frau waren ihre gepflegten kräftigen Hände, deren spitze Fingernägel abwechselnd schwarz und rot lackiert waren, das volle, hellbraun gewellte Haar, der zarte Busen im Ausschnitt der Bluse, aber vor allem die Iris ihrer Augen, ein zartes Türkis. Mir schob sie wie einem Kind ein paar Erdnüsse hin, sagte: Für dich, etwas zum Knabbern, während sie mit Johnny-Look sprach und sich nur dann den neben uns sitzenden, vor sich hin schweigenden Männern zuwandte, wenn diese noch ein Bier oder einen Scotch haben wollten. Ich knabberte die Nüsse und lauschte dem Gespräch, das von Johnny-Looks Fragen und den Erzählungen der Frau bestimmt war, die in Kopenhagen und London in Hotels gearbeitet hatte und von den Gästen und deren Gewohnheiten erzählte. Von Erich Maria Remarque, dem sie in einer Bar in Locarno oft die Drinks gemixt hatte und der an der Bar saß, bis er betrunken vom Hocker sackte, dabei jedes Mal rechtzeitig von ihr aufgefangen und in ein Taxi bugsiert wurde. Ein Erlebnis, das mir später ganz ähnlich eine Frau in Braunschweig erzählen sollte, die Urlaub in Locarno gemacht hatte. Von Remarque hatte ich *Arc de Triomphe* gelesen und dachte, wie sonderbar, dass die Geschichte des Arztes, die verzweifelt dunkle Stimmung des Exilierten dem Leben des erfolgreichen Autors in der Schweiz ähnelten. Ich saß mit meiner Cola wie ein vergessener Schuljunge neben Johnny-Look. Als sie begann, ihm über den Tresen die Hand zu streicheln, und sich immer wieder das volle Haar ins Gesicht schüttelte, sagte ich: So, ich geh jetzt mal, und Johnny-Look sagte nur: Ja, dann bis Montag.

Er kam in die Werkstatt, die Lider um die blauen Augen gerötet. Hier könne er das nicht erzählen, sagte er nur kurz. Später begann er doch zu reden, zerstreut, stockend. Wir hatten uns abseits auf den Werktisch gesetzt. Ich bot ihm von den belegten Broten an, aber er mochte nichts essen, trank nur von meinem Kaffee, wollte erst am Abend weitererzählen, dann aber hielt es ihn nicht länger, er sei mit der Frau, dieser Barfrau, gegen Morgen mitgegangen in ihre kleine Wohnung in Altona, sie habe ihm Wein angeboten, sie hätten sich geküsst, sie habe begonnen, sich auszuziehen, und gesagt, du wirst überrascht sein. Er habe das nicht gleich verstanden, dann aber gesehen, sie war ein Mann und doch kein Mann, ein Schwanz, aber auch Brüste. Und dann? Sie oder er hat über sein Gesicht gelacht. Und? Sie hätten sich ins Bett gelegt. Und? Ja, sagte er, es war gut. Seltsam. Sehr zärtlich. Ungewohnt. Nein, eher so, als hätte er alles geträumt. Den ganzen Sonntag in dieser Wohnung. Heute Morgen sei er direkt von ihr gekommen. Rasierzeug hatte sie ja. Er schüttelte während des Erzählens immer wieder den Kopf. Wiedersehen? Nein, eher nicht.

Seine Erzählung war keineswegs von Empörung oder Abwehr bestimmt, nur dieses grenzenlose Wundern, was alles in der Welt ist – oder sein kann.

Es muss Mitte des dritten Lehrjahrs gewesen sein, als eine neue Näherin eingestellt wurde. Es hieß, sie habe ihre Lehre gerade mit Auszeichnung bestanden, was selten vorkam, und sei nach zwei Jahren Arbeit von dem Pelzgeschäft in Lübeck nach Hamburg gewechselt. Sie saß, trotz ihrer Jugend und allein wegen ihres Könnens, an dem bevorzugten Rand des langen Tischs zum Gang. Manchmal blickte sie, ging ich durch die Werkstatt, hoch. Auf diesen Blick, auf diese von der Näharbeit Hochblickende, auf ihr kurzes mir zugewandtes, mich begleitendes Lächeln freute ich mich, und es war das Unglück des Tages, wenn sie auf ihre Näharbeit konzentriert blieb. Sie war das Gespräch der Kürschner, verheiratet war sie nicht, wurde auch nicht zum Feierabend abgeholt. Hin und wieder kam sie, deren Name mir einmal so innig nahe gewesen, jetzt aber eigenwillig, seit dem Schreiben, entfallen ist, in den Raum der Kürschner und Maschinennäherinnen, und ich konnte sie, ihr hellblondes, volles, mit einem Kamm hochgestecktes Haar, sehen, wenn sie an der Uhr das beendete Werkstück auf ihrer Karte abstempelte.

Hin und wieder wurde sie, war kein Mannequin im Hause, hinunter in die Verkaufsräume geschickt, wo sie die unterschiedlichen Mantelmodelle den Kundinnen und ihren Ehemännern vorzuführen hatte. Und Tag für Tag blieb ich am Abend so lange, bis sie das Tagwerk abgestempelt hatte.

Breitkamp hatte ein-, zweimal versucht, sie einzuladen, was ihr, da sie freundlich, aber bestimmt abgelehnt hatte, den Namen *die Unberührbare* eintrug. Dabei wollte er, wie er sagte, dieser Schönen gern etwas Gutes tun und sie mal richtig rannehmen. Ihn so reden zu hören, störte mich jetzt besonders, und ich fragte ihn wieder einmal nach seinen Kriegserlebnissen, bei deren Bericht er meist schnell auf die so entgegenkommenden jungen Norwegerinnen zu sprechen kam, die in der Dunkelheit des öden Nordens vor sich hin träumten.

Neben Breitkamp hatte noch ein anderer Berufsoffizier, Hans Quaet-Faslem, nach Krieg und Gefangenschaft eine Kürschnerlehre gemacht. Die eben noch gesellschaftlich Hochstehenden, allein durch ihre silbernen Schulterstücke Gehorsam Einfordernden fanden sich jäh auf der untersten Stufe der Handwerkerhierarchie wieder. Dennoch behielten sie etwas von ihrem alten Rang – die Achtung. Sie wurden mit Sie angeredet und waren von bestimmten Lehrlingsaufgaben, dem Fegen und Feudeln der Werkstatt und den Besorgungsgängen, entbunden. Ich habe Quaet-Faslem nur wenige Wochen in der Werkstatt erlebt, während er an einem komplizierten Nerzmantel arbeitete. War es sein Meisterstück? Oder recherchierte er damals schon für die zweite, von ihm überarbeitete Ausgabe des Fachbuchs *Der Kürschner?* Quaet-Faslem, ehemaliger Korvettenkapitän und Kommandeur einer Schnellbooteinheit im Mittelmeer, war für solch einen hohen Dienstrang noch sehr jung. Er unterhielt einen jovialen Umgang mit den Lehrlingen, erzählte nichts aus seiner Militärzeit, pflegte einen weltläufig künstlerischen Stil, gekleidet wie die englische Gentry – er war in englischer Kriegsgefangenschaft gewesen –, Cordhosen, weite Pullover oder Thornproof-Tweed-Sakkos, ein Leser englischer Kriminalromane. Auch er ein Besucher des Jazzkellers *Barrett.* Den militärischen Habitus hatte er abgelegt, die Hände in den Hosentaschen, ging er, groß und schlaksig, durch die Werkstatt, legte, trank er Kaffee, die Füße auf den Tisch. Dennoch nahm Breitkamp, fragte Quaet-Faslem ihn etwas, immer noch Haltung vor dem Ranghöheren an.

Quaet-Faslem wurde nach seiner Meisterprüfung

Dozent an der Fachhochschule für Mode und dort mein Lehrer für Pelzfachkunde, mit einem Faible für das Definieren, so hatte er etwa das Auslassen in seinem Standardwerk *Der Kürschner* definiert: *Auslassen heißt, Felle, Fell-Flächen oder Fellteile durch geeignete Schnitte auf Kosten der Breite in bestimmter Weise zu verlängern.* Ein logisches Herleiten und Ableiten, die strategische Planung der Arbeitsschritte, wie an der Kriegsschule gelernt, als ginge es um den taktischen Einsatz mehrerer Torpedoboot-Flottillen. Seine Begeisterung für die Schnittwinkel erinnerte an die Standortbestimmung mit dem Sextanten.

In der Berufsschule, die in der Modefachschule an der Armgartstraße untergebracht war, gab es das Fach Pelztierkunde, unterrichtet von einem Berufsschullehrer, der in seiner Freizeit Hühner züchtete. Ein Mann, der von seiner Militärzeit in Frankreich und Russland erzählte, keineswegs heroisierend, eher abfällig und kritisch. Er war zur bespannten schweren Artillerie eingezogen worden, und als Stadtkind hatte er erstmalig Gelegenheit, Tiere aus der Nähe zu beobachten, vor allem die massigen Zugpferde, Ermländer, die jeweils zu sechst die Geschütze nach Russland und drei Jahre später wieder zurückzogen. Beim Biwak, aber auch als Späher im Gelände konnte er Iltisse, Füchse, Wölfe und Kleintiere, Schmetterlinge und, wenn er unter Beschuss in Deckung lag, am Boden Käfer und Würmer studieren. Er hatte ganz erstaunliche Kenntnisse durch diese teilnehmende Beobachtung erworben. Hinzu kam begleitende Lektüre. Möglicherweise war er der einzige Soldat im Ostheer, der die gewichtigen Bände drei, *Vögel*, und vier, *Säugetiere*, von *Brehms Tierleben* im Tornister mitschleppte. Ermöglicht wurde es allein dadurch, dass er sein Gepäck nicht wie bei der Infanterie tragen, sondern auf der Bespannung fahren lassen konnte.

Er empfahl uns, die wir mit Fellen vertraut waren, dringlich die Lektüre von *Brehms Tierleben,* damit wir auch die Fellträger kennenlernten. Er las uns Abschnitte daraus vor, immer wieder unterbrochen von Ergänzungen aus seinen konkreten Beobachtungen. Allein schon das Hermelin, das er als Artilleriebeobachter im Schnee bei Grody entdeckt hatte. Das Hermelin hatte gerade eine Maus gewürgt. Außer der schwarzen Schwanzspitze waren zudem rote Blutspritzer auf dem reinweißen Fell zu erkennen.

Die ausführlich illustrierte sechsbändige, sogenannte kleine Ausgabe von *Brehms Tierleben* stand, vom Vater gekauft, zu Hause im Bücherschrank. Nie hatte der Vater mir die Lektüre empfohlen, und wenn, hätte die Empfehlung nicht dieselbe Dringlichkeit gehabt wie bei diesem schwärmerisch begeisterten Berufsschullehrer. Ich las zu Hause in dem Band *Säugetiere* über *ihren Lebensraum, ihren Körperbau, ihre Lebensweise.* Die Lektüre im letzten Lehrjahr fiel mit den Überlegungen von Johnny-Look zusammen, dass unsere Arbeit eine besondere Verantwortung einschlösse. Es war eine Lektüre, die ein Verstehen ermöglichte, das die Besonderheit, ja Einmaligkeit jeglicher Art erschloss.

Jetzt, beim Hineinlesen in die vom Vater geerbten

Bände, ist das Überraschende, wie erstaunlich der Autor durch seine genaue Beobachtung die jeweilige Tierart mit einem entsprechend beweglichen Satzgefüge beschreibt.

Alfred Brehm hatte von seinem Vater, einem Pfarrer und Vogelkundler, schon als Kind das Interesse am Leben der Tiere übernommen. Zwei Forschungsreisen führten ihn nach Afrika, darunter eine fünfjährige Reise nach Ägypten und in den Sudan, später folgten Reisen nach Sibirien, Ungarn und Spanien. Ab 1863 erschienen die ersten Auflagen von *Illustrirtes Thierleben*. Brehm und die Zoologen, die an diesem Werk weitergearbeitet haben, waren der Kreatur noch nah, die Beobachtungen wurden in der sie umgebenden Natur gemacht, oft unter höchst beschwerlichen Umständen.

*Brehms Tierleben* hat zwar als wissenschaftliches Werk kaum noch Bedeutung, ist aber immer noch eine lesenswerte Zoografie, die den biologischen Aufbau, die Lebensgewohnheiten und den Lebensraum der Tiere beschreibt, eine Einübung in die genaue Beobachtung und Beschreibung:

*Zu diesem Ende setzt sich der Biber neben dem betreffenden Bäumchen nieder und nagt ringsum so lange an einer bestimmten Stelle, bis der Baum niederstürzt, wozu bei einer 8 cm dicken Weide oder Birke 5 Minuten erforderlich sind. Nunmehr packt der Biber den gefällten Baum an seinem dickeren Ende mit den Zähnen, hebt den Kopf und watschelt vorwärts. Ist die Last leicht, so trägt sie das Tier ohne Aufenthalt dem Ziele zu; ist sie schwerer, so bewegt es sie absatzweise, indem* es das aufgeladene Holzstück mittels eines kräftigen *Ruckes des Kopfes vorwärts zu bringen sucht. Astreiche Schößlinge werden vor dem Wegschleppen genau besichtigt, unter Umständen geteilt, hindernde Aststummel weggeschnitten, alle Holzstücke aber zunächst ins Wasser geschleppt und hier entrindet oder für spätere Zeiten aufgespeichert. Erst nachdem der Knüppel geschält worden ist, verwendet der Biber ihn zum Bauen. Von einer regelmäßigen Anordnung der Bauhölzer läßt sich nichts wahrnehmen. Einige Knüppel liegen waagerecht, andere schief, andere senkrecht, einzelne ragen mit dem einen Ende weit über die Wandungen der Burg vor, andere sind gänzlich mit Erde überdeckt; es wird auch fortwährend geändert, vergrößert, verbessert.*

Das zumindest, das fortwährende Verändern, Verbessern, ist der Arbeit des Schriftstellers, jedenfalls meiner, durchaus vergleichbar.

Alfred Brehms so mustergültiges Wissenschaftsdeutsch ist, möchte man meinen, an der Prosa des bürgerlichen Realismus geschult, an den Erzählungen, Novellen und Romanen von Gottfried Keller, Theodor Storm oder Wilhelm Raabe – und die wissenschaftlichen Beschreibungen dürften wiederum auf die Belletristik zurückgewirkt haben. Erkennbar wird, welcher Verlust entstehen könnte, wenn das Deutsche zugunsten des Englischen noch weiter aus den Wissenschaften verdrängt wird.

Allein diese rhythmisierte Dreierreihung der dreisilbigen Verben: *geändert, vergrößert, verbessert.* Ein verbaler Stil, der dem Text die Lebendigkeit, die ja sein Generalthema ist, im Präsens verleiht: *packt, hebt, watschelt*, elegant eingeleitet durch eine in die Gegenwart führende Bewegung, durch das Adverb nunmehr. Der Wortreichtum: *Astreich, Aststummel, Bauhölzer, Wandungen.* Bezeichnend ist, wie in jener Zeit das Augenmerk auf die Gestaltung des Habitats ausgerichtet ist, wie der Prozess der Umwälzung der Natur durch die Industrialisierung als ein Reflex in die Tierwelt getragen wird. Der Blick auf den Nützlichkeitsaspekt im Tierleben, im doppelten Sinn, wie die Tiere sich die Natur aneignen und sich ihr gleichermaßen anpassen.

Verglichen mit dieser im literarischen Realismus und Naturalismus erprobten, sachlichen Sprache wirkt Alexander von Humboldts Beschreibung der Natur weit poetischer, klangvoller, eine Sprache, die an Goethes Prosa gemahnt. Das fragende Verstehenwollen belässt der Natur ihre Eigenheit. In den *Ansichten der Natur,* Stuttgart 1849, beschreibt Humboldt auf der beschwerlichen Reise vom Rio Apure zum Orinoco die Tierstimmen im Urwald.

*Nach 11 Uhr entstand ein solches Lärmen im nahen Walde, daß man die übrige Nacht hindurch auf jeden Schlaf verzichten mußte. Wildes Thiergeschrei durchtobte die Forst. Unter den vielen Stimmen, die gleichzeitig ertönten, konnten die Indianer nur die erkennen, welche nach kurzer Pause einzeln gehört wurden. Es waren das einförmig jammernde Geheul der Aluaten (Brüllaffen), der winselnde, fein flötende Ton der kleinen Sapajous, das schnarrende Murren des gestreiften Nacht-*

*affen (Nyctipithecus trivirgatus, den ich zuerst beschrieben habe), das abgesetzte Geschrei des großen Tigers, des Cuguars oder ungemähnten amerikanischen Löwen, des Pecari, des Faulthiers, und einer Schaar von Papageien, Parraquas (Ortaliden) und anderer fasanenartigen Vögel. Wenn die Tiger* [gemeint ist der schwarze Jaguar] *dem Rande des Waldes nahe kamen, suchte unser Hund, der vorher ununterbrochen bellte, heulend Schutz unter den Hängematten. Bisweilen kam das Geschrei des Tigers von der Höhe eines Baumes herab. Es war dann stets von den klagenden Pfeiftönen der Affen begleitet, die der ungewohnten Nachstellung zu entgehen suchten.*

*Fragt man die Indianer, warum in gewissen Nächten ein so anhaltender Lärm entsteht, so antworten sie lächelnd:* »die Thiere freuen sich der schönen Mondhelle, sie feiern den Vollmond.« *Mir schien die Szene ein zufällig entstandener, lang fortgesetzter, sich steigernd entwickelnder Thierkampf. Der Jaguar verfolgt die Nabelschweine und Tapirs, die dicht aneinander gedrängt das Strauchwerk durchbrechen, welches ihre Flucht behindert. Davon erschreckt, mischen von dem Gipfel der Bäume herab die Affen ihr Geschrei in das der größeren Thiere. Sie erwecken die gesellig horstenden Vogelgeschlechter, und so kommt allmählich die ganze Thierwelt in Aufregung.*

Das ist ein erlebend betrachtendes Beschreiben der Natur und ihrer Tiere, im Gegensatz zu dem distanzierten Beobachten der Zoologen, die an *Brehms Tierleben* gearbeitet haben. Auch Humboldt versucht, die

Besonderheit der Tierstimmen sprachlich distinkt zu beschreiben, im Gegensatz zu der schönen, poetischen Sicht der Indigenen, die das Verhalten der Tiere als Freude an dem Licht des Vollmonds deuten und sie damit in die Nähe ihrer eigenen Wahrnehmung stellen.

In beiden Beispielen, bei Humboldt wie bei Brehm, rücken uns die Tiere näher, gewinnen damit auch Schutz – einen Schutz, der immer noch den Nutztieren vom Wort her vorenthalten wird. Als Haustiere sind sie immerhin der Sprachempathie so nahe, dass sie zu quälen sich verbietet.

Die Nähe zu Tieren, die Identifikation mit ihnen, schlägt sich auch in den Kosenamen der Kinder nieder, sie heißen dann Häschen, Maus, Ente, Kaninchen, Bärchen, Robbe. Mit einer solchen »Vertierung« ist nicht nur das Niedliche gemeint, sondern eine ferne, im Kreatürlichen doch recht nahe Verwandtschaft. Sogar das Schweigen der Tiere ist immer noch als Spur in uns, als Staunen über unsere Sprache, worauf ihr Dasein keine Antwort finden kann.

Durch die »Vermenschlichung« der Tiere wurden sie zu Brüdern und Schwestern, rückten uns einerseits zwar nahe oder, wie man so sagt, auf den Pelz, andererseits blieben und bleiben sie uns doch fern, allein wegen unserer einseitigen Macht über sie, die nicht durch eine Herr-Knecht-Dialektik aufgelöst werden kann.

Verwandtschaftsformen hingegen, die Ethnologen in dem nahen Zusammenleben von Menschen und Tieren

Nordamerikas untersucht haben, deuteten eine Übertragung von bestimmten Eigenschaften, Besonderheiten und Fähigkeiten von Bruder Elch und Schwester Krähe auf den Namen an: Black Elk, Little Crow, Lone Wolfe, White Bear, Sitting Bull, Encouraging Bear. Der berühmte Sioux-Häuptling Crazy Horse, der General Custers Truppen in der Schlacht am Little Big Horn vernichtete, hatte noch andere sprechende Namen, als Kind wurde er Light Hair, später His (!) Horse in Sight und mit achtzehn Jahren nach einem tapferen Kampf also Crazy Horse genannt, in der Sioux-Sprache Lakota: Tashunka Witko.

Solche Namensübertragungen gehören auch noch heute zum Alltag. Anlässlich der ersten gemeinsamen Reise nach Franken im späten Juli, an einem heißen Nachmittag, beobachtete die junge Frau ihren Liebsten und gab ihm, der zur Erfrischung in einen Teich gestiegen war und mit seinem Kinnbart durch die Entengrütze auf sie zuschwamm, den Kosenamen für die kommenden Jahrzehnte ihres Zusammenlebens – Biber. Wobei nicht allein die Lust am Schwimmen und der Fleiß beim Staudammbauen namensbildend waren, sondern auch die alte Bezeichnung Biber für den Kinnbart hineinspielte. So vereint gehen Gesehenes und Gewusstes überraschende Allianzen ein.

Eine Germanistin, nennen wir sie Rebecca, die ich an der Washington University in St. Louis kennenlernte, erzählte mir von ihren Besuchen im Zoo der Stadt.

Zweimal in der Woche ging sie in der Mittagspause zum Gorillagehege. Der Zoo gilt in den USA als mustergültig angelegt und ist ein Zentrum für verschiedene Forschungsprojekte, von denen eines das Kommunikationsverhalten der Gorillas untersuchte. Rebecca interessierte sich für diese mächtigen Tiere, möglicherweise angeregt durch *King Kong,* den sie vielleicht in ihrer Jugend gesehen hatte? Leider habe ich sie nicht nach dem Warum gefragt. Oder war der Auslöser eine zufällige Begegnung während eines Zoobesuchs? Sie beobachtete einen großen männlichen Gorilla, der bei ihren Besuchen meist an einer bestimmten Stelle nah der Glaswand saß. Eine massive Glaswand, nicht nur weil das mächtige Tier unvermittelt Sprünge gegen das Glas machte, die Wand sollte auch die menschlichen Stimmen von den Tieren fernhalten. Sprechen und Rufen waren in dem Bereich des Geheges verboten. Zweimal in der Woche kam Rebecca mittags zur selben Zeit und setzte sich auf einen mitgebrachten Klappstuhl vor die Glaswand, trank Kaffee aus einem Pappbecher und aß ein Sandwich. Beim dritten oder vierten Mal kam der Gorilla an das Glas und beobachtete still ihr Tun, das abwechselnde Essen und Trinken, die Bisse in das Sandwich und das Trinken aus dem Becher. Nach einigen Wochen wartete er, wenn sie kam, an genau derselben Stelle. Sie saß und betrachtete ihn, und er betrachtete sie. Drei, vier Monate sahen sie sich jede Woche zweimal. Nie sprang er in dieser Zeit gegen die Glaswand. Im Winter, ein eisiger Wind mit feinem Schnee wehte von den großen Seen herüber, kam sie in einem Mantel mit einer Kapuze aus Silberfuchs. Er legte die Hand auf den Kopf, als wollte er andeuten, dass auch er eine solche Kapuze haben wolle oder aber – war das denkbar? –, dass sie die Kapuze vom Kopf ziehen sollte. Sie tat es, und er sah sie an.

In dem folgenden Frühjahr bekam sie eine Stelle in Ann Arbor und kam nur noch einmal im Monat in den Zoo, aber stets freitags. Der Gorilla saß jedes Mal an der vertrauten Stelle vor dem Glas und wartete. Sie setzte sich und legte die flache Hand an die Scheibe. Ihr Besuch wurde schließlich verboten. Es hieß, das Forschungsprogramm werde durch ihr Auftauchen gestört. Der Gorilla sei regelmäßig einen Tag vor ihrem Kommen unleidig, wolle nichts essen, reagiere aggressiv auf den Wärter und die Wissenschaftler.

Ein Mal, das hatte sie sich von der Direktion des Zoos erbeten, wollte sie den Gorilla noch sehen. Allerdings an einem Dienstag, nicht am gewohnten Freitag. Der Gorilla – hatte sie ihm, frage ich mich, einen Namen gegeben? – war mit einem Tauende beschäftigt, das er mit den Fingern und den Zähnen aufdröselte. Einen Moment war sie versucht, gegen die Glaswand zu klopfen, was streng verboten war. Nach einiger Zeit entdeckte er sie, kam mit zwei, drei mächtigen Sprüngen zur Scheibe. Er habe an dem Tag beide Handflächen an das Glas gelegt und sie habe ihre dagegengelegt, als wollten sie sich halten. Sie habe mit den Tränen gekämpft, habe sich umgedreht und sei gegangen. Nach wenigen Schritten habe sie hinter sich einen Knall gehört und ein Beben unter sich gespürt. Der Gorilla war mit der ganzen Wucht seines Körpergewichts gegen die Glaswand gesprungen.

Projektionen, sagte ein Verhaltensforscher und fand die Geschichte nicht so außergewöhnlich, sagte, man müsse sich doch nur die Beziehungen mancher Hunde zu den ihnen vertrauten, sie fütternden Personen ansehen, um etwas über die Empathie bei den Beteiligten zu erfahren, Hund wie Mensch, wobei die von Hund zu Hund, von Mensch zu Mensch und von Hund zu Mensch recht unterschiedlich ausgebildet sein könne.

Und wieder gehe ich durch die Werkstatt der Näherinnen, sehe sie sitzen, sehe ihr Aufblicken, daraufhin mein Lächeln, das ich selbst als derart verkrampft empfinde, dass ich mir vornehme, diesen Weg nicht mehr zu gehen, dann aber wieder warte, dass sie zum Abstempeln in unsere Werkstatt kommt.

Ihren Namen kann ich auch jetzt, nach der monatelangen Schreibarbeit, nicht aus dem Vergessen holen. Seit ich hieran schreibe, tauchen Situationen, Sätze, Gesten auf, aber nicht ihr Name.

Andere Gestalten drücken sich herum, einige fern und undeutlich, kommen während des Schreibens näher, werden deutlicher, keineswegs grau oder gar undurchsichtig, gekleidet in diese Fünfzigerjahre-Jacken, die Kleider, die Anzüge mit breitem Revers, die Hosen mit Aufschlag, die Brüste in steifen BH-Rüstungen, noch sind die Kleider wadenlang, einige wenige Röcke umspielen kühn das Knie. Sie, die immer mit der Handtasche schlenkert. Das aufgesteckte hochtoupierte Haar, darin ein Glitzerstern. Der Mann mit der Autobrille, den Schal schwungvoll um den Hals geworfen. Sie alle fordern ihre Namen, reiten mir nachts auf der Brust, oder wie jetzt, wenn ich den Kopf nach rechts drehe, da sagt einer: Mensch, sieh mich doch an, genau, wie heiße ich, und da, die Frau, die sich scheu zurückzieht, sagt, wenn du mich beim Namen nennst, komme ich. Und andere, von denen ich weiß, sie sind gestorben, plaudern munter, auch wenn ich ihnen zurufe, ihr könnt doch gar nicht mehr reden, reden sie weiter, ich vermisse den Strand, sagt einer, das Rauschen der Wellen. Ein anderer: Ein Glas Rotwein. Und die Frau dort redet vor sich hin: Es war eine Qual, eine furchtbare Arbeit, ja, Arbeit, aus dem Leben zu kommen. Was? Die Wärme. Kalt, murmelt er, kalt, ich friere, so geht er im Leichenhemd ins Dunkle. Nein, flüstert die junge Frau im karierten Bikini, das Schönste im Sommer ist doch, den warmen Sand durch die Finger rieseln zu lassen. Und der dahinten sagt: Den Wind, den sanften, abends vom Land auf die See wehenden. Das ist kein Wind, das ist Thermik, sagt eine Frauenstimme. Da ist einer, steht im Dunkeln, sagt: Nieren, Nieren in Cognac, eine Frauenstimme, nur eine Zigarette. Mein Lieblingsessen, Kutteln mit Zwiebeln und, ganz wichtig, Lorbeer, und wieder ein anderer: Einfach ein Bier, kalt, dass es zischt. Einfach nur ein klares Glas Wasser. Nur das. So reden sie durcheinander. Die Wünsche der Toten, nichts Hehres. Bücher? Nein. Etwas anderes, Spürbares, Sonne, nein, Regen wollen sie, den plötzlichen Regen, aus dem Himmel stürzenden Regen, große Tropfen, unregelmäßig zuerst, mit kleinen über den Aufprall empörten Fühlern auf dem sonnenhellen Asphalt, dunkle Punkte, dann jäh die glänzend dunkle Fläche, der aufsteigende Geruch von Laub und Staub. Die Regenkühle auf dem Gesicht, *und an den Häusern ringsum öffnet / sich ein Blumenfenster um das andere.* Auch das, ein Anschreiben gegen das Vergessen. Reib dir die Augen, sieh mich an, nein, hierher.

Die Hände kühl. Die können, kommt man von draußen herein, kühl sein. Aber nicht derart, bis in die Arme, und dann sagte meine Schwester: Am Hinterkopf, ja, da war noch etwas Wärme, Leben, ein schwindender Rest, spürbar.

Später saß ich allein neben ihr, deren Hände die Krankenschwestern ineinandergelegt und zwischen die sie ein paar Gänseblümchen gesteckt hatten. Elim heißt das Krankenhaus. Dort hatte sie mich geboren, hier war sie gestorben, Elim, ein Ort der Ruhe, eine Oase mit zwölf Wasserquellen und siebzig Palmen. Moses hat dort nach der langen Wanderung durch die Wüste das Lager aufschlagen lassen.

Schnittmusterpapier, Schnipsel zusammengeschoben und dieser Satz: Möwen, die eine Ratte verfolgen. Krähengewitter.

Abends erzählte der Vater dem Kind die Geschichte vom Hamster Dickback, der in einer Blechdose zu einer Weltreise aufbricht, die Elbe hinuntertreibt, all die Abenteuer, die fremden Strände, Ufergestrüpp, die Hunde, der Regen und immer das glückliche Ende. Ging ich an seiner Hand, fürchtete ich nichts und niemanden.

Wie schweigsam die Toten im Traum sind.

Auf meinem Schreibtisch in Berlin steht eine chinesische Vase. Ich habe sie von dem Geld eines Literaturpreises in einem Antiquitätengeschäft in Hongkong gekauft. Ein Fehlbrand, in der Glasur eingeschlossen sind kleine Ascheflecken, und es gibt einige freie, von der Glasur nicht abgedeckte Stellen, die blaue Bemalung der Ranken ist zu einem expressionistischen Muster zerlaufen.

Die Seide aus Hongkong, lila, darin eingewebt die hellgrauen Kirschblüten.

Der Geruch der Kiefern, das horizontweite Blinken des Meers. Der Gesang von der nächsten Felsinsel, eine Amsel. Diejenige Amsel, die sich in ihrem Werben am meisten Mühe gibt, wird erhört.

Erik, die Reeperbahn, dieser Augenblick, als er auf dem Klavierhocker saß und in die Tasten griff, die uns umgebende Stille an diesem so denkbar fernsten Ort für ein Bach-Konzert, und doch war gerade hier der wahre Ort dafür. Bei den Besuchen in Jazzkellern, mit Johnny-Look, mit Quaet-Faslem, mit Jensen, Lothar Loewe, stand immer auch Erik mit im Raum, nachdenklich lauschend, kein Gefummel mit den Fingern, kein Klopfen mit dem Fuß, Michael Naura spielte im *Barrett*.

Mit Michael Naura bin ich später zweimal aufgetreten, einmal im Freien, auf dem Hamburger Rödingsmarkt, gemeinsam mit Peter Rühmkorf und anderen Schriftstellern. Wir lasen Gedichte auf der Ladefläche eines Lastwagens, auf dem gewaltige Verstärker aufgebaut worden waren. Überraschend viele der Vorbeieilenden blieben stehen und lauschten der Musik, auch den Gedichten. Der Jazz war für diese Aktion, *Lyrik unter die Leute zu bringen,* wichtig. Das Spielerische, Unverbindliche stand im Vordergrund, niemand sollte überzeugt werden, niemand predigte.

Anders die Agitprop-Gedichte, die wir später vor dem Fabriktor von Kampnagel lasen, keiner der Arbeiter blieb stehen, die wollten alle nur nach Hause, Feierabend, aus, auch wenn ihnen *Ausbeutung* und *Kapitalismus* hinterhergerufen wurde.

So anders im Auditorium Maximum der Hamburger Universität. Studentinnen und Studenten saßen auf den Treppen, lehnten an den Wänden. Michael Naura am Piano spielte mit seiner Band, und die *Gruppe Hamburg linksliterarisch* las Gedichte, Uwe Wandrey,

Klaus Kuhnke, Joachim Fuhrmann, Diederich Hinrichsen und, wenn meine Erinnerung nicht trügt, auch Peter Rühmkorf, aber ganz sicher saß Peter Schütt mit auf dem Podium. Das war die kreative Zeit der Rebellion, die anarchische, antiautoritäre, in der unter dem Pflaster der Strand vermutet wurde und Eiffe der Bär seine surrealen Sprüche mit einem Filzstift in U-Bahn-Stationen schrieb. Peter Schütt, der immer das Gute, Richtige tun wollte, als Lutheraner, Katholik, Kommunist, später als Muslim, und jeweils zutiefst von seinem Tun überzeugt war, was ihm bei aller dogmatischen Enge etwas Glaubwürdiges gab. Der spätere Mitbegründer der *Gruppe Roter Morgen* behauptete, dass Schütt drei Waschlappen habe, einen für das Gesicht, einen für oben und einen für unten. Wir saßen auf der Bühne und von unten wurden mit Gejohle kleine Seifenstücke auf den Kommunisten Schütt geworfen. Michael Naura, der in einem Ort mit so vielen Ls und Us gestorben ist, wie man es sich als in Sprache und Musik Verstrickter nur wünschen kann, in Hollbüllhuus, kam vom Hard Bop. Die oft und immer wieder gehörte Platte *Lyrik und Jazz,* Gottfried Benns Gedichte von Gert Westphal gelesen, mit der Improvisation Dave Brubecks und Paul Desmonds.

Der Roman *Rot* hat den Pianisten und Jazzkritiker Thomas Linde als Protagonisten, der sein Geld als Beerdigungsredner verdient und sich ein Lied nach *Ko-Ko* von Charlie Parker pfeift. Gelesen habe ich diese Stelle aus dem Roman in Dillenburg. Der Posaunist Albert Mangelsdorff hat die Lesung improvisierend begleitet. Ich musste mich beim Lesen im Tempo drosseln und dann wieder Speed geben, so kam der Roman über den sterbenden Beerdigungsredner und Jazzpianisten musikalisch zu sich selbst. Und auch das Klatschen der Zuhörer später war eine eigenwillige Improvisation.

Einmal ging ich mit Johnny-Look nach Feierabend den Elbweg in Övelgönne entlang. Ein Herbsttag, die Sonne stand groß und tief im Westen. Auf dem ölig glänzenden Strom fuhren Fähren und hin und wieder ein Frachter. Brackig roch das Wasser und nach Öl und Rost. Ein Mann stand, die Hosenbeine aufgekrempelt, in den auf den Sand schwappenden Wellen und deklamierte in einer uns nicht verständlichen Sprache einen eigentümlich an- und abschwellenden Sprachgesang. Johnny-Look wollte nach Hause, musste etwas besorgen. Ich blieb, setzte mich in den Sand und lauschte. Nach einiger Zeit verstummte der Mann, blieb noch einen Augenblick stehen, drehte sich um und stapfte ans Ufer. Er setzte sich neben mich, und wir blickten über den Strom zu der am Horizont wie vom Gewicht des Tages gestaucht untergehenden Sonne. Er sprach Deutsch mit einem fremden Anklang. Während er sich seine abgetragenen Halbschuhe anzog, die ausgefransten Schnürsenkel zuband – wie eigentümlich sich Details, ohne ihre tiefere Bedeutung zu verraten, in unsere Erinnerung beharrlich gegen das Vergessen verkapseln –, fragte ich, in welcher Sprache er den Gesang vorgetragen habe. Georgisch, ein Epos, *Der Recke im*

*Tigerfell.* Warum er das im Wasser stehend vorgetragen habe, fragte ich ihn. Weil mir sonst das Herz brennt. Ein Satz, den man nicht vergisst. Auch dieser Mann schrieb, was mich aufhorchen ließ, Gedichte, lange, sehr lange, und er rezitierte eine Strophe. Die Sonne war untergegangen.

Er reise durch Deutschland, Österreich und die Schweiz und trage dieses Epos vor. Was er zum Leben brauche, bekomme er durch Einladungen und Geschenke, auch zum Wohnen werde er eingeladen. So nähre ihn dieses Epos aus dem 12. Jahrhundert. Über die Jahrhunderte war es mündlich vorgetragen und angereichert worden durch Generationen von Sängern. Aufgezeichnet wurde es erst im 15. Jahrhundert.

Er lud mich ein, am nächsten Abend ins Curio-Haus zu kommen, wo er das Epos den hier im Exil lebenden Georgiern vortragen werde.

Am nächsten Tag ging ich von dem Wunsch getrieben, diesen unverständlichen und doch in seinem Melos begreiflichen Gesang nochmals zu hören, ins Curio-Haus.

In dem kleinen Saal hatten sich vielleicht dreißig Menschen versammelt, mehr Männer als Frauen, fast alle waren alt, grauhaarig und einfach gekleidet. Der Sänger trat auf, gekleidet wie am gestrigen späten Nachmittag, und wieder setzte dieser Sprechgesang ein, der Mann rezitierte mit sparsamen Bewegungen, die zuweilen pantomimisch innehielten. Ich verstand, ohne zu verstehen, und von einem Moment zum anderen begannen erst die Männer und danach die Frauen zu weinen, und ich dachte wohl, jetzt werden diese Tränen sein Herz kühlen.

Am Schluss umarmte sich die Gemeinde der Exilierten, auch ich wurde umarmt. Und so ging ich als Novize, mit dem Gefühl, eingeweiht worden zu sein.

War das ein Grund, später als Prüfungsstoff für das Rigorosum bei dem faszinierenden Hugo Kuhn die mittelalterlichen Epen zu wählen?

Eines Tages, nach all den Monaten, habe ich mir ein Herz gefasst – genau so – und die Unberührbare angesprochen. Ich arbeitete in Überstunden spätabends an einer Nerzjacke, die rechtzeitig zu Weihnachten ausgeliefert werden sollte, und sah sie auf unserem, dem den Kürschnern vorbehaltenen überdachten Balkon sitzen, im Mantel. Draußen fiel ein langsamer Regen. Sie saß da und blickte in die gleißende Nässe der Bergstraße, trank und aß etwas. Nie hatte ich sie auf dem Balkon gesehen, nicht im Sommer, nicht im Herbst, und jetzt saß sie da, allein, im Dunkeln, und blickte hinunter auf die von Weihnachtsilluminationen nass leuchtende Straße. In der Werkstatt waren nur noch zwei, drei Kürschner und ein paar Näherinnen. Überstunden wurden gut bezahlt, allerdings durften, das schrieb das Arbeitsgesetz vor, Lehrlinge keine machen. Mit Jäckel hatte ich jedoch eine Vereinbarung getroffen, für fünf Überstunden konnte ich im neuen Jahr einen ganzen Tag freinehmen.

Ich hatte all meinen Mut zusammengenommen und mich mit einem Becher Tee zu ihr gesetzt. Sie sagte:

Hallo, wie schön, und bot mir von ihren dreieckigen Schnittchen an, belegt mit Mett- und Leberwurst.

Ich fragte sie, um überhaupt etwas zu sagen, warum sie sich herausgesetzt habe.

Ich warte auf Schnee, sagte sie, heute könnte er erstmals fallen. Ja, sie freue sich jedes Mal auf den ersten Schnee. Die Temperatur liege jetzt bei null Grad.

Der Regen war kalt, er fiel langsam und schon schwer.

Irgendwann, sagte sie, plötzlich, fallen einzelne Tropfen als flauschige Flocken aus dem Himmel. Und wenn es richtig schneit, tut es mir leid, nicht am Fenster, sondern am Gang zu sitzen.

Wir blickten in den Regen.

Ich erzählte vom Schnee, wie ihn Amundsen beschrieb, wie dieser bei großer Kälte zu einem besonders kristallin dünnen Schnee werde, Himmelsfolk genannt.

Was für ein schönes Wort, sagte sie.

Der könne sich aber recht schnell zu einem schweren Schneefall wandeln, bei dem man völlig die Orientierung verliere. Und dann diese vielen Worte für Schnee, ein Wort für den Schnee, der auf Ästen liegt, eins für den Schnee, der vom Hang herunterweht, oder eins für eine Schneeschicht, unter der die Tiere noch Futter finden können. Ich hatte mich ein wenig in Begeisterung geredet.

Sie fragte, woher ich das wisse. Reisebeschreibungen von Nansen und Amundsen. Und dazu ein Buch über den Schnee. Bücher, die ich in der Stille des Sortierzimmers gelesen hatte.

Ihr Wunsch sei es, einmal in die Schweiz zu fahren,

in einen dieser Orte, die sie von Fotos und Filmen kannte. Zu Hause habe sie ein Foto an der Wand, sagte sie, das Greta Garbo mit einer schneebestäubten Zobelfellmütze zeige. Pelze können so wunderschön sein.

Sie hielt mir die Thermosflasche hin.

Kaffee?

Gern. Ich trank den Rest meines Tees aus, hielt ihr den Becher hin.

Schade, sagte sie, nur noch ein Schluck. Aber heiß.

Wir saßen einen langen Augenblick zusammen und schwiegen. Von unten der nass quietschende Lärm der Autoreifen, Motorengeräusch, Menschen unter Regenschirmen, der Lichterglanz der Geschäfte auf dem Asphalt.

Ich hoffte so sehr, ihr die erste feuchte Flocke in dem langsam fallenden Regen zeigen zu können.

Sie fragte nach der Gesellenprüfung, die in zwei Monaten begann, und welches Arbeitsstück ich für die Prüfung anfertigen wolle.

Einen Persianermantel, naturgrau, und eine Nerzstola.

Ganz schön kompliziert?

Es geht.

Ich erzählte ihr, dass ich gerade an einer Nutriajacke arbeitete, die etwas ausgefallen sei. Ausgefallen, weil die Felle tief dunkelbraun und so wunderbar leicht seien.

Schade, sagte sie, da passt die Seide nicht gut dazu. Vor zwei Wochen sei Seide aus Hongkong geliefert worden, ein tiefes Lila mit zarten, stilisierten hellgrauen

Kirschblüten darin. Leicht sei die Seide und doch fest, und dieses leuchtende Lila.

Das Braun der Felle ist ein sehr tiefes, fast ins Schwarze führende Braun, jedenfalls am Rücken. Vielleicht könnte die Seide doch passen, sagte ich und wusste, welche Seide für welche Pelze genommen wurde, darüber entschied allein die Directrice.

Komm, wir gehen rein, sagte sie, sonst erkältest du dich.

Das Unglück wollte es, dass in dem Moment, als wir die Werkstatt betraten, die rheinische Frohnatur hinzukam – oder hatte er gewartet? – und die Unberührbare fragte, ob sie, die doch so eine schöne Sopranstimme habe, nicht mit im Kürschner-Chor singen wolle. Der Chor treffe sich regelmäßig und die Proben seien ein Vergnügen, auch danach, das Beisammensein bei einem Glas Wein, das gehöre zum Gesang. Ich stand daneben und hätte diesen Mann, der stets freundlich zu den Lehrlingen war, erwürgen mögen.

Und du, wandte sie sich an mich, ohne ihm eine Antwort zu geben, hättest du Lust?

Ich kann nicht singen.

Jeder kann singen, sagte der Rheinländer und lachte.

Mein Musiklehrer hat mich aus dem Chor geworfen. Er glaubte, ich singe absichtlich falsch.

Die rheinische Frohnatur drehte mir den Rücken zu, redete weiter auf die Unberührbare ein.

Ich nickte ihr zu und ging zu meiner Arbeit, wütend über mich, dass ich mich so hatte beiseiteschieben lassen. Ich arbeitete unkonzentriert, war in Selbstgesprächen versunken, suchte nach Sätzen, die den Rheinländer stumm werden ließen.

Wie lange brauchte es, diese gehorsame Schüchternheit abzulegen? Den Unwillen, nein, die Wut zu zeigen?

Zwei Tage vor Heiligabend ging ich an den Tischen der Handnäherinnen entlang, sah sie sitzen, über ihre Arbeit gebeugt, sie blickte hoch, und das war kein Lächeln, sondern ein Strahlen, und zum ersten Mal sprach sie mich in der Werkstatt an, fragte: Gefällt dir die Seide?

Und ich sah, sie hatte die von mir gearbeitete Jacke auf dem Tisch liegen und war damit beschäftigt, die chinesische Seide einzuheften, lila, mit dem Muster kleiner stilisierter Kirschblütenzweige.

Was habe ich gesagt? Vielleicht: Wunderbar oder Wie schön.

Aber ich wusste, dass ich rot wurde, denn die am Tisch sitzenden Näherinnen lachten, und auch von den anderen Tischen drehten sich die Frauen um. Ein freundliches, aufmunterndes Lachen. Vielleicht hatten all die anderen längst bemerkt, was ich mit einem gleichmütigen Blick zu verbergen suchte.

Ich ging weiter zum Teeraum und versuchte, mich darauf zu konzentrieren, die Füße richtig zu setzen. Steif ging ich und verkrampft, und jede, dachte ich, jede der vierzig Frauen sieht, dass du vor Freude falsch gehst.

Im Waschraum hielt ich mein Gesicht unter das laufende kalte Wasser.

Die Gesellenstücke: ein Mantel aus grauen Naturpersianerfellen, eine Stola aus hellbraunen Wildnerzen. Wildnerze waren selten und teuer und schwierig zu verarbeiten, da sie im Gegensatz zu Zuchtnerzen von Fell zu Fell in Haardichte und Färbung stärker voneinander abwichen. Beides, Mantel und Stola, musste in der Modeschule unter Aufsicht der Innungsmeister angefertigt werden. Einer der älteren Meister sagte mit dem Blick auf den aufgezweckten Persianermantel mit seinen zahlreichen Zackeneinschnitten: Erst auseinanderschneiden und dann wieder zusammennähen, das ist jetzt die neue Masche. Die alte Methode war, dass die Felle einfach aneinandergenäht wurden. Die komplizierte neue Masche brachte die jeweils ähnlichen Partien der Felle zusammen, die in der Lockenbildung und im Glanz zueinanderpassten, und schuf einheitliche Vorder- und Rückenteile. Es war das Gegenteil der alten Schule, wo alles irgendwie schon zueinanderpasste. Hinzu kam die von Johnny-Look erlernte akribische, mit schwarzer Ausziehtusche gezeichnete maßstabgetreue Konstruktionszeichnung der ausgelassenen Stola.

Zwei Lehrlinge der Firma *Levermann* bestanden mit Auszeichnung. Levermann ließ die Nachricht als einen Prestigeerfolg seiner Firma in die Zeitung setzen. Wir bekamen zwei Monate vor Ablauf der Lehrlingszeit, mein Lehrlingskollege Gert Kranz und ich, den Lohn eines Gesellen, wobei wir schon seit Monaten die Arbeit von Gesellen gemacht hatten – allerdings zu der geringen Ausbildungsvergütung. Lehrlinge im dritten Jahr brachten, wenn sie denn genau und zügig arbeiteten, den Handwerksbetrieben einen erheblichen Gewinn. Gert Kranz habe ich als einen genau arbeitenden, klugen und mutigen Kollegen und Freund in Erinnerung, allein diese Szene, wie er, der eher schwach wirkte und Brillenträger war, in einer Freistunde der Berufsschule von einem Angeber und Schläger angerempelt wurde, ruhig die Brille abnahm und wie aus dem Nichts dem Großkotz kurz und trocken mit voller Wucht die Faust aufs Maul schlug, eine Wucht, die den Mann auf den Hintern fallen ließ, Blut spuckend und benommen stand er auf und setzte sich auf seinen Platz.

Kam die Unberührbare zum Abstempeln, leider stand ich weit entfernt von der Uhr, lachte sie einen Gruß in meine Richtung. Ich hätte, egal, was die anderen dachten, hingehen und einfach fragen sollen: Können wir uns auf einen Kaffee treffen? Aber das Einfache war unendlich schwer. Das war nicht so beiläufig zu sagen, und Kaffee hörte sich nach einem Kränzchen alter Frauen an. Bier hörte sich nach Kneipe an. Und Wein wurde damals nicht so selbstverständlich getrunken, Wein klang nach Gesellschaft, nach abgedunkeltem Licht, engem Tanz, nach Verführung. Also keinen Wein, sondern Kaffee, besser noch Tee. Ich schwieg.

Am 17. April 1958, einem Samstag, so sagt meine Erinnerung, es war kalendarisch aber ein Donnerstag, arbeitete ich an einer Rotfuchsstola. Die Kundin, Gattin eines Chefarztes – hin und wieder wusste man, für wen man arbeitete –, wollte die Stola bei einem Opernbesuch tragen. Werkmeister Jäckel hatte mir ein Bündel Rotfüchse hingelegt und gesagt: Das schaffen Sie doch bis nächsten Dienstag. Nach der Gesellenprüfung hatte sich die Ansprache vom Befehl zur imperativen Frage und zum Sie verfeinert, verbunden mit dem wesentlich besseren Verdienst, dem wöchentlichen Lohn.

Ich saß an diesem Donnerstag, berechnete die Felle zur Verlängerung, vor allem zu den unterschiedlich geschweiften Fuchsfellbahnen. Ein, zwei Maschinennäherinnen waren in der Werkstatt, die eilige Arbeiten fertigstellen mussten. Das leise Surren der Maschinen, das sich beim Nähen verstärkte. Von unten, von der Straße, vom nahe gelegenen Rathausmarkt, waren Stimmen aus dem Lautsprecher zu hören und immer wieder ein aufbrandendes Klatschen, Sprechchöre verstärkt durch den Straßentrichter. Über hundertfünfzigtausend Menschen waren gekommen und demonstrierten gegen die von Adenauer und Strauß geplante Atombewaffnung der Bundeswehr.

Schon aus der Straßenbahn in Eimsbüttel hatte man die Menschen verfolgen können, die Richtung Innenstadt zum Rathaus zogen. Dann hatte die Straßenbahn gehalten. Die Straße war gesperrt. Eine Zeit lang war ich mit den Demonstrierenden, die von überallher dem Rathausplatz zustrebten, mitgegangen, dann aber, die Arbeit musste getan werden, zur Werkstatt abgebogen.

Irgendwo in dieser Menschenmenge waren auch meine Mutter und Tante Martha. Ihr Mann, Onkel Tommy, Besitzer einer kleinen Werft, hatte der Tante verboten, zu der Demonstration zu gehen. Tante Martha, jüngste Schwester meines Vaters, hatte in die Ehe nichts als ihre blonde Schönheit einbringen können. Sie wurde von Onkel Tommy, dessen Mutter Engländerin war, in der Langenhorner Villa wie eine Leibeigene gehalten. Bekam ein geringes Taschengeld, musste über Ausgaben genau Buch führen und sich jede Woche von ihrem Mann die Wochenausgaben abzeichnen lassen. Er erlaubte ihr nicht, ein eigenes Bankkonto zu eröffnen. Größere Ausgaben waren allein der Kleidung vorbehalten. Daran sparte Onkel Tommy nicht, schließlich musste sie repräsentieren. Ihre Pelzmäntel kaufte er zur Verbitterung meines Vaters nicht bei *Pelze Timm*, sondern bei *Edelpelz Berger*.

Sie hatte auf meine was Bewaffnung und einen möglichen Krieg anging hoch empfindliche Mutter eingeredet, dass man nicht nur kritisieren dürfe, sondern auch etwas tun müsse. Die Atomaufrüstung müsse verhindert werden.

Die beiden Frauen waren zum ersten Mal in ihrem Leben auf eine Demonstration gegangen. Tante Martha hatte ein Schild gemalt: *Keine Atomwaffen!* Gesehen habe ich sie nicht, auch nicht die Mutter, obwohl wir uns an der Buchhandlung im Fölsch-Block verabredet hatten. Es war kein Durchkommen.

Zunächst musste ich noch arbeiten, berechnete den Nahtverlust und die Schwünge der Streifen, schnitt die Felle ein, hörte vom Rathaus die Lautsprecher und die Sprechchöre: Keine Atomwaffen. Kein Atomkrieg. Es wurde eine der größten Demonstrationen in der Geschichte der Bundesrepublik, und sie war ein Grund dafür, dass die Adenauer-Regierung ihren Plan für eine Atombewaffnung aufgeben musste.

In den Wochen zuvor war, nach dem Protestbrief von Göttinger Wissenschaftlern, darunter Otto Hahn und Carl Friedrich von Weizsäcker, in der Werkstatt diskutiert worden. Alle waren sich darin einig, Breit-kamp, der Leutnant, der ehemalige Korvettenkapi-tän Quaet-Faslem, auch die Kürschner, die noch als Flakhelfer eingezogen worden waren, Meister Kruse, Johnny-Look, Drechsler und alle Näherinnen, dass dieser von Adenauer und Strauß vorgebrachte Plan, die Bundeswehr mit Atomwaffen auszustatten, unbedingt verhindert werden musste. Ich kann mich an keine Stimme erinnern, die sich für eine Atombewaffnung ausgesprochen hätte. Auch der Vater war strikt dage-gen. Nie wieder Krieg war nicht nur ein Slogan, noch sah man die Folgen im Alltag, die Kriegsverletzten an Krücken oder mit quietschenden Prothesen, die umge-schlagenen Jackenärmel, und noch immer wurden im Radio die Namen der vermissten Kinder und Soldaten durchgesagt.

Am frühen Abend ging ich zu Fuß nach Hause, ob-wohl die Straßenbahnen wieder fuhren. Auf den Stra-ßen waren noch immer erregt diskutierende Menschen zu sehen. An Laternen und Hauswänden standen zu-sammengestellt Plakate und Schilder, darunter war irgendwo auch das Plakat von Tante Martha. Sie soll, nachdem sie am Abend heimgekommen war, gelacht haben, wie Tochter Lily später erzählte, und richtig gelöst gewesen sein. Als ihr Mann sie fragte, wo sie herkomme, lautete ihre knappe Antwort: Vom Demonstrieren.

Im Mai wurde die Gesellenprüfung gefeiert. Gesellen und Näherinnen wurden in das Brauhaus am Dammtor-Bahnhof eingeladen. Johnny-Look, der inzwischen in einer anderen Kürschnerei arbeitete, war gekommen. Breitkamp lernte für seine Meisterprüfung. Walther Kruse hatte sich entschuldigt. Zoern sagte, in diesen Bums am Dammtor gehe er nicht. So waren nur die jungen Kürschner und Näherinnen mitgekommen. Diese feinen, noch aus der Zeit der Zünfte stammenden Unterschiede wurden mit der Gesellenprüfung – je nachdem, von welcher Warte man es sah – eingeebnet oder hervorgehoben. Die Gesellen, die den Lehrling duzten, boten ihm nun selbst das Du an, die weiter gesiezt werden wollten, sprachen einen mit Sie an. Ich empfand es als eine freundschaftliche Ehre, dass Walther Kruse, der sich mit allen siezte, mir schon kurz vor der Prüfung das Du angeboten hatte.

Zu meiner Überraschung war die Unberührbare gekommen. Sie saß mir schräg links gegenüber, an einem langen, blau-weiß kariert gedeckten Holztisch. Bier wurde getrunken, Wein, ein saurer Weißwein, dazu gab es Salzbrezeln. Anfang Mai, ein warmer Tag, so will es die Erinnerung, als sie mir, über den Tisch vorgebeugt, erzählte, sie habe gekündigt, gehe zur Konkurrenz, zu *Edelpelz Berger*.

Diese plötzliche Kälte im Herzen.

Wann?

In vierzehn Tagen.

Wie schade, kam es spontan aus meinem Mund. Und ich verstummte, hörte, wie am Tisch darüber geredet wurde, ob man so einfach zur Konkurrenz gehen könne, und das Gespräch verlor sich in Anekdoten über den Inhaber Otto Berger. Im Saal und auf der Terrasse wurde getanzt. Foxtrott, Rumba, die Schritte waren in der Tanzstunde geübt. Wie üblich wurde zwischendurch Damenwahl angesagt. Die Unberührbare stand auf, ging um den Tisch und auf mich zu, machte einen Knicks und forderte mich auf. Abends versuchte ich, das zu beschreiben, diesen Aufruhr des Herzens, fast am Hals schien es zu schlagen, ja, zu schlagen, diese Wirrnis, die Gesichter der Sitzenden, deren dummes Staunen, die mich, die uns anstarrten – sie nahm mich an der Hand und zog mich zur Tanzfläche, die auf die Terrasse hinausging, dahinter eine schmale Gartenanlage, die Eisenbahnbrücke, die Gleise, eine schnaufende Lokomotive, schrill quietschendes Metall der Räder. Der Tanzkurs war eine Vorbereitung auf diesen Moment gewesen, ein Foxtrott, geredet haben wir nicht, entfernten uns von den anderen Paaren, das Gefühl, weggetragen zu werden, Verwirrung, Parfum, die Fülle der Haare vor Augen, an der Wange, dieser Duft und die Sensation, erstmals ein so ganz anderes Spüren einer Frau, die überraschende Weichheit der Schenkel, den zart gewölbten Schoß, die Brüste, ihren um meinen Hals gelegten Arm. Lange standen wir in der fernen Ecke der Veranda. Der Geschmack des Lippenstifts.

Ich muss gehen, sagte sie schließlich. Benommen folgte ich ihr zum Tisch, wo die Gesichter sich in anzüglich grinsende verwandelt hatten. Sie nahm ihre Tasche. Bleib hier, sagte sie, bleib sitzen, aber ich ging wie ein Mondsüchtiger hinter ihr her, brachte sie zur Straßenbahn, bleib da, sagte sie, gab mir einen Kuss und stieg ein, bis Montag.

Als Breitkamp mich am Montagmorgen in der Teeküche fragte, wie die Feier gewesen sei, da quoll mir das Herz über, nein, es war kein Renommieren, sondern nur die Erleichterung, spontan erzählen zu können, wofür ich in der Nacht zuvor nicht die Worte hatte finden können, eine hemmungslos überbordende Begeisterung. Meine Güte, sagte er, du bist wirklich ein Spätzünder. Und da bemerkte ich, dass sie neben dem Vorhang gestanden hatte und alles mitgehört haben musste, mein Reden, ja, doch auch dieses Unwürdige, ausgerechnet ihm, Breitkamp, davon erzählt zu haben, wobei ebendenen, die selbst alles auf der Zunge haben, das Überwältigende leichter zu erzählen ist als den Verschwiegenen. Und dass sie es gehört hatte, sagte ihr Blick, ein getrübter Blick, ein schmales Lächeln. Enttäuschung lag darin. Ich hätte mit dem Kopf gegen die Wand rennen mögen.

In den folgenden Tagen der wiederholte Versuch, sie anzusprechen, eine Entschuldigung, eine Begründung für meine Geschwätzigkeit zu finden, zu erklären, dass mich das Glück überwältigt hatte, dass es vielleicht, ja, doch diese Freude, dieser Jubel gewesen war, erwählt worden zu sein, und wer wünscht sich nicht, erwählt zu werden.

Sie blickte nicht mehr hoch, wenn ich durch die Werkstatt vorbei an den Tischen der Näherinnen ging. Ich wollte sie ansprechen, aber sie verließ jedes Mal mit anderen Näherinnen die Werkstatt, so wie sie stets mit einer befreundeten Kollegin kam. Der Mut fehlte mir, sie trotz der anderen Frauen anzusprechen, ich will mit dir reden, verzeih, dass ich geredet habe. Nie wieder, das habe ich mir geschworen, werde ich etwas erzählen!

Dieser fürchterlich quälende Gedanke, dass sie das Geschehene bereute.

Ich versuchte einen Brief zu schreiben, wollte erklären, wie ich zu dieser peinlichen Dummheit des Ausplauderns gekommen war, mein Überraschtsein und der Stolz, da ich … weil ich … Mehrere Anfänge und immer dieses Ungenügen, keine Worte für dieses Zarte einer Empfindung zu finden und keine für das Versagen und keine für das Glück des Erwähltseins. Auch der Stolz? Aber das Wort Stolz gab dem Urheber eine Bedeutung, die dem Zerknirschten gar nicht entsprach.

Die klein gerissenen Papierschnitzel am Boden zeigten: Mir fehlte die Sprache.

Überraschend – ich bin nicht abergläubisch, jedoch ein Beobachter sinnbildender Koinzidenzen – begann sich, als ich an dieser Stelle schrieb, der Zwischenraum zweier Absätze auf dem Bildschirm schwarz zu füllen. Bei dem Versuch, das Schwarz zu löschen, bildeten sich weitere schwarze Zwischenräume, sodann ein Rand mit einem dicken schwarzen Balken, und wenig später war der ganze Bildschirm schwarz. Ein tiefer Schreck: Gerade dieser eben geschriebene, mir so wichtige Text könne vollständig gelöscht sein. Mein Sohn konnte bei einem Telefonat den Schaden beheben, ohne je Ähnliches erlebt zu haben. Das Schwarzwerden hat sich inzwischen mehrmals wiederholt.

Ein neuer Rechner ist fällig.

II.

In einer ungewöhnlich heißen Nacht, am 2. September 1958, starb der Vater. Er lag am Boden des Pelzgeschäfts, wie gefällt, verkantet an dem gekippten eichenen Rauchtisch, den er mit der Schwester aus dem von Bomben getroffenen, brennenden Haus hinausgetragen hatte. Das einzige gerettete Möbel in der Gomorrha-Brandnacht. Meisterstück eines Schreiners, auf vier säulenähnlichen, kannelierten Beinen stehend, darauf eine runde Holzplatte, mit einer Intarsienarbeit eingelegter, zum Schachspiel geeigneter Holzquadrate, abgedeckt mit einer runden Glasscheibe. Er muss sich auf den Tisch aufgestützt haben und zusammengebrochen sein. Ein Herzschlag. Achtundfünfzig Jahre war er alt geworden.

Zwei Tage nach seinem Tod öffneten wir seine Schreibtischschublade und fanden das kleine Heft, in dem er die Wechsel von zwei Banken und die Verbindlichkeiten gegenüber den Pelzgroßhändlern exakt mit Fälligkeitsdatum aufgeführt hatte, ein kompliziertes Finanzierungssystem, ein Schuldengewölbe, das, verfiel einer der Schuldscheine, sofort in sich zusammenstürzen würde. Die sorgfältig geschriebenen Zahlen bezeichneten Termine fälliger Zahlungen und Umschichtungen, an zwei größeren Posten stand: Unbedingt verlängern. Wir, meine Mutter und ich, mussten nicht lange rechnen, um festzustellen, dass wir in zwei bis drei Monaten zahlungsunfähig sein würden. Genau berechnet und von dem hinzugezogenen Steuerberater bestätigt, war der Zeitpunkt einer strafbaren Konkursverschleppung schon erreicht. Die Schulden überstiegen den Warenwert. Der Vater hatte es, nach zwei vorangegangenen Herzinfarkten, gerade noch geschafft, vor der großen Schande, dem Konkurs, zu sterben. Er hatte mir einmal erzählt, wie in seiner Jugend ein bankrottgegangener Kaufmann eine Zigarre rauchend auf der Straße gesehen und mit welcher Verachtung dieser Mann gestraft worden war, der ja andere geschädigt hatte und sich nun den Luxus einer Havanna genehmigte. Schulden bedienen zu können – das ist die Ehre des Bürgers.

Der Vater, der das Kürschnerhandwerk nicht erlernt, aber als erfolgreicher Präparator gearbeitet hatte (man konnte seinen ausgestopften Gorilla im Naturkundemuseum Chicagos bewundern), war aus der Kriegsgefangenschaft gekommen, hatte eine Pelznähmaschine in den Trümmern gefunden, sie gereinigt, geölt und ein Kürschnergeschäft in einem Keller eröffnet. Das war der Gründungsmythos der Selbstständigkeit: *Pelze Timm*. Freier Herr auf freiem Land, wobei das Land nur gemietet war. Ein Auto wurde angeschafft, ein Chauffeur eingestellt, Kürschner und Näherinnen arbeiteten in Überstunden. Es war im Kleinen, was im Großen zu hören war: Nachts trug der Westwind das Dröhnen der Niethämmer über die Stadt. In drei Schichten wurden die Handelsschiffe gebaut. Das waren die frühen Fünfzigerjahre. Die Wirtschaft wuchs, das Bruttosozialeinkommen stieg. Gutes Essen, Neuanschaffungen, Reisen an den Gardasee.

Aber schon Mitte der Fünfziger kamen aus Griechenland die ersten Pelzmäntel in die Kaufhäuser. Wie machen die das? Diese billigen Preise?

Die machen das Handwerk kaputt. Das ist doch Pfusch, sagte der Vater, der nachts in der Innenstadt die Schaufenster der Kaufhäuser kontrollierte. Die Nerzmäntel. Da sieht man ja alle Nähte. Da sind Haare eingenäht, büschelweise.

Er engagierte sich in der Verbandspolitik, gründete die Interessengemeinschaft Hamburger Kürschner, kurz IHAK, die aber trotz des allmonatlichen zornigen Austauschs über die Vernichtung kleiner Geschäfte nichts bewirken konnte. Auch der Hamburger Wirtschaftssenator betonte, da sei leider nichts zu machen. Nun begann im Geschäft die Zeit des Zuredens. Er, der früher die Kundinnen so bediente, als täte er ihnen einen Gefallen, als beschenke er sie, versuchte jetzt, zögerliches Bedenken wegzureden, letztlich zum Kauf zu überreden.

Die Angst vor den Terminen, an denen die Wechsel fällig wurden. Der Vater, dieser große Vater, in seinen maßgeschneiderten Anzügen, der von Stolz, Selbstständigkeit und Haltung sprach, musste bei den Banken um die Prolongierung der Wechsel betteln. Das

Eigentümliche an ihm war, dass man ihn, der über seine Verhältnisse lebte, nie als einen Übertreiber oder Angeber hätte bezeichnen können. Die ihn begleitende Hoch- und Überschätzung seines gesellschaftlichen Status – er wurde bei spontanem Kennenlernen meist für einen Arzt oder Anwalt gehalten – ergab sich allein durch sein Auftreten, das ruhige, artikulierte Sprechen, seine Selbstironie, sein sicheres Benehmen und seine gründlichen politischen und historischen Kenntnisse. Der Kluge Hans, so wurde er als Kind genannt, würde sicher einmal aufs Gymnasium gehen, wurde dann aber in die Lehre zum Onkel nach Coburg geschickt, nachdem sein Vater die Mutter mit den beiden Jungen und den beiden Mädchen verlassen hatte. Der Vater, August Heinrich Timm, war einfach verschwunden. Wohin? Nach Amerika? Ins nahe Glückstadt? Niemand wusste es. Der Kluge Hans lernte Präparator. Wurde erfolgreich, erhielt einen Ruf an ein amerikanisches Museum, den er dann aber ausschlug. Er mochte den Beruf des Präparators nicht. Wahrscheinlich hasste er ihn sogar. Er war im Krieg bei der Luftwaffe, kam aus der Gefangenschaft, fand besagte Pelznähmaschine und hatte Erfolg, kam zu Ansehen und materiellem Wohlstand, bis die billigen Pelzmäntel in den Kaufhäusern auftauchten, der Verkauf zurückging, er jetzt Freunde um Bargeld bitten musste, damit ein Wechsel nicht platzte. Es war eine Demütigung für ihn. Er floh, nicht weit, nur ein paar Häuser weiter, in eine Kneipe mit dem Namen *Bei Papa Geese,* über die er früher abfällig als Krauterkneipe gesprochen hatte, jetzt saß er da, rauchte Kette, trank Kaffee und zu jeder Tasse einen Weinbrand und wartete auf Kundschaft, wurde von einer Angestellten geholt, wenn eine wichtige Kundin kam, lutschte dann einen Pfefferminzbonbon. Wäre er drei Monate später gestorben, hätte er die so oft erwähnte große Schande erlebt. Wie hingefällt lag er im Geschäft, in der ungewöhnlich heißen Nacht des 2. September 1958, bei offener Ladentür, aber geschlossenem Scherengitter.

Sofort den Konkurs anmelden oder versuchen, das Geschäft zu retten? Das Glück war die Jahreszeit seines Todes, Herbst und Winter standen bevor, die Zeit des Verkaufs und der Neuanfertigungen. Und ganz wichtig, ich hatte ausgelernt und konnte mit achtzehn als beschränkt geschäftsfähig erklärt werden und gemeinsam mit meiner Mutter mit den Banken und den Pelzgroßhändlern verhandeln. Wechsel mussten prolongiert, neue Kredite aufgenommen werden. Voraussetzung für die Bewilligung war nach der kapitalistischen Grundrechnungsart die Reduzierung der Lohnkosten. Und ganz wesentlich, wie unser hilfreicher Steuerberater es nannte, eine intensive Selbstausbeutung – also bei der Arbeit der Mutter, der Schwester und meiner eigenen.

Der Vater hatte nach seiner Maxime: Ich sorge für meine Leute, und gegen den Ratschlag des Steuerberaters niemanden entlassen. Jetzt mussten wir es tun. Kürschner Kotte wollten wir nicht kündigen, er hatte ein Auge im Krieg verloren.

Dem anderen Kürschner aber und zwei Näherinnen musste gekündigt werden. Eine der quälenden Erinnerungen ist das Gespräch mit dem Kürschner und der einen Näherin, beide kannte ich schon als Kind und sie mich. Wir mussten ihnen sagen, dass sie nicht mehr gebraucht wurden. Das war der harte und bittere Kern. Wir, meine Mutter und ich, legten ihnen die finanzielle Situation offen, zeigten ihnen die Zahlen, die Verbindlichkeiten, sprachen von der drohenden Insolvenz und fanden – in dem Gespräch flossen Tränen – Verständnis.

Ich kündigte bei Levermann. Eine seiner großzügigen Gesten war, dass er mich von heute auf morgen gehen ließ. Ich brach, was mich schmerzte, den eben begonnenen Besuch des Abendgymnasiums ab, stattdessen buchte ich Kurse in Betriebswirtschaft und im Entwerfen von Schnittmustern sowie im Entwurfszeichnen. Die Arbeit im Geschäft und in der Werkstatt bis in die Nacht und ganz selbstverständlich auch am Wochenende. 1958 war ein Winter der reduzierten Lektüre, hin und wieder ein Gedicht oder eine Kurzgeschichte, aber kein Roman. Keine literarische Stimme spricht aus der Zeit.

Das Geschäft ging in den folgenden Monaten gut: Meine Mutter stand für die Tradition, der junge Kürschner für neue Modelle, für tadellose Arbeit und perfekten Sitz. Das sprach sich herum, zog qualitätsbewusste, auch jüngere Kundinnen aus Eppendorf und Othmarschen an, es brummte – noch waren die Tierschützer nicht aufgetaucht, es gab die eine oder andere kritische Stimme zur Pelztierzucht, aber eher fragend, nicht anklagend.

Der Beruf des Kürschners ist nicht allein wegen der getöteten Kreatur in Verruf geraten, sondern vor allem durch den Wandel von der Luxusware Pelz zur Massenware. Mit dem Pelz verband sich nicht mehr die romantische Vorstellung des frei lebenden, von Inuit oder Trappern verfolgten und erlegten Tiers, die immer auch etwas Heroisches hatte, die Möglichkeit des Entkommens. Jetzt waren Massenhaltung in Käfigen und die Tötung mit der Elektrozange zur Gewohnheit geworden. Das sprach sich herum. Auch das jahrtausendealte Argument, der Pelz gewähre Schutz vor Kälte und Eis, entfiel, Webpelze aus Kunstfasern vermochten das Gleiche und waren darüber hinaus billiger und leichter.

Eine Zeit lang versuchte die Kürschnerinnung, mit Plakaten von in Seehundfelle gekleideten Inuit-Kindern die zunehmend gegen das Pelztragen gerichtete öffentliche Meinung zu beeinflussen. Die Inuit lebten tatsächlich noch vom Fang der Robben und der Verwertung ihrer Felle. Aber zu durchsichtig war das Argument, denn all die anderen Pelze kamen inzwischen aus Zuchtanstalten.

Auch meine Mutter hatte Ende der Siebzigerjahre, kam ich auf Besuch nach Hamburg, das Plakat mit dem kleinen Inuk im Schaufenster stehen. Der Verkauf neu angefertigter Mäntel war selten geworden, ein alter Kürschnermeister, Herr Anderson, machte die anfallenden Reparaturen und kleinen Umarbeitungen.

Die Mutter hatte keine Altersversicherung, die Schwester, damals um die sechzig, erwartete nur eine kleine Rente, der Vater hatte an ihrem Lohn gespart. Auch als das Geschäft noch brummte, war es eine in die Zukunft verschobene Selbstausbeutung gewesen. Ohne einen Beruf erlernt zu haben – Mädchen heiraten –, war Hanne-Lore erst im Arbeitsdienst gewesen, arbeitete danach als Haustochter bei einem Arzt, was ein Euphemismus für Haushälterin war. Darauf, dass ihr Name mit Bindestrich und einem großen L geschrieben wurde, legte sie Wert. Sie wartete auf ihren in russische Gefangenschaft geratenen Verlobten, auch dann noch, als sie nach sechs Jahren die Nachricht vom Roten Kreuz bekam, er sei in der Gefangenschaft gestorben. Es gab doch immer wieder Beispiele, dass ein Totgesagter plötzlich vor der Tür stand. So lebte sie dahin, trat nach dem Tod des Vaters ins Geschäft ein, ließ sich anlernen und wurde eine geschickte Näherin. Mutter und Schwester mussten und wollten weiterarbeiten, *solange der Laden noch läuft*. Die Arbeit war auch eine Selbstbestätigung und sinngebend. Nicht nur den Neuanfertigungen, auch den Reparaturen, dem neu eingearbeiteten Seidenfutter, sah man das Gelingen und den Kunden die Zufriedenheit an. In der Zeit, die ich überblicken kann, gab es nie eine Reklamation.

An einem Montag, Mitte der Achtziger, kam die Mutter wie an jedem Werktag um neun Uhr mit ihrem Dackel Dojahn in den Eppendorfer Weg, wollte das Geschäft aufsperren. Auf dem Schaufenster stand groß und in weißer Farbe geschrieben: Mörder.

Sie stand da, eine Frau über achtzig, die drei Kinder großgezogen und ihr Leben lang gearbeitet hatte, stets voller Hilfsbereitschaft gewesen war, und weinte. Die Polizei kam, und einer der Polizisten, der, wie sie erzählte, sehr groß war, nahm sie, die zierliche, kleine, alte Frau, in die Arme und sagte, das seien Dummejungenstreiche. Aber das waren sie nicht, es waren moralische Exekutionen. Die allerdings an den kleinen Geschäften vollzogen wurden, die großen, in der Innenstadt, lagen an belebten Straßen, in denen nachts die Polizei Streife fuhr.

Die Mutter hat mit meiner Schwester die Farbe abgewaschen. Nach diesem Vorfall wollte sie sofort das Geschäft aufgeben und hatte das Glück, einen Kürschner zu finden, der auch noch zwanzigtausend Mark für die Ablösung der Maschinen und der wenigen Felle und Mäntel zahlte, allerdings ein Jahr darauf verschuldet das Geschäft aufgeben musste. So endeten das Kürschnergeschäft und der Mythos der Selbstständigkeit.

Zu der Zeit wurde auch Dieter Zoern mit den Gegnern der Massentierhaltung konfrontiert. 1988 hatten sie vor seinem Geschäft eine Mahnwache abgehalten. Die sollte von da an jeden langen Samstag stattfinden.

Er wich nach Kampen auf Sylt aus, wo er seine Modelle vorstellte, im Sommer, unter dem Motto *Pelz ist immer, große Polster sind passé, mal kurz, mal knöchellang oder aber eine Handbreit über dem Knie*. Aber auch in Kampen standen Tierschützer in Bikinis und Badehosen mit Pappschildern. Sogar die Vermeidung des Wortes Pelz half nicht, er kreierte den Namen *Animal-Look,* und zugegeben, es waren fantastische Schnitte, die er vorstellte, optisch eigenwillig verarbeitet, Iltisfelle, weit schwingend, mit Pelerine und Hut, dazu passend ein opulenter Muff. Raffiniert auch ein anderes Modell, bei dem er den Nerz unter einem Teppichmantel versteckt hatte, ein Kelimmantel mit Nerzbordüre.

Danach hatten Jil Sander und er noch mit Webpelzen experimentiert. Die Mäntel sahen grässlich aus, wurden von den kämpferischen Pelzgegnerinnen jedoch nicht als synthetische erkannt. Auch Webpelz-Trägerinnen wurden in den Innenstädten mit roter Farbe übergossen.

Zoern hatte gut verdient, er war reich geworden. Er hatte einen Kritikerpreis mit dem eigenwilligen Namen *Die Goldene Nase 1990* bekommen. Aber letztlich gab auch er das Pelzgeschäft auf, suchte nach anderen, wie er in einem Interview sagte, *kreativen Tätigkeiten,* entwarf Tapeten, studierte Fotografie, zog nach Marokko, in das Fischerdorf Taghazount, veröffentlichte den Fotoband *Gärten des Orients – Paradiese auf Erden.* Marokko war für ihn all das, was es hier nicht gab.

Zuvor hatte er über Jahre die Presse mit seinen exzentrischen Auftritten beliefert, hatte ein Geschäft erst in den Colonnaden, später an der ABC-Straße eröffnet, und ich bin, kam ich nach Hamburg, gelegentlich hingegangen und habe mir die ausgestellten Mäntel im Schaufenster angesehen. Einmal sah ich ihn, wie er gestikulierend auf eine Kundin einredete. Er trug eine

Perücke, hatte einen weiten Pullover an, Ärmel hoch-
geschoben, den Hemdkragen hochgestellt, zwei Mannequins an seiner Seite oder Verkäuferinnen, die wie
Mannequins aussahen, beide in Nutriamänteln, der
eine weit, glockenartig, der andere eng anliegend geschnitten, Zoern stand da, und ich sah seine Mundbe-
wegung, wahrscheinlich sagte er: Leicht muss es sein,
bequem, er holte mit einer Armbewegung aus und
stellte bei dem weit geschnittenen Mantel den Kragen
hoch, machte mit der Hand einen Wink, das Mannequin solle auf und ab gehen, also doch ein Mannequin,
keine Verkäuferin, so wie sie ging, wie der Mantelsaum die schlanken Beine umspielte, wie sie aus dem
Schwung heraus stehen blieb, die Beine leicht versetzt
und leicht über Kreuz gestellt. Einmal, in der Zeit seines Ruhms, hatte ich im Fernsehen gesehen, wie er vier
dürren Mannequins befahl: Los, kommt mal her! Aber
so wie er jetzt neben dieser Kundin stand, auf sie einredete, den Mantel dem Mannequin von den Schultern
nahm, nein riss, ihn vor der Kundin wie ein Torero weit
entfaltet ausbreitete, da war auch ihm die Anstrengung
des Verkaufenmüssens anzusehen. Vorbei die Zeiten,
als er Kundinnen, die sich nicht entscheiden konnten,
einfach rauswarf. Hier kämpfte er, so wie der Vater gekämpft hatte. Diskret, aber eindringlich. Allein dieser
peinlich anbiedernde Satz: Wenn Sie möchten, können
wir Ihnen den Mantel bis morgen Abend zurücklegen.

Als ich die großspurig Akademie benannte Schule für
Muster- und Zuschneiden besuchte, um dort ein Di-

plom zu machen, dachte ich an Zoern und langte mutig zu, zeichnete schräge Modelle, bekam nur eine Zwei, weil sich ein Schalkragen zu einer das Gesicht abdeckenden Tulpe verengt hatte. Immerhin, ich konnte nun Schnitte entwerfen und Schnittmuster ausarbeiten. Eine Arbeit, die gut bezahlt war, da sie die meisten Kürschner nicht beherrschten. Die Honorare für diese von außen übernommenen Aufträge trugen wesentlich zum Abbau der vom Vater angehäuften Schulden bei.

Dem Zwanzigjährigen ermöglichte die Arbeit ein angenehmes Leben, im Sommer nicht mehr mit der Eisenbahn, sondern im offenen VW-Cabriolet nach Travemünde fahren, lange im Meer schwimmen, abends den Besuch in Bars, lateinamerikanische Combos. Die Schwedinnen fuhren in jener Zeit nicht nach Málaga, sondern kamen mit der Fähre von Trelleborg zu einem verlängerten Wochenende nach Travemünde. Schlafen in den Strandkörben, was die Kurverwaltung verboten hatte, aber doch duldete, schließlich war das am Tag und Abend die Kundschaft in den Restaurants und Bars.

Der Sommer war die *Saure-Gurken-Zeit*. Wenige Neuaufträge, hin und wieder Ausbesserungen. Im Sommer wurde für den Winter vorgearbeitet, Persianermäntel von der Stange, wie es hieß, Mäntel für die Laufkundschaft. Selten, aber es kam hin und wieder vor, dass im Winter bei starkem Frost Frauen im Schaufenster die kopflose Puppe im Persianermantel sahen, ins Geschäft kamen und den Mantel für 3500 Mark kauften. Allenfalls mussten die Ärmel etwas verlängert oder gekürzt werden. Normalerweise begann die Nachfrage im Oktober und steigerte sich bis zu Weihnachten, Maßanfertigungen, Überstunden für den verbliebenen Kürschner, für die drei Näherinnen und für uns, die Mutter, die Schwester und mich.

Eine Zeit der Nachtlektüre, ein Anker in der Umtriebigkeit. Thomas Manns *Buddenbrooks* und William Faulkners *Schall und Wahn*. Die *Buddenbrooks* standen im häuslichen Bücherschrank, ich musste nur zugreifen. Auch der Vater, der eigentlich nur historische Bücher las, kannte diesen Roman. Hatte er ihn in der Zeit, als das Geschäft florierte, als er überlegte, noch einen weiteren Raum als Werkstatt anzumieten, gelesen oder schon in der Zeit, als er nachts durch die Innenstadt ging und die Preise der Pelzmäntel verglich? Die Parallelen waren, wenn auch in einem so ganz anderen gesellschaftlichen Milieu, nicht zu übersehen. Sicherlich wird er den Roman nicht bei *Papa Geese* gelesen haben. Dort saß er an dem Resopaltisch, darauf ein eine Häkeldecke vortäuschendes Plastiktuch, und blickte aus dem Fenster auf die Straße. Irgendwo da draußen, sehr fern und grau, waren die Wünsche geblieben.

*Schall und Wahn* ist in der Erinnerung wie ein dunkler, wirrer Traum, aus dem mir einige Gestalten, als hätte ich sie persönlich kennengelernt, im Gedächtnis geblieben sind. Ihre Namen musste ich jetzt – warum soll es den literarischen Figuren besser ergehen als den Menschen? – nachschlagen: Dilsey, die alte verlässliche Schwarze, Haushälterin der weißen, *verrotteten* Südstaatenfamilie Compson, der geistig behinderte jüngste

Sohn Benjy, der älteste Sohn Quentin, ein depressiver Harvard-Student, Tochter Caddy sowie der Zweitjüngste, Jason, ein kleiner Geschäftemacher, der die Familie begaunert, und vor allem Jason III., der Vater, der sich zu Tode getrunken hat. Ich war bis dahin keiner literarischen Figur begegnet, bei der Alkoholismus als Wunschsucht zur Auslöschung beschrieben wurde. Dieses Elend musste vermieden werden, durch die Arbeit und jede nur gebotene Anstrengung, auch durch die Weigerung, Alkohol zu trinken.

Beide Romane, die *Buddenbrooks* und *Schall und Wahn,* habe ich sicherlich mit dem Bezug auf die prekäre Situation unseres Geschäfts und das Alkoholproblem des Vaters gelesen. Jetzt, beim Wiederlesen, treten aus dieser familiären Trübnis die Figuren noch weit verlassener dem Leser entgegen.

Wer hat mich auf *Schall und Wahn* aufmerksam gemacht? Vielleicht war es der junge Lehrer im Abendgymnasium, der Englisch und Deutsch unterrichtete. Ein Lernschub in diesen kurzen drei Monaten, eine Lernsucht: Geschichte, Erdkunde, Biologie, Mathematik und eben Deutsch und Englisch – bis das Lernabenteuer mit der Arbeit im Geschäft nicht mehr vereinbar war.

Als ich später das wenig lukrative Studium der Philosophie begann, allein von dem Vorsatz bestimmt, das zu tun, was ich zu tun wünschte: zu schreiben, war dies von dem beruhigenden Gedanken begleitet, in der

Not jederzeit auf meine Kenntnisse und mein Können als Handwerker zurückgreifen zu können. Aber
der Augenschein widerlegte diese Gewissheit. In den
ersten Semestern in München ging ich hin und wieder in die Innenstadt und blickte in die Schaufenster
der beiden Pelzgeschäfte, die für Eleganz und Luxus
standen, mit den etwas aufdringlichen Firmennamen
*Körper* und *Bauch*. In den übergroßen Schaufenstern
lagen kunstvoll drapierte, sauber gearbeitete Nutria-,
Biber-, Luchsmäntel und Fehfelle. In den späten Siebzigerjahren wurden solche ausgelegten Pelzmäntel mit
Schildern versehen, dass die Felle von Wild-, nicht von
Zuchttieren stammten. Dann verschwanden die Pelze
ganz und wurden durch Ledermäntel ersetzt, deren
raffinierte Färbung das tierhafte Braun verdeckte. Erst,
glaube ich, schloss der *Bauch,* dann der *Körper* seinen
Laden. Oder umgekehrt.

Auch an dem kleinen Kürschnergeschäft in der Nähe
der Münchner Universität, in der Türkenstraße, waren
der Wandel und die Schmach des Handwerks zu verfolgen. Ein Schaufenster, daneben ein vergittertes Fenster, hinter dem der junge Kürschner arbeitete. Im Sommer stand es offen. Jedes Mal wollte ich ihn ansprechen,
habe es aber doch nicht getan. Es schien mir, der sich
vom Handwerk verabschiedet und studiert hatte, frivol.
Im Schaufenster war keine durch Plakate überhöhte
Geschichte der Pelze zu sehen, kein in Grönland mit
der Harpune erlegter Seehund, kein in der kanadischen
Wildnis gefangener Biber oder ein eben zum Sprung an-
setzender und vom Schuss getroffener Jaguar. Walther

Kruse hatte, als er einen Ozelotmantel anfertigte, mir einmal das Einschussloch im Fell gezeigt. Im Schaufenster in der Türkenstraße lagen die Felle industriell gezüchteter, gefütterter und getöteter Tiere. Im nächsten Jahr stand dort ein handgeschriebenes Schild: Unsere Pelzfelle kommen aus ökologisch ausgerichteten Zuchtanlagen. Das Schild und die Pelze verschwanden. Es wurden nur noch Reparaturen angeboten. Trostlose Ausbesserungen. Am Ende lagen Barbour-Jacken in der Auslage. Ich habe jedes Mal mit Trauer in das Schaufenster und die kleine Werkstatt geblickt, gerade weil die Entwicklung meine volle Zustimmung fand. Aber wie hatte die Unberührbare gesagt: Pelze können so wunderschön sein.

Von dem Beruf hätte ich nicht mehr leben und keineswegs eine Familie ernähren können.

Wie andere Berufe, der Setzer, der Metteur, verschwindet der Beruf des Kürschners, geradeso wie der des Industriearbeiters, nachdem die erste große Automatisierungswelle die Produktion erreichte. In den frühen Siebzigerjahren durfte ich eine private Führung im BMW-Werk mitmachen. Hunderte Arbeiter standen an langen, langsam laufenden Fließbändern, an denen die Autoteile hingen, und hantierten daran. Vierzig Jahre später waren ein paar Techniker damit beschäftigt, auf die Screens zu blicken und hin und wieder Knöpfe zu drücken, während Roboterarme schwenkten und schweißten und Metallteile zusammenfügten. Der Roboter streikt nicht und nährt sich selbst mit Strom und Öl. Im Fall des Kürschnerhandwerks war es nicht die

Entwicklung einer neuen Technologie, die war schon im Mittelalter ausgebildet und zur Perfektion gebracht worden, entscheidend hier war das Mitempfinden mit der Kreatur Tier.

Im Jahr 1959 jedoch florierte das Pelzgeschäft noch. Neue Kundschaft kam, Frauen, die sich zwei Mäntel anfertigen ließen, etwas Leichtes, einen Fehmantel – teuer –, und etwas Warmes, einen Blaufuchsmantel für den Winteralltag – auch nicht billig. In den zwei Jahren, in denen ich das Geschäft entschuldete, haben wir einmal einer Kundin einen Mantel aus Luchsfellen verkauft, für den Aufenthalt in Davos, und einen schwarzen Persianermantel für die Zugfahrt dorthin.

Einen Persianermantel hatte auch die Russin, so nannte sie meine Mutter, die den meisten Kundinnen einen Spitznamen gab, zur Reparatur gebracht. Das aber war ein sehr alter Mantel mit einer kleinen, festen Locke, und meine Mutter wollte die Arbeit zuerst ablehnen, ließ sich jedoch durch das Bitten der Frau erweichen. Die Frau hatte sich nach dem Preis erkundigt, gefragt, ob die Reparatur noch teurer als der geschätzte Preis werden könnte, dann lange nachgedacht und schließlich den Auftrag zur Ausbesserung gegeben. Der Mantel war leicht tailliert und an den Ärmeln und am Rücken stark abgerieben, das blanke Leder kam zum Vorschein, das Innenfutter zeigte ein goldbesticktes Etikett. Der Kürschner, den wir nach der Pensionierung von Meister Kotte eingestellt hatten, kam aus Leipzig und beherrschte etwas Russisch. Er entzifferte das Firmenschild als das eines Hoflieferanten des Zaren in Sankt Petersburg. Das Futter war, wie sich zeigte, erneuert worden, mehrmals, aber das Etikett jedes Mal wieder auf die neue Futterseide aufgenäht worden. Der Meister trennte das Futter auf, die Zackennähte der Felle zeigten eine äußerst sorgfältige Verarbeitung. Durch das Etikett neugierig geworden, habe ich den Mantel selbst ausgebessert, die kahlen Stellen herausgeschnitten und durch Fellstreifen und Stücke ersetzt. Für eine größere, stark beriebene Fläche im Rückenteil war ein neues Persianerfell erforderlich. Getragene Mäntel verraten immer etwas über ihre Trägerinnen. Dieser Persianermantel war zwar alt, aber äußerst gepflegt getragen worden, auch etwas Körperliches haftete ihm an, ein feiner, ferner Duft von Maiglöckchen. Durch die Erzählungen meiner Mutter war mein Interesse an dieser Frau, die gebeten hatte, ihr den ausgebesserten Mantel vorbeizubringen, gewachsen.

*Am Weiher, Eimsbütteler Park,* ein vierstöckiges, großzügiges Haus aus der Gründerzeit. Sie wohnte zur Untermiete. Ein Aufkleber mit ihrem Namen war auf dem Messingschild angebracht. Noch gab es die Wohnraumbewirtschaftung und Untermieter konnten zugeteilt werden. Sie empfing mich nach angezeigtem dreimaligem Klingeln an der Wohnungstür. Eine Frau Mitte sechzig, hochgestecktes volles, graues Haar, das mit den fast schwarzen Augen und dem faltenlosen, schmalen Gesicht kontrastierte. Sie begrüßte mich freundlich und bat mich zu einem Tee. Das am hinteren

Ende eines langen Korridors liegende Zimmer öffnete den Blick auf den mit Kastanien bestandenen Garten. Der große quadratische Raum hatte eine seitliche Kammer, aus der eine alte weißhaarige Frau kam, die mir mit einem französischen Namen vorgestellt wurde. In der Luft lagen der Geruch von Terpentin und ein süßlich schwerer Blumenduft. Im Umblicken sah ich in der Zimmerecke eine hohe schwarze Vase mit Lilien stehen. Die Stühle, das Sofa, der Tisch, das Bett waren Einzelstücke, wohl vom Sperrmüll zusammengetragen. Eine damals aufgekommene Gewohnheit, alte Möbel auf die Straße zu stellen. Die schweren Eichentische der Vorkriegszeit, die unbequemen Stühle, verschnörkelten Kommoden und klobigen Schränke wurden gegen farbige, leichte Möbel ausgetauscht, Tulpenlampen beleuchteten auf grazilen Beinen stehende Nierentische.

Die Frauen unterhielten sich in einem Sprachgemisch aus Russisch, Französisch und Deutsch. Die weißhaarige Frau tappte umher, verließ das Zimmer, kam zurück, holte einen Tauchsieder, in der Ferne war durch die offenen Türen zu hören, wie in der Küche das Wasser lief, tappte herein, schüttete aus einer Dose Tee in ein Sieb, steckte den Tauchsieder in den Topf, während die Russin den Mantel betrachtete und sagte: Wunderbar, wie neu, all die traurigen kahlen Stellen sind verschwunden. Eine vortreffliche Arbeit. Das Reparieren ist doch die eigentliche Kunst. Sie zog den Mantel an. Den Tellerkragen hochgestellt, der Mantel sanft tailliert, der Mantelsaum leicht ausgestellt, tat sie ein, zwei Schritte, eine Drehung und hätte auf jeder Seniorenmodenschau eine blendende Figur gemacht. Die alte Französin applaudierte zierlich. Die Russin zog den Mantel aus, drapierte ihn über den Sessel.

Den Mantel habe sie zum achtzehnten Geburtstag von ihrem Vater als Geschenk bekommen. Die Französin holte aus einem kleinen Schrank drei unterschiedliche Tassen, dazu nicht passende Untertassen. Die Alte irrte, so schien es, zwischen Kammer und Zimmer hin und her, als suche sie etwas, was ihr auf dem kurzen Weg wieder verloren gegangen war. Dann nahm sie resolut und mit begleitendem Lärm vier Teller aus dem Schrank, ging zur Fensterbank, öffnete eine Blechschachtel, vorsichtig, als könne ein Tier herausspringen, klappte den Deckel schnell zu, holte eine Zange, klappte den Deckel ganz selbstverständlich wieder auf, holte Gebäck heraus, klappte den Deckel zu, drapierte die Teilchen auf dem Teller, machte, weil ihr die Anzahl wohl zu gering erschien oder wegen einer unbekannten Zahlenmystik, den Deckel wieder auf, nahm einen weiteren Keks heraus. Eine kleine Verteilungszeremonie, während die Russin den Tee aufgegossen und eingeschenkt hatte. Wir haben leider keinen Samowar, sagte sie.

Am Fenster stand ein schmaler, offenbar erst vor Kurzem geschreinerter heller Holztisch, darauf Fläschchen und Farbtuben. Mehrere Pinsel. Daneben ein Bord, auf dem kleine runde und viereckige Farbbilder wie in einem Schaufenster gereiht standen, Porträts und kleine Ikonen. Daneben eine Stehlampe. An der Rückenlehne des Stuhls hing ein Kopfschirm, wie ihn Regisseure in Zeiten des Stummfilms trugen.

Malen Sie Porträts?

Ja, nach Fotos. Öl auf Holztäfelchen, früher auf Elfenbein. Aber die Nachfrage sei sehr zurückgegangen. Auch für die kleinen Taschenikonen gebe es kaum noch Interessenten. Jetzt habe sie beim Feinkostgeschäft Düwer nochmals einen Aushang gemacht, Russischunterricht, auch für einen Literaturzirkel.

Wir saßen an dem runden Tisch, und die Französin hielt die Tasse auf der Untertasse, den Oberkörper und Kopf leicht der Russin zugewandt, begleitete deren Erzählung mit einem beständigen Nicken, auch die Frage, ob ich russische Literatur gelesen hätte.

Ja. Erzählungen von Alexander Puschkin.

Puschkin, rief sie. Die Französin begann, krächzend ein russisches Lied zu singen, und wiegte dazu den Oberkörper.

Am stärksten hatte mich *Der Schuss* beeindruckt, diese Geschichte eines Duells. Der Vater hatte mir die Erzählungen gegeben und dazu erwähnt, dass Puschkin in einem Duell getötet worden sei. Zwei Offiziere, Silvio und ein Graf, duellieren sich. Der Graf, ein reicher, vom Glück verwöhnter Offizier, *ein glänzender Günstling des Schicksals,* lost den ersten Schuss, schießt, trifft nur den Hut Silvios. Jetzt ist Silvio an der Reihe. Er zielt auf den Grafen, der ungerührt dasteht, Kirschen aus seiner Mütze isst und die Kerne dem Schützen vor die Füße spuckt. Silvio bricht das Duell mit der Begründung ab, dem Grafen fehle die gebotene Ernsthaftigkeit, und hebt sich den Schuss für eine andere, von ihm bestimmte Gelegenheit auf. In den folgenden Jahren übt er sich täglich im Pistolenschießen. Der Anlass für das nachzuholende Duell kommt mit der Hochzeit des unerschrockenen Kirschenessers. Zwei höchst unterschiedliche Charaktere, der eine reich, gut aussehend und der *ewige Liebling des Glückes,* so scheint es, der andere eher im Schatten stehend, dem Verlieren nahe; zum Schluss jedoch geht er als Sieger vom Platz – ohne dass Blut fließt.

Ich habe diese Geschichte – wie alt war ich, vierzehn, fünfzehn? – mehrmals gelesen und später bei Gelegenheit wieder, wie auch jetzt, und sie hat nichts von ihrer Faszination verloren.

Eine Parabel, aus einer existenzialistischen Weltsicht geschrieben – natürlich kannte Puschkin den Begriff nicht –, die uns diese Geschichte so nahebringt. Das Kartenspiel ist ein Motiv der Erzählung, und es kann so gedeutet werden, dass jeder mit unterschiedlichen Fähigkeiten und in unterschiedlichen Milieus geboren wird, darin waltet die Natur, die Gerechtigkeit nicht kennt. Der die Existenz bestimmende Zufall bringt die Freiheit der Wahl mit sich, jemand, der ein gutes Blatt bekommen hat, kann ein schlechtes Spiel machen und verlieren, ein anderer mit schlechten Karten macht ein gutes, überlegtes Spiel und gewinnt. Und darüber waltet das erwartbare Schicksal – der Tod. In diesem Sinn werde ich, der damals an der Volkshochschule einen Kurs zum Existenzialismus besuchte und einen Aufsatz von Ernesto Grassi gelesen hatte, auch mit den Frauen gesprochen haben, wahrscheinlich etwas altklug, während ich den Tee aus einer geblümten Kaffeetasse mit angeschlagenem Rand trank.

Und nach weiteren Fragen erzählte ich ihnen von meiner Dostojewski-Lektüre der letzten beiden Jahre, zählte wie ein braver Schüler die Titel auf: *Schuld und Sühne, Die Brüder Karamasow, Die Dämonen,* vor allem aber *Der Idiot.* Ein Schatten zog über das Gesicht dieser so höflich gefassten Frau. Ihr war anzusehen, dass ihr diese Lektüre nicht zusagte. Nach meiner Frage, warum, sagte sie: Entschuldigen Sie, Dostojewskis Sprache ist mir etwas zu nahe an Illustrierten-Romanen.

Die erste ablehnende Haltung zu Dostojewski hörte ich aus ihrem Mund. Später las ich bei Nabokov ähnlich abfällige Urteile, Dostojewski sei *clumsy and vulgar.* Illustrierten-Literatur. Die alte Französin nickte heftig, wobei nicht sicher war, ob es eine Bestätigung oder ein Tick war. Ich konnte den beiden Frauen nicht widersprechen. Ich hatte das Buch in deutscher Übersetzung gelesen, wie hätte ich etwas zur Sprache sagen können? Auch hatte ich nicht genügend Kenntnisse, um die Romane gegen dieses strikte Urteil zu verteidigen. Vielleicht hätte ich sagen sollen, die Romane haben mich bewegt, nein aufgewühlt, ich habe sie bis in die Nacht gelesen und am Tag verbotenerweise in einem Sortierzimmer. Und wie hätte ich zu diesen beiden Frauen sagen können, dass ich bis dahin keine vergleichbare schreckenerregende Szene gelesen hatte wie die, als Fürst Myschkin mit seinem Freund und Rivalen neben der erstochenen, schon in Verwesung übergehenden Nastassja die Nacht verbringt?

Tschechow sollten Sie lesen, wenn ich Ihnen den ans Herz legen darf, sagte die Französin, und die Russin sagte: Ja, vor allem aber Tolstoi, *Krieg und Frieden* und *Anna Karenina,* vor allem diese beiden, bitte.

Die Französin sagte: Nein, Tschechow, *Die Dame mit dem Hündchen,* die Russin nannte Erzählungen von Tolstoi, und die Diskussion, welchem russischen Autor der Vorzug zu geben sei, ging auf Russisch, Deutsch und Französisch, wobei sich zeigte, dass die alte Französin, in der ich eine Kostgängerin der Russin vermutete, sich keineswegs einschüchtern ließ, sondern sehr energisch widersprach. Ich saß wie vergessen am Tisch. In einer Pause der Auseinandersetzung fragte ich die Russin, ob sie aus Petersburg komme.

Nicht verwundert über die Frage, sagte sie: Ja. Geboren und dort aufgewachsen. Sie waren, sie sprach im Plural, im Februar 1919 aus der Stadt geflohen. Der Vater war von den Roten erschossen worden, der Bruder hatte bei den Weißen gekämpft, in der Armee Koltschaks, und war gefallen, eine Schwester vermisst. Wir, sie blickte zur heftig nickenden Alten, sind mit meiner Mutter über Tallinn nach Königsberg gekommen, dort starb die Mutter. Königsberg, sagten die beiden Frauen wie aus einem Mund. Ach!

Ich erzählte, dass ich als Kind mit meiner Mutter in Königsberg auf Besuch gewesen war. Auch das Schloss hatten wir besucht. In Erinnerung geblieben waren vor allem die großen Filzpantoffeln für Besucher. Mir grauste vor ihnen. Dennoch musste ich in sie hineinschlüpfen.

Das Schloss! Die Stadt! Der Badeort Cranz. Die Ostsee. Die beiden Frauen schwärmten von den Jahren, die sie dort gelebt hatten. Später waren sie von entfernten Verwandten erst in Passenheim, danach in der Nähe von Angerburg in Ostpreußen aufgenommen worden. Die Russin nannte den Namen des Guts, der Familie, Namen, die ich mir auch nicht durch das Absuchen der Güter auf der Generalstabskarte wieder in Erinnerung bringen konnte. Von dort abermals geflohen im Januar 45, Schnee, Eis, minus zwanzig Grad Kälte, so waren sie wieder aufgebrochen. Der Kutscher, André, ein französischer Kriegsgefangener – die Weißhaarige nickte heftig, knetete das Taschentuch –, hatte sie zum Bahnhof gebracht, wo ein Zug unter Dampf stand. Die Waggons überfüllt. André hatte im Abteil zwei Plätze erobert, war wieder ausgestiegen und hatte die Koffer durchs Fenster gereicht. André musste bleiben. Wir konnten ihm nicht einmal zuwinken, so gedrängt saßen und standen die Menschen auf den Gängen und in den Abteilen. Die Gastfamilie war zurückgeblieben. Der Gutsherr wurde erschossen, die Frauen nach Sibirien verschleppt. Und weiter? Im Zug bis Königsberg, von dort nach Pillau und mit einem Minensuchboot nach Lübeck und von dort hierher.

Und der Mantel hat seinen Dienst getan und gewärmt.

Das erzählte sie durch meine Fragen bestärkt. In Ostpreußen hatte die Französin, die in Petersburg – das habe ich nicht fragen mögen – wahrscheinlich die Gesellschafterin der Familie gewesen war, Französischunterricht gegeben, und sie, ich nenne sie einfach Marja Nikolajewna, Russischunterricht, woran aber heute niemand mehr interessiert sei. Jetzt verdiente sie ihren Unterhalt mit Medaillon-Malerei.

Alltägliche Schicksale, wie ich sie von Drechsler kannte, Vertriebene, Ausgebombte, Verschleppte.

Im Winter 1946 kamen zwei Mädchen durch den Schnee barfuß in die Schule an der Bismarckstraße. Die Mädchen, deren Eltern umgekommen waren, wohnten mit der Großmutter in einer am Isebekkanal gelegenen Nissenhütten-Siedlung. Dort lebten die aus Hinterpommern und Ostpreußen geflüchteten Menschen. Meine Mutter hatte in einer komplizierten Tauschaktion ein Paar stark abgetragene Halbschuhe für das jüngere Mädchen, Marie, und ein Paar viel zu große Schnürstiefel für das ältere Mädchen, Anne, besorgt. Mädchen und Jungen gingen in getrennte Klassen, trafen sich auf dem Schulhof. Anne wurde gehänselt, wie sie mit ihren staksigen Beinen in den klobigen Schuhen herumlief, dann aber, nachdem sie einem Jungen, einem gefürchteten Schläger, die Nase blutig geschlagen hatte, gehörte sie zur Bande, pinkelte mit uns um die Wette. Sie gewann meist, dank einer geschickten Technik, bog sich stehend nach hinten, hielt mit den Fingerspitzen ihre Harnröhre hoch und machte den Weg frei für einen weiten Strahl.

Im darauffolgenden Jahr, Frühling 1946, zogen die beiden Mädchen, Anne immer noch in den zu großen Schuhen, weiter zu Gasteltern nach Rendsburg. Die beiden waren lange Zeit die einzigen Mädchen, mit denen wir umherzogen, und eher uns Jungs ähnlich. Die anderen Mädchen waren fern, gingen auf andere Schulen, ja, sie waren geheimnisvoll und wurden es noch mehr durch die Erzählungen der älteren Jungen.

Die Russin betrachtete wieder den Persianermantel, das bis zum blanken Leder abgetragene schwarze Persianerfell an den Ärmelkanten und an der Knopfleiste war durch ähnliche Fellstücke ersetzt worden. Der Mantel sah getragen, aber nicht mehr beschädigt aus.

Lange hatte ich in kollegialer Reverenz vor der guten Arbeit des Petersburger Kürschners und Hoflieferanten nach passenden Stücken gesucht, war zu einem Rauchwarenhändler gefahren und hatte ein Fell gekauft, das im Grotzen, dem Fellrücken, wenn auch etwas neu glänzend, so doch der Lockenbildung der Rückenpartie gleichkam. Jetzt war ich mit der Geschichte des Mantels beschenkt worden.

Wunderbar, sagte sie, es ist doch immer etwas Gutes, wenn man sich von alten Dingen nicht trennen muss. Ausbessern ist Treue.

Die Haltbarkeit von Pelzen ist sehr unterschiedlich. Gute Persianer sind haltbar, sagte ich, noch haltbarer sind die Biberpelze, wenn sie denn geschoren sind.

Sie ging zu einem kleinen weißen, mit roten Blumenranken bemalten, früher wohl in einer Küche genutzten Schrank, öffnete die Tür und entnahm ihm eine abgewetzte braune Krokodillederhandtasche und daraus das im gleichen Leder gefertigte Portemonnaie. Darf ich Ihnen Ihr Honorar geben?

Dieses Wort Honorar war ein Vorgriff auf kommende Zeiten, bis dahin hatte ich es für meine Arbeit noch nicht gehört.

Darf ich Ihnen diese kleine Ausbesserung schenken?
Sie schwieg. Die alte Französin nickte wieder.

Nach einem recht langen Augenblick sagte die Russin, gut, dann darf auch ich Ihnen etwas schenken. Sie ging zu dem Bord, auf dem die Medaillons ausgestellt waren, und nahm nach kurzem Suchen ein kleines rechteckiges Holzplättchen, darauf der Drachenstecher auf einem weißen Pferd, der heilige Georg, unter dem Pferd der verletzt sich ringelnde Drache.

Im Herbst hatte ich angefangen, *Anna Karenina* zu lesen, musste dann aber, weil die Arbeit sich häufte, die Lektüre abbrechen und nahm sie erst ein Jahr später am Braunschweig-Kolleg wieder auf, ich las das Buch nochmals von Anfang an und sank in dieses Buch hinein, hatte während des Lesens die beiden Frauen vor Augen, die Russin und die Französin, und den Klang ihrer Stimmen im Ohr. Wie auch jetzt. Sie stellen sich einfach ein, begleiten mich durch die so bewegenden Stellen, treten mir beim Wiederlesen vor Augen, wie auch die Sicht aus dem Kolleg-Fenster, über den Rasen hin zu der grauen hüfthohen Steinmauer, dahinter fällt der verwilderte Park zur Oker ab, Buchen und Ahorn in flammenden Herbstfarben. Das Lesen war nicht etwa auf das Lernen für das zögerliche eigene Schreiben gerichtet – davon weit entfernt –, sondern ein Erkunden der eigenen Empfindungen, ein Ausloten der Wünsche, ein sprachliches Abtasten der Wahrnehmung und auch das – ein Staunen über die zeitlich und räumlich ferne Welt Russlands und seine adelige Gesellschaft.

Bei einer erneuten Lektüre fünfzig Jahre später – das ist ein Geschenk des Alters – von *Anna Karenina,* dieses Labyrinth der Gefühle, dieses Widersprüchliche, gegen Konventionen Aufbegehrende, die Ordnungen Aufbrechende – Anna Karenina, die Qualen ihrer Seele, das, was von diesem Leben ausgeschritten wird, die Liebe, der Ehebruch, der ein Bruch der Treue ist, die Trennung, Leidenschaft und Verzweiflung, der Tod, das alles war so eindrücklich wie beim ersten Lesen. Und abermals die Erfahrung, dass es ein Mehr gibt, das sich nicht in Begriffe fassen lässt. Ein Nichterklärbares, in seiner Wirkung so unmittelbar wie ein Naturerlebnis, bleibt, beglückend und beunruhigend.

Dieser entsetzliche Augenblick, wenn sich Anna Karenina vor die Lokomotive wirft, das stählerne, nicht entrinnbare Schicksal.

Ich hatte das Buch als Lektüre für zwei Ferienwochen in einem Resort in Ägypten, in El Quseir, mitgenommen und dort gelesen, unterbrochen von diesem Dreiklang Schlafen, Schwimmen und Schnorcheln in der märchenhaften Wunderwelt des Riffs. Im Strandkorb wurde ich von einem älteren Herrn auf das Buch hin angesprochen, er stellte sich – eine wundersame Koinzidenz – als Andreas Riesenkampff vor, ein Baltendeutscher, mit seiner Frau, einer Russin, Nachfahrin des Generals Kutusow, dem in *Krieg und Frieden* beschriebenen bärbeißigen, so strategisch klug zaudernden, letztlich siegreichen Gegner Napoleons. Dieser Tonfall, das nach Osten weisende gedehnte Deutsch, war dem der Russin im Persianermantel ähnlich. So ist Vergangenes durch Lesen mit der Gegenwart verfugt:

›Warwara Andrejewna, als ich noch sehr jung war, schuf ich mir das Idealbild der Frau, die ich lieben würde und die meine Ehefrau zu nennen für mich ein Glück wäre. Ich habe schon ein langes Leben hinter mir und bin jetzt in Ihnen zum ersten Mal dem begegnet, was ich gesucht habe. Ich liebe Sie und trage Ihnen meine Hand an.‹

Das sagte sich Sergej Iwanowitsch, wie er nur noch zehn Schritte von Warenka entfernt war. Auf Knien verteidigte sie einen Pilz mit den Händen gegen Grischa und rief die kleine Mascha her.

»Hierher, hierher! Da sind kleine! Viele!« sagte sie mit ihrer netten Bruststimme.

Als sie Sergej Iwanowitsch näherkommen sah, erhob sie sich nicht und änderte ihre Haltung nicht; aber alles sprach ihm davon, dass sie sein Nahen spürte und sich freute darüber.

Ihr schönes, still lächelndes Gesicht unter dem weißen Tuch wandte sich ihm zu. »Nun, haben Sie etwas gefunden?« fragte sie.

»Keinen einzigen«, sagte Sergej Iwanowitsch. »Und Sie?«

Sie antwortete ihm nicht, beschäftigt mit den Kindern, die sie umringten.

»Noch den, neben dem Zweig.« Sie wies die kleine Mascha auf einen kleinen Täubling hin, dessen pralles rosa Hütchen von einem trockenen Grashalm, unter dem er sich emporgeschafft hatte, quer durchschnitten

*war. Sie stand auf, als Mascha den in zwei Hälften zer-*
*brochenen Täubling hochhielt. »Das erinnert mich an*
*meine Kindheit«, meinte sie, während sie neben Sergej*
*Iwanowitsch von den Kindern wegging.*

Die Situation der Pilzsuche, eine idyllische Szene, in
der Warenka mit den Kindern spricht, sie einbezieht,
ihre freundliche Anleitung, die Natur genau zu be-
trachten, hält die schöne Vorstellung von einer glück-
lichen Ehe vor Augen.

*Sie gingen schweigend ein paar Schritte. Warenka*
*sah, dass er sprechen wollte; sie erriet wovon, und ihr*
*stockte das Herz vor freudiger und banger Erregung.*
*Sie waren weit weggegangen, dass niemand mehr sie*
*hätte hören können, doch er begann immer noch nicht*
*zu sprechen. Warenka schwieg am besten. Nach einem*
*Schweigen war das, was sie beide sagen wollten, leich-*
*ter zu sagen als nach einem Gespräch über Pilze; doch*
*gegen ihren Willen, wie aus Versehen, sagte Warenka:*
*»Sie haben also nichts gefunden? Im Waldesinneren*
*gibt es übrigens immer weniger.«*

*Sergej Iwanowitsch seufzte und erwiderte nichts.*
*Es verdross ihn, dass sie von den Pilzen zu reden an-*
*fing. [...]*

*Jetzt oder nie musste die Aussprache stattfinden; das*
*fühlte auch Sergej Iwanowitsch. Alles in Warenka – ihr*
*Blick, ihre Wangenröte, die gesenkten Augen – zeigte*
*schmerzliche Erwartung. Sergej Iwanowitsch sah das,*
*und sie dauerte ihn. Er fühlte sogar, jetzt nichts zu sa-*
*gen hieße sie zu verletzen. Rasch wiederholte er in sei-*
*nem Kopf alle Argumente zugunsten seines Entschlus-*

*ses. Er wiederholte sich auch die Worte, in die er seinen*
*Antrag kleiden wollte; aber statt dieser Worte fragte er*
*aufgrund eines ihm überraschend gekommenen Ge-*
*dankens plötzlich: »Was ist denn der Unterschied zwi-*
*schen einem Steinpilz und einem Birkenpilz?« Waren-*
*kas Lippen zitterten vor Erregung, als sie antwortete:*
*»Am Hut ist kein Unterschied, aber am Stiel.«*

*Und sobald dieses Worte gesagt waren, begriffen er*
*wie auch sie, dass es zu Ende war, dass das, was hätte*
*gesagt werden müssen, nicht mehr gesagt würde, und*
*beider Erregung, die davor den höchsten Grad erreicht*
*hatte, flaute nun ab.*

Wie aus dem entschiedenen Vorsatz Sergejs, Warenka
einen Heiratsantrag zu machen, und ihrer erregten Erwartung, diesen mit einem Ja beantworten zu können,
durch eine winzige Verschiebung der Aufmerksamkeit hin zur Betrachtung der Pilze der Entschluss nicht
gleich umgesetzt werden kann, was die Ungeduld Sergejs noch steigert, wie dann aber durch Fragen und
Gegenfragen die entscheidende Frage immer weiter ins
Gewöhnliche verschoben und von Warenka abermals
behindert wird, unfreiwillig, ja *gegen ihren Willen, wie*
*aus Versehen,* bringt sie das Gespräch, das die beiden
Liebenden zusammenführen könnte, auseinander. Die
Zartheit des Liebesgeständnisses und des Eheantrags
nimmt aus dem Unbewussten heraus eine Wendung ins
Sexuelle, wenn die beiden über die behaarten Stiele der
Pilze sprechen und sich dadurch immer weiter vonei-
nander entfernen, sich verlieren – das ist ein sprach-
gestisches Wunder. Es kommt nicht zu einer Erklärung

der Gefühle, sondern der Botanik. Der Wunsch war, wie sich zeigt, von der Unsicherheit der Wünschenden begleitet.

*»Beim Birkenpilz, da erinnert der Stiel an den un-rasierten Zweitagebart eines Brünetten«, sagte Sergej Iwanowitsch nun schon ruhig.*

*»Ja, das stimmt«, erwiderte Warenka lächelnd, und unwillkürlich änderte sich die Richtung des Spazier-gangs. Sie näherten sich wieder den Kindern. Warenka empfand Schmerz und Scham, aber zugleich auch ein Gefühl der Erleichterung.*

Die Feinheit, mit der das Unbewusste durch die Sprache zutage tritt – Lew Tolstoi kann Sigmund Freud noch nicht gelesen haben –, korrespondiert mit der genauen, auf die Situation der beiden Personen bezogenen Naturbeschreibung: *Sie wies die kleine Mascha auf einen kleinen Täubling hin, dessen pralles rosa Hütchen von einem trockenen Grashalm, unter dem er sich emporgeschafft hatte, quer durchschnitten war.*

Wie fein das Gewebe dieses Wünschens, Mögens, Wollens geknüpft ist und sich aus sich selbst heraus in der Sprache auflöst, diese rätselhaft widersprüchlichen Empfindungen, die Sehnsucht nach Nähe und Erfüllung, verbunden mit der Angst vor der Verwirklichung, dem factum brutum, das den Abschluss des Wünschens mit sich bringt und darin die Unsicherheit über die Beständigkeit der Gefühle aufscheinen lässt – das ist einfach großartig zur Sprache gebracht. Dazu gehören die bewundernswerte Übertragung von Rosemarie Tietze ins Deutsche und ihr langer, ausführlicher Kommentar. Ich hatte das Glück, sie zur Übersetzungsarbeit an diesem Roman befragen zu können. Sie erzählte, wie genau und lange sie nach Worten, die sich der erzählten Zeit annähern, fahnden musste, wie sie beispielsweise für das Wort Zaun, das unser Vorstellungsraum eher mit Maschen- oder Stacheldraht verbindet, nach langem Suchen die alte Bezeichnung *Stangenhag* fand.

Zu einem Gespräch Rosemarie Tietzes mit dem Urenkel von Lew Tolstoi, Graf Wladimir Tolstoi, zu Problemen der Übersetzung bin ich nach Berlin gefahren. Tolstoi, ein schlanker, mittelgroßer Mann, gelichtetes rotblondes Haar, gekleidet in einen hellbraunen Tweed-Sakko mit sichtlich gepflegt getragenen, braunen Schuhen, erinnerte mich in seiner zurückhaltend höflichen Form der Rede, in den Gesten, dem Tonfall, der Sprache, die ich wörtlich nicht, aber doch ihrem Klang nach verstand, wieder an die Russin und ihre alte französische Hausdame.

Und eben diese Haltung findet sich in den Dialogen wieder, diese Formen der Dezenz, wie Gefühle sich sprachlich offenbaren, eine Schulung fürs Leben.

Die Ausgabe von *Anna Karenina* mit meinen Anstreichungen, 1961 im Braunschweig-Kolleg gelesen, ging bei einem der zahlreichen Umzüge verloren. Aber in meiner zweiten, 2009 im Carl Hanser Verlag erschienenen Ausgabe, habe ich die so genau wie eindringlich beschriebenen alltäglichen Situationen mit Bleistift qua Stichwort und Seitenzahl notiert. Um einige der bewunderten Stellen zu nennen: das Mähen: 376, die Wolken, die Liebe: 421, der sterbende Nikolai: 757, die

Lüge: 449, der Kuhstall: 146, das Einschlafen: 1106, vor allem die Suche nach Sinn – *zahllos*.

Das Erstaunliche ist, dass diese hohe Perfektion nicht entmutigt, sondern ein Versprechen auf die Möglichkeit des Gelingens gibt, was alles im Leben nicht, aber in der literarischen Form glücken kann.

Im Studium habe ich *Krieg und Frieden* gelesen, allerdings nicht in der Selbstverlorenheit wie *Anna Karenina,* sondern mit dem handwerklich interessierten Blick auf das Gemachte, die Konstruktion, die Motive, Figurenzeichnungen, Kapiteleinteilungen. Was mich interessierte, waren die Berichte über die Entstehungsarbeit, die ausführlichen Recherchen Tolstois zu diesem historischen Stoff. Jahrzehnte später, nach einer zweiten Lektüre des Romans, habe ich in der Ausstellung zu Lew Tolstoi im Münchner Literaturhaus die Skizzen und Änderungen gesehen, dieses Umbauen, Ausbessern, Ausstreichen, Überschreiben, Verschieben von Textteilen, diese dem Handwerk so nahe Arbeitsweise.

Die Fähigkeit, sich unendlich viel Mühe zu geben, sagt Thomas Carlyle, sei für das Genie bestimmend. Tatsächlich ist genau das die Voraussetzung für jede gelungene, perfekte handwerkliche, wissenschaftliche und künstlerische Arbeit. Auch der Herr des Gartens hat diese Fähigkeit besessen und nachgebessert, hat Adam in den Schlaf gezwungen, ihm eine Rippe entnommen und Eva, die Menschin, daraus gemacht.

Ein kleiner Mann mit einem gedankengewölbten Schädel, kahl, bis auf einen fusselig grauen Haarkranz, das war Patkuhl, Doktor in klassischer Philologie. Er hatte in Greifswald und Cambridge studiert und gab Privatunterricht in Latein und Altgriechisch. In einer Privatschule bereitete ich mich, soweit es die Zeit zuließ, auf das große Latinum vor. Die Sprache hatte, fand ich, etwas Solides, wie in Stein gemeißelt, was ja so falsch nicht ist, etliche Texte sind gemeißelt überkommen.

Doktor Patkuhl wohnte in der Hamburger Innenstadt, in einer großräumigen Altbauwohnung zur Untermiete. Schräg gegenüber lag das Verlagshaus des Springer-Konzerns: *Die Welt, Abendblatt* und *Bild*. In seinem Zimmer standen ein Bett, ein Schreibtisch, ein kleiner halbrunder Tisch an der Wand. In einem hohen Bord lagen gestapelt Bücher, Philosophie, Sozialwissenschaften und ein paar alte, in Pergament gebundene Bände römischer und griechischer Autoren. Er zeigte mir einen Band, die Dramen des Sophokles, gesetzt in altgriechischen Buchstaben in der Glückstädter Druckerei Augustin.

Nachdem ich ihm erzählt hatte, dass ich Kürschner sei, fragte er mich, ob ich ihm den Pelzkragen seines Wintermantels ausbessern könnte. Er holte den Mantel aus dem Korridor. Ein Biberbesatz, stark abgetragen, und auch die Motten hatten darin gehaust. Ich sagte: Nein, da sei nichts mehr auszubessern.

Und ein neuer Biberkragen, was würde der kosten?

Ungefähr dreihundert Mark.

Er sagte nur: Oh, und wir vereinbarten zehn Stunden Altgriechisch. Die Stunde sechs Mark, das war gutes Geld.

Ich kann mich nicht entsinnen, ob mir jemand die *Odyssee* empfohlen hat. Der Name ist gegenwärtig und in die Alltagssprache eingelagert. Vielleicht war es die Neugierde, dem Wort nachzugehen, oder der Umschlag reizte, das Buch zu kaufen, ein Goldmann-Taschenbuch: Odysseus in seinem Segelschiff, aus dessen Mast sich eine Weinrebe rankt, die Abbildung eines Trinkgefäßes. Die Lust, und es war eine Lust, die deutschen Hexameter halblaut wie eine ferne Sprache zu lesen.

Das Buch ist, abgesehen von den wundersamen Ereignissen, den Landschafts- und Meeresschilderungen, dieser Göttervielfalt, die eingreift und untereinander streitet, vor allem eine Anweisung für Selbsthilfe und Selbstvertrauen, ein Kanon, sich in einer Welt, in der Zufall waltet – die launischen Götter –, zu behaupten. Die Geschichte eines Helden, der nicht nur als listig und tapfer gilt, sondern vor allem als zäh, und alle Mühen auf sich nehmend dieses eine Ziel verfolgt – die Heimat zu erreichen. Ausfahrt, Krieg, danach die unendliche Anstrengung zur Heimkunft. Erst später habe ich das Gedicht *Ithaka* von Konstantinos Kavafis gelesen, das diese Bewegung als eine Reise nach innen zur Sprache bringt.

Beim ersten Lesen der *Odyssee* war es nur eine Ahnung von dem Wortreichtum und ein Staunen über den

Klang beim Lautlesen, inzwischen wieder und wieder gelesen, auch in der Erstausgabe der Übersetzung von Johann Heinrich Voß, der, um den Hexameter bilden zu können, die deutsche Sprache bereichert hat. Gäbe es ein Wort wie Vierganggetriebe ohne die Voß'schen Wortbildungen wie *weithinschattende lanze?*

Am Anfang aber stand ein Taschenbuch mit der Abbildung des Weinstocks als Mast, mit den das Schiff überbordenden Trauben, so will es die Erinnerung. Die wunderschöne Trinkschale des athenischen Töpfers Exekias kann man in der Münchner Antikensammlung sehen. Sie zeigt nicht, wie der Umschlag irreführend andeutet, Odysseus, sondern Dionysos.

Die *Odyssee* war der Anstoß, neben dem Latein auch das Griechische zu lernen. Und Patkuhl trug die Hexameter auswendig vor. Die Faszination des Klangs, der Rhythmus dieser Sprache. Die Stunden vergingen mit Erzählungen, für die ich ihn gut bezahlte. Keineswegs hatte ich den Eindruck, dass er es darauf angelegt hatte, den Unterricht für sich leicht zu machen. Eher war er irritiert über das schlechte Merkvermögen des Zwanzigjährigen. Die Vokabeln, die Schrift, die Grammatik, die Betonung der Wörter – um den Abfragen auszuweichen, war ich es, der ihn nach seinem Leben und nach den Anarchisten befragte. Und er, ein Verächter des Geldes, nannte Namen: Landauer, Mühsam, Bakunin, Durruti, Kropotkin. Die Griechischstunden wurden zu Geschichtsstunden der Anarchie. Patkuhl war im Bürgerkrieg in Spanien gewesen, war vor den Franquisten nach Frankreich geflohen, dort in einem

Lager interniert worden und war nach der Kapitulation Frankreichs in Bordeaux untergetaucht und später nach Portugal gegangen. Mit einem Beispiel begründete er, dass die Tat eines Einzelnen die Geschichte bestimmen und auch entscheidend deren Verlauf verändern könne: der Plan, Adolf Hitler und General Franco während ihres Treffens in Hendaye in die Luft zu sprengen.

Wie oft war versucht worden, jenen Unmenschen in die Luft zu jagen, als wäre er, der Sprengstoff der Geschichte, allein durch einen solchen wieder aus der Welt zu schaffen. Georg Elser hatte eine Bombe an der Stelle in einen Pfeiler des Bürgerbräukellers eingebaut, wo Hitler zu seinen Parteigenossen sprechen wollte. Hitler kam, redete und verließ zwanzig Minuten vor der Explosion den Saal. Leutnant von Kleist hatte den Plan, Hitler bei der Vorführung neuer Uniformen anzuspringen und sich mit ihm in die Luft zu sprengen. Hitler sagte den Besuch kurzfristig ab. Ein anderes Mal wurde nach einem Plan von Oberst Tresckow eine Aktentasche mit Dynamit in das Führerflugzeug geschmuggelt. Wegen der großen Kälte in der Höhe funktionierte der Zünder nicht. Am 20. Juli 1944 konnte Oberst Stauffenberg, behindert durch seine verstümmelte Hand und die drängende Zeit, nur eine Packung des Sprengstoffs scharf machen – die reichte nicht aus, Hitler in die Luft zu sprengen.

Patkuhl sagte, man hätte bei Hitler regelrecht die Hand anlegen müssen, wie Harmodios und Aristogeiton, die den Tyrannen Hipparchos abgemessert haben.

Beide Diktatoren, Franco und Hitler, mit einem

Schlag zu töten, das sei der Plan gewesen. Die Welt hätte eine andere sein können. Den katalanischen Genossen, der das Attentat mit geplant hatte, habe er persönlich gekannt. Die im Untergrund wirkenden Genossen der Eisenbahngewerkschaft hatten berichtet, dass eine geheime Zusammenkunft geplant sei. Für Franco stehe in San Sebastián ein Zug bereit zum Grenzort Hendaye, wo sich die Diktatoren treffen wollten. Die Verschwörer besorgten eine Sutane und ein Kästchen für die letzte Ölung sowie akribisch gefälschte Briefe und Papiere. Der Genosse, der den Auftrag übernommen hatte, war ruhig und entschlossen, trank am Abend vor dem geplanten Attentat keinen Alkohol, aß nur trockenes Brot und gekochtes Gemüse, um sich nicht den Magen zu verderben. Zwei Genossen begleiteten ihn zum Bahnhof, dort umarmten und verabschiedeten sie sich voneinander.

Das andere sind Erzählungen: Der Genosse fuhr nach Hendaye, ging zum Bahnhof, seine perfekt gefälschten Papiere wurden geprüft, sein kleines Kästchen geöffnet: das Kreuz, das Öl. Er ging zu dem Bahnsteig, wo Francos Zug halten sollte. Der Zug hatte eine Verspätung von neun Minuten. Hitler ging auf dem Perron auf einer Strecke von ungefähr siebzig Metern auf und ab. Militär hatte den Bahnhof abgeriegelt. Der Priester wartete an der etwas entfernten, mit Kreide bezeichneten Stelle, an der Franco aussteigen und von Hitler begrüßt werden sollte. Die Wachen wurden auf den wartenden Priester aufmerksam. Er wurde abermals kontrolliert. Das Kästchen wurde wieder geöffnet, das

Kreuz und das Fläschchen mit dem Öl geprüft – bitte nicht schütteln! –, seine Dokumente, das Schreiben des Bischofs für in Ordnung befunden. Dennoch wurde er weggeschickt, er solle hinten, weit hinter der angetretenen Ehrenformation des deutschen Militärs, warten. Hitler sollte nicht mit einem katholischen Priester konfrontiert werden.

Das Kästchen mit der letzten Ölung kam nicht zum Einsatz.

Angenommen, der Zug wäre pünktlich gewesen, angenommen, der falsche Priester hätte das Kästchen geöffnet, den Zünder ausgelöst, sich und die beiden händeschüttelnden Diktatoren in die Luft gesprengt – welchen Verlauf hätte die Geschichte genommen? Hätte es den Angriff auf die Sowjetunion gegeben? Der deutsche Generalstab war zu der Zeit gegen einen Angriff auf Russland. Keine Millionen Toten? Keine verwüsteten Landstriche? Keine Shoa?

Patkuhl war davon überzeugt. Die Tat eines Einzelnen kann den Geschichtsverlauf verändern, zum Positiven wie zum Negativen.

Nein, denke ich, dieser dämonische Herrschafts- und Vernichtungswille hätte dann andere, schon bereitstehende Vollstrecker gefunden.

Patkuhl sagte, es gibt Augenblicke in der Geschichte, da muss gehandelt werden. Die Tat des Einzelnen. Er wurde mir ein wenig unheimlich. Die herumstehenden Chemietöpfe, das Fernrohr, mit dem er, wie er mir erklärte, seine astronomischen Studien betrieb. Im dritten Stock aus dem Fenster? Nicht einmal einen Balkon hatte sein Zimmer. Er könnte das Fernrohr auf den Dachboden tragen, sagte ich mir. Allerdings war das Stativ recht sperrig. Zudem stand das Fernrohr am Fenster und war auf die Redaktion der *Bild*-Zeitung gerichtet. Niemand verlangte in jener Zeit die Enteignung Springers. Er aber, dieser eher ruhige, ja gelassene, aus der Nähe der dänischen Grenze kommende Schleswiger, sprach über Springer und dessen Zeitungen, insbesondere über die *Bild*-Zeitung, in einer beängstigenden Erregung, bekam ein Zucken um den Mund, das Gesicht lief rot an, sogar die mächtige Glatze, wenn er sagte, der Gewalt, die von dieser Zeitung ausgehe, sei nur mit Gegengewalt zu begegnen. Eine millionenfache Verdummung. Und der Verleger wisse das. Habe sich für den Ernstfall Depots angelegt, aufblasbare Boote an Ufern vergraben, Geld und eiserne Rationen. Er weiß, eines Tages wird er fliehen müssen. Ein Verleger auf der Flucht.

Als Patkuhl einmal hinausging, um Wasser für den Tauchsieder zu holen, habe ich mir die chemischen Zusammensetzungen auf den drei Töpfen notiert und später einen Chemielehrer gefragt. Das seien Düngemittel, sagte er, und nein, damit könne man keinen Sprengstoff basteln. Aber in eine Kantinenküche gehörten die sicherlich nicht. Ich habe Patkuhl schließlich gefragt, wozu er die Chemie brauche. Die Antwort war, seine Schwester habe einen großen Garten in Bad Segeberg. Er warte auf einen Autobesitzer, der die Dosen mitnehmen könne.

Wir saßen zusammen, Doktor Patkuhl erklärte mir den Optativ, von draußen war wieder ein Schlurfen auf dem Gang zu hören. Im Nachbarzimmer wohnte ein Akquisiteur für Werbeanzeigen einer vierzehntägig erscheinenden Zeitschrift, die in Wohn- und Geschäftshäusern ausgelegt wurde. Anzeigen der Elektro-, Fahrrad- und Schuhgeschäfte, der Bäckereien, Metzgereien, Einzelhandelsgeschäfte, die es damals noch in der Hamburger Innenstadt gab. Hinzu kamen Kleinanzeigen: Kammerjäger, Putzkräfte und Nachhilfelehrer boten ihre Dienste an. Für eine gewisse über den bloßen Werbezweck hinausgehende Unterhaltung sorgten ein, zwei Kreuzworträtsel, Karikaturen, Witze und kleine historische Anekdoten. Patkuhl schrieb sie unter dem Pseudonym Riemer. Alexander der Große trifft Diogenes vor seiner Tonne, Napoleon auf St. Helena. Vernichtung der russischen Flotte bei Tsushima. Nicht Patkuhl hatte mir seine Autorenschaft verraten, sondern der Akquisiteur, der mich eines Tages im Treppenhaus ansprach, ob ich denn wisse, welch bedeutender Mann mir die Griechischstunden gab.

Als ich zur nächsten Stunde kam, fragte ich: Sie schreiben kleine Geschichten?

Ja, ja, sagte Patkuhl, wollte nicht weiter darüber reden, gab mir aber drei Exemplare.

Und noch andere Schritte waren auf dem Korridor zu hören, ein synkopisches Stampfen. Das war der dritte Untermieter in der Wohnung. Hephaistos nannte Patkuhl ihn, er arbeitete im Katasteramt. Bei meinem letzten Besuch traf ich diesen Untermieter auf dem

Korridor, einen jungen, in eine dunkelblaue, uniform-ähnliche Jacke gekleideten Mann, dessen rechtes Bein von einer bis zum Knie reichenden Stahlstütze gehalten wurde, die in einem orthopädischen Schuh steckte. Er nickte, ein müdes, geradezu hinfälliges Nicken. Nein, das war keine anarchistische Wohngemeinschaft.

Der Vermieter, ein Schiffsingenieur, war irgendwo zwischen Manila und Mombasa unterwegs und sei, wie Patkuhl erzählte, nur selten, manchmal über ein Jahr nicht, in seiner Wohnung. Er hatte ein nach hinten gehendes, stets verschlossen gehaltenes Zimmer.

Nach sechs Wochen wurde mir der private Griechischunterricht zu teuer. Ich verabschiedete mich mit der Begründung – das war nicht gelogen –, ich sei mit meiner Arbeit, jetzt im Winter, derart beschäftigt, dass ich keine Zeit mehr fürs Griechische hätte.

Patkuhl schenkte mir zum Abschied ein Buch. Vielleicht hatte sein brüderlich anarchistisches Gewissen ihm gesagt, dass er zu oft kein Wechselgeld zur Hand gehabt hatte und es auch bei der nächsten Sitzung jedes Mal vergaß. Der in Leder gebundene, als Preis vom Gymnasium in Kempten 1844 an Joh. Nepom. Fässler überreichte Band mit dem vergoldeten Titel *Sophoclis Dramata quae supersunt et deperditorum fragmenta Graece et Latine* steht in meinem Bücherregal und hat die Aufgabe, mich daran zu erinnern, Altgriechisch zu lernen, allein um die *Odyssee* in der Originalsprache lesen zu können. Ein Projekt, das mit großer Wahrscheinlichkeit nicht zu Ende geführt werden wird.

Von Patkuhl habe ich nichts mehr gehört. Vielleicht hatte er noch andere Namen. In den folgenden Jahren habe ich nach dem Attentatsversuch auf Hitler und Franco gesucht, von dem er mir erzählt hatte. Ich habe Freunde, Übersetzer und spanische Bekannte danach gefragt. Aber niemand hatte etwas von dem geplanten Anschlag gehört, und ich glaubte schließlich, dass es lediglich eine Wunschvorstellung von Patkuhl gewesen sei. Jetzt jedoch, im Laufe der Erinnerungsarbeit und mit Wikipedias Hilfe, las ich, dass es tatsächlich einen Anschlagversuch auf die beiden Diktatoren gegeben habe. Der Mann, ein katalanischer Anarchist, der das Attentat geplant hatte, hieß Domènec Ibars Joanies, genannt *El Rosset,* und sein Vorhaben war aus eben den Gründen, die Patkuhl angeführt hatte, missglückt.

Die Geschichte des Hitler-Franco-Attentäters ist demnach so glaubwürdig wie die Geschichte meines Doppelgängers, die mir die meisten nicht glauben wollten, selbst ich bekam Zweifel an seiner Existenz.

In dem Roman *Morenga* trifft der Held, der Veterinär der Schutztruppe Gottschalk, einen Kameraden, den Unterveterinär Wenstrup, der im Vernichtungskrieg 1904 gegen die Herero und Nama Pjotr Kropotkins *Gegenseitige Hilfe in der Entwickelung* mitschleppt und darin liest.

Auf Kropotkin hatte mich, wie gesagt, Patkuhl hingewiesen. Wir redeten über Nietzsche, den ich gerade zu lesen begonnen hatte und den Patkuhl wegen dessen radikal individuellen Freiheitsanspruchs und der entschiedenen Absage an jede metaphysische Instanz schätzte. Allerdings lehnte Patkuhl den im Gebirge umherstapfenden Übermenschen in *Also sprach Zarathustra* strikt ab, wie auch diese Feier des Starken, des Kraftvollen – *was fällt, das soll man auch noch stoßen.*

Wie anrührend war es, später das Haus in der Schweiz zu sehen, dieser kleine, niedrige Raum, in dem Nietzsche wohnte und schrieb und unter Migränenanfällen litt. Dieser das Starke und Gesunde Feiernde war derart kurzsichtig, dass er, als er sich die Brille zum Putzen abnahm, von einem Steg in den Bach fiel. Stolz schrieb Nietzsche in einem Brief, wie kräftig seine Beine durch das Wandern geworden seien.

So anders war der von Patkuhl geschätzte Fürst Kropotkin, der den Menschen als ein Mangelwesen beschrieb, ihn nicht über sich hinauswachsen lassen wollte, hat er doch wie alle Lebewesen die Fähigkeit, gesellig zu leben, und kann aus der Notdurft die Sprache und gemeinsames Handeln ausbilden – so überlebt er, dank der gegenseitigen Hilfe. Nicht allein die darwinsche *fitness* war entscheidend, sondern das Vermögen, durch gemeinsames Handeln, durch Arbeit, Fürsorge und Achtsamkeit Sinn zu konstruieren. Überraschend an dieser Schrift war, dass die zu gründende friedliche und gerechte menschliche Gesellschaft auch Tiere und Pflanzen mit einschloss, sie sollten geschont und genutzt, aber nicht vernutzt werden. Natürlich brachte ich den Fürsten Kropotkin mit dem Fürsten Myschkin in Beziehung. Pjotr Kropotkin entwickelte eine Philosophie gegen die vorherrschende Theorie Darwins, die besagte, die stärkste, anpassungsfähigste Art setze sich in der Entwicklung durch. Pjotr Kropotkin dagegen erschloss aus dem sozialen Verhalten der Tiere und Menschen, inwieweit auch das Schwache, Gefährdete eine wichtige, die Art erhaltende Bedeutung hat.

Das Schwache, auch Kranke, bringt eine Bereicherung für eine allein auf Zwecke ausgerichtete Gesellschaft. Aus dem Abweichenden bildet sich durch Fantasie, Kunst, Muße und Mitgefühl eine Gegenwelt zum struggle for life. Insbesondere an dem Volk der sogenannten Hottentotten, recte Nama, das in Europa wegen seines Aussehens der Lächerlichkeit preisgegeben war, versuchte Kropotkin dieses menschlich fürsorgliche, liebevolle und spielerische Verhalten aufzuzeigen.

In dem Roman *Morenga* desertiert der Unterveterinär Wenstrup und überlässt der Hauptfigur, dem Veterinär Gottschalk, das Buch *Gegenseitige Hilfe in der Entwickelung,* das in seiner Botschaft im krassen Gegensatz zu den Morden der deutschen Schutztruppe steht.

Anlässlich von Lesungen in den frühen Achtzigerjahren des vergangenen Jahrhunderts lagen auf Buchhändlertischen neben meinen Büchern, etwas dezent beiseitegerückt oder auf einem kleinen Nebentisch deponiert, in einfache schwarze Pappe gebundene Broschüren: Uwe Timm, *Warum ich Anarchist bin* oder *Anarchismus, eine konsequente Entscheidung für Freiheit und Wohlstand.*

Ich habe nie dagegen protestiert. Nach den Lesungen wurde ich hin und wieder gefragt, ob ich eine der Broschüren signieren könnte. Mit einer Ausnahme habe ich Nein gesagt. Ich finde vieles am Anarchismus interessant und sympathisch, aber ich bin nicht der Autor der Texte. So selten ist der Name in Norddeutschland nicht.

Es gab Leser, das war spürbar, die wollten mir nicht glauben. Anarchisten war ja alles zuzutrauen. Die dachten vielleicht an Bakunin: Täuschung und Gewalt, alles ist erlaubt gegen angemaßte Herrschaft. Der andere Uwe Timm war aber Anhänger des strikt pazifistischen John Henry Mackay und er war Treuhänder der radikal libertären Mackay-Gesellschaft. Wer hielt das damals auseinander? Anarchist war in der Zeit ein Schreckenswort.

Reiste ich, es war die Zeit der RAF-Fahndungen, aus dem Ausland nach Deutschland ein, wurde mein Pass von der Grenzpolizei hin und her gewendet. Die Daten waren noch nicht in digitalen Datenbanken, sondern in einem umfangreichen Buch versammelt. Darin blätterte der Grenzpolizist mit einem kleinen, einem Präservativ ähnlichen genoppten Gummiüberzug am Zeigefinger. Jedes Mal verfolgte ich diesen die Seiten blätternden Gummipfropfen, der sich im eingestanzten T dem U näherte. Dann ein abgleichender Blick auf den Pass. Ich wurde beiseitegewinkt. Die anderen Passagiere zeigten den Reisepass und wurden mit einem Nicken durchgelassen. Ich stand und wartete. Ein Anruf. Schließlich wurde auch ich durchgewinkt.

Der Direktor des Goethe-Instituts in São Paulo

nahm mich vor einer Lesung beiseite und sagte mit einem verschwörerischen Blick, er habe, noch gab es Wikipedia nicht, ein Foto von mir, und bat mich in sein Zimmer. Er zeigte mir ein von der deutschen Botschaft lanciertes Foto mit der Bildunterschrift: *Uwe Timm. Anarchist.* Über dem Namen das Foto eines Mannes in einem Dufflecoat, Kopf und Gesicht von der Kapuze verdeckt. Meine Erklärung, ich trüge keine Dufflecoats, und der Mann auf dem Foto sei nicht ich, sondern ein Namensvetter, und überhaupt sei es doch idiotisch, ein Foto herumzureichen, auf dem das Gesicht gar nicht zu erkennen sei.

Und der ist auch noch in Hamburg geboren?

Mein Ja nahm er zwar hin, aber er glaubte mir nicht. Vermutete, ich führe ein Doppelleben. Einvernehmlich nickte er mir zu, und ich spürte, wie entschieden mutig er sich fühlte, als er mich im Saal als engagierten Schriftsteller vorstellte und für die Zuhörer etwas zusammenhanglos sagte, man müsse sich gegen jegliche staatliche Zensur wehren.

Jahre später erfuhr ich von einem Grenzschutzbeamten den eigentlichen Grund des staatlichen Misstrauens. Nicht mein Namensvetter war der Anlass, sondern der Roman *Heißer Sommer.* Darin ist das Flugblatt einer revolutionären Studentenzelle abgedruckt, das taktische Empfehlungen für Demonstrationen auflistet, wie der Polizeistrategie zu begegnen, wie Polizeisperren zu durchbrechen, wie Verwirrung zu schaffen sei. *Alle Feuermelder einschlagen. Polizisten durch falsche Informationen verwirren!*

Gelitten habe ich unter der Verwechselung mit diesem Uwe Timm nicht, und ich vermute, dass es für den anderen, mir unbekannten Uwe Timm weit komplizierter war. Wahrscheinlich musste er sich bei seinen Genossen rechtfertigen, weil er Wahlaufrufe der Kommunisten unterzeichnete und Romane schrieb, in denen Anarchisten vorkamen, die aber Abweichungen von der Theorie zeigten.

Den Uwe Timm im Dufflecoat habe ich nie getroffen, und er hat sich auch nie bei mir gemeldet.

Lagen, wenn er las, meine Romane auf seinem Büchertisch? Hat er sie abräumen lassen, oder hat er sie signiert?

Einmal habe ich einem hartnäckig bittenden älteren Herrn in die Broschüre meines Namensvetters hineingeschrieben: *Ich bin es nicht. Uwe Timm.*

Der andere Uwe Timm hat eine merkwürdige Entwicklung genommen – oder war die schon früher angelegt? Dieser Uwe Timm, der wie ich gegen die Notstandsgesetze und atomare Aufrüstung gekämpft hatte, wurde auf seine alten Tage Anhänger des Paläolibertarismus, was an Saurier denken lässt. Paläolibertarismus ist eine politische Bewegung, die den Sozialstaat als organisierten Diebstahl ansieht und den menschengemachten Klimawandel bestreitet. Ein Aufsatz des Namensvetters lautet: *Dystopie: Deutschland wird eine grüne Republik.*

Uwe Timm ist 2014 in Barcelona mit zweiundachtzig Jahren gestorben.

Zum Jahresende 1979 habe ich mein Parteibuch der Kommunistischen Partei nicht gegen ein neues umgetauscht und war damit ausgetreten, ohne lange Verlautbarungen in den Feuilletons. Es war, wegen der kritiklosen Nähe zum *realen* Sozialismus der DDR, kein Bleiben mehr. Der Austritt sollte aber denen, die ich achtete, und das waren viele, darunter Genossen, die in Konzentrationslagern gewesen waren, nicht schaden.

Bei den Kommunisten wie bei den Anarchisten führt die Diskussion über den richtigen Weg in eine sozialistische Zukunft notwendigerweise zu Dissens und Streit. Auf alten Plakaten ist dieser Weg zu sehen, auf dem viele Arbeitergestalten einer strahlenden Sonne, der Zukunft, entgegengehen. Der einzig richtige, gerade Weg. Aber ist ein anderer nicht näher? Oder der auf Umwegen? Wo sind die Hindernisse? Umgehen, übersteigen oder niederreißen? Die Folge sind Abspaltungen und Ausschlüsse, Gehässigkeiten, Verdächtigungen, Gerüchte und üble Nachrede über jene, die eine andere Richtung beschreiten wollen. Dieser bittere Witz, den sich Kommunisten erzählten: Aufgemalt sind eine Zickzacklinie und eine gerade Linie. Was ist das? Die Zickzacklinie ist die Linie der Partei, die gerade die des schwankend fragenden Genossen. Und die Zukunft? Wie soll die aussehen? Das Wort *klassenlos* ist ein grauer, bürokratischer Begriff und so leer wie das Bild von der strahlenden Sonne.

Die politische Arbeit der Anarchisten, in deren Zentrum das Individuum und dessen Freiheit stehen, gerichtet gegen jede usurpierte Macht, verliert sich in zermürbenden theoretischen Erklärungen, wie im Jetzt gelebt und gehandelt werden sollte, was in eine Vielzahl von Gruppen und Grüppchen mündet, die sich mit Pamphleten und kleinen Drucksachen in ihrer konsequenten Individualität darstellen und einander bekriegen, ebenfalls voller Ranküne und boshafter Unterstellungen.

Aber es gab auch grundsätzliche Auseinandersetzungen in der Sache, die zu Spaltungen führten, wie im Ersten Weltkrieg die Frage, ob der militärische Kampf gebilligt werden sollte, da er gegen den verhassten preußischen Staat ging, was Kropotkin bejahte, oder ob man den Krieg grundsätzlich ablehnen sollte und mit ihm jegliche militärische Handlung, eine Position, die Gustav Landauer vertrat.

Ich war im Griechischen nicht weit über die Konjugationen hinausgekommen, hatte aber gegen ein Honorar, das Patkuhl, der Verächter des Geldes, ohne Zögern annahm, eine Einführung in den Anarchismus erhalten.

In Sommer 1960 kam eine alte Frau mit silberblau gefärbten Haaren ins Geschäft und sagte, sie komme auf Empfehlung der Russin und wolle ihren Nutriamantel zur Reparatur bringen. Der Mantel mit dem Firmenschild einer Kürschnerei in Gumbinnen war zwar gepflegt getragen worden, auch im Fell noch erstaunlich manierlich, aber das Leder war derart mürbe, dass es riss. Meine Mutter hatte ihr gesagt, da sei nichts mehr zu machen. Der sächsische Meister war geholt worden, auch er sagte, es sei völlig hoffnungslos. Sie aber bestand darauf, der junge Chef, von dem sie gehört hatte, solle kommen und sich den Mantel ansehen.

Sie saß in unserem Chippendale-Sessel neben dem kleinen, auf kannelierten Eichensäulen ruhenden Intarsientisch, rauchte mit weit von sich gehaltener Hand.

Eine Tasse Kaffee und ein Glas Wasser wurden gebracht. Die Mutter, die Schwester, der Meister, alle drei umstanden in ihren weißen Kitteln den wie ein eben Verunglückter auf dem Ladentisch liegenden Mantel.

Der Mantel war eine Ruine. Ein süß-schweres Parfum haftete ihm an.

Da ist wirklich nichts mehr zu machen, sagte ich, zu mürbe das Leder, das hält keine Naht.

Aber die Erinnerungen, sagte sie, und stocherte energisch mit dem Stock auf dem Teppich. Der Mantel hat in großer Not gewärmt. Und sie erzählte ähnlich der Russin von Flucht und Kälte und Eis, von Pferdewagen, aus denen erfrorene Säuglinge fielen. Vor einer Woche habe sie den Persianermantel der Russin gesehen. Der sah aus wie neu.

Ich fragte, ob die beiden Damen, die Russin und die Französin, bei ihr in Angerburg gewohnt hätten.

Wieso Angerburg? Nein, sie komme aus der Gegend von Goldap. Die beiden habe sie erst hier, in Hamburg, kennengelernt. Dann erbat sie sich einen Cognac und noch eine Tasse Kaffee und auch noch ein Glas Wasser und erzählte, und das Erzählen war wie ein Sog, von dem Projekt, das sie und ihr Mann, der leider vor zwei

Jahren verstorben sei, verfolgt hätten und das sie mit Eingaben, Erklärungen und Besuchen immer noch verfolge: den großen Truppenübungsplatz in der Lüneburger Heide, Munster-Nord und -Süd, immerhin je einhundertzwei und vierundsiebzig Quadratkilometer groß, zur Ansiedlung ostpreußischer Flüchtlinge freizugeben. Nach der Kapitulation 1945 machte sich der Tommy da breit und zerwühlte mit seinen Panzern den Heideboden, und jetzt, sagte sie, kurve die neu aufgestellte Bundeswehr auf dem Gebiet herum. Diese große Brache, dieses Munsterlager, darauf müsse ein Simon-Dach-Gymnasium erbaut werden, sagte sie, das sei ihr Traum. Auch die Albertus-Universität könnte dort mit geflohenen Königsberger Professoren neu gegründet werden, denn sie habe keine Illusion: Ostpreußen ist verloren, der Russe gibt das nie und nimmer wieder heraus, aber so könnte man doch Flüchtlinge, Menschen, die immer noch von dort vertrieben werden, hier ansiedeln. So bliebe der einzigartige Dialekt, das Ostpreußische, erhalten. Kleine Städte sollte man in der Heide gründen, deren Namen an Königsberg, Allenstein, Insterburg, Tilsit erinnerten. Patenstädte, die an die große Zeit gemahnen, und zu meiner Mutter gewandt: Als dann, Verehrte, noch einen Cognac. Und danach sang sie *Ännchen von Tharau*. Gar nicht mal so schlecht, den Ton haltend, nur zum Ende hin brach die Stimme etwas ein.

Ich kehrte zu meiner Arbeit, die zeitlich drängte, an die Berechnung und Zeichnung der Schnittmuster zurück. Und ließ mich, wenn sie in den folgenden Wochen ins Geschäft kam, verleugnen. Inzwischen war, erzählte die Mutter, durch die Risse im Fell das Stofffutter zu sehen, was auf den ersten Blick nicht auffiel, da es die dunkelbraune Farbe des Nutriapelzes hatte. Die Städtegründerin, wie die Mutter sie fortan nannte, mit dem Von vor dem Namen, berichtete von den Gesprächen mit Regierungsdirektoren und Staatssekretären, zu denen sie sich durch Vorzimmer vorgekämpft hatte, um für ihr Projekt zu werben, sogar mit dem Herrn Bundeskanzler Konrad Adenauer hatte sie gesprochen, mit dem Herrn Bundesminister für gesamtdeutsche Fragen Jakob Kaiser und vor allem und mehrmals mit dem Herrn Bundesminister für den Wiederaufbau Eberhard Wildermuth.

Diesem saugenden Reden konnten sich weder die Mutter noch die Schwester entziehen. Sie bekam Kaffee, einen, zwei Cognac, schließlich Gebäck, und weil das bei der Städtegründerin auf ihrem Gut nachmittags immer gereicht worden war, endlich auch Toast mit Teewurst.

Wahrscheinlich wäre es tatsächlich besser gewesen, in der Lüneburger Heide statt eines Truppenübungsplatzes Flüchtlinge aus dem Osten anzusiedeln und keine Bundeswehr aufzustellen. Ich weiß nicht, ob die Mutter der Städtegründerin Spenden hatte zukommen lassen.

Das Leder ist so mürbe, dass kleine Streifen am Rücken herunterhängen, es sieht erbärmlich aus, sagte die Mutter. Aber ihr Auftreten ist königlich. Traurig, die alte Frau in dem schäbigen Mantel zu sehen. Andererseits dieser silberne Griff am Krückstock. Und sie klagt nicht, kein Jammern.

Einmal brachte sie einen Strauß Flieder mit, offensichtlich aus irgendeinem Vorgarten gepflückt. Ein andermal rosa Rosen, eingewickelt in das Papier des Blumengeschäfts an der Osterstraße. Für den Herrn Sohn hinterlegte sie ein Buch der ostpreußischen Dichterin Agnes Miegel, *Das Bernsteinherz*, Erzählungen. Ich habe nur kurz hineingelesen, nicht nur die Sprache war derart bieder, dass ich schnell wieder zu dem Buch griff, das mir Freund Jensen gerade gegeben hatte: Henry Miller, *Wendekreis des Krebses*.

Dann, plötzlich, ohne vorangegangene Verstimmung oder Ankündigung, kam sie nicht mehr. Entweder war sie weggezogen oder gestorben.

Jensen bereitete sich wie ich privat auf das Abitur vor. Wir saßen in einem Lateinkurs der Brecht-Schule. Sein Vater war als Pilot der Luftwaffe über England abgeschossen worden, wobei es ihm gelang, mit dem Fallschirm abzuspringen, langsam segelte er in ein Gehölz, während die Maschine mit ihrer Bombenlast auf einem Acker explodierte. Habe ich das richtig in Erinnerung, dass er nie gefunden wurde? Auch der Fallschirm nicht. Er galt noch immer als vermisst. Das rätselhafte Schicksal des Vaters war wahrscheinlich der Grund für Jensens Interesse an England und Amerika und an der Literatur der beiden Länder. Vom Gymnasium war er abgegangen. Die Schule hatte ihn gelangweilt, er wollte Geld für Reisen nach England und in die Vereinigten

Staaten verdienen. Dann aber hatte er sich entschlossen, sein Abitur nachzuholen. Groß und kräftig, ein junger Mann mit einer hellblonden Borstenfrisur, die Mundpartie ein wenig fleischig, hellblaue Augen. Auffallend an ihm war dieses langsame, mit der ganzen Sohle auftretende Gehen, so als stünde er für einen winzigen Augenblick wie angewurzelt auf der Erde, die locker hängenden Arme, die Hände geöffnet, wie ein Sheriff, der augenblicklich zu den Colts greifen muss. Er hatte einen der höheren Judogürtel. War es der blaue oder sogar der braune? Er war, glaube ich, ein gutes Jahr älter als ich, einundzwanzig, und verdiente seinen Unterhalt mit Gelegenheitsjobs, als Automechaniker, Filmvorführer und, sehr gut bezahlt, als Leichenwäscher. Nach dem angestrebten Abitur wollte er Medizin studieren.

Jensen wohnte im Volkspark, in dem Gebäude eines Tageskindergartens. Nachdem in den von anderen Häusern weit abgelegenen Hort mehrmals eingebrochen worden war, hatte man einen kräftigen jungen Mann – so die Annonce – gesucht, der kostenlos im Haus wohnen konnte. Ein spärlich möbliertes Zimmer, Bett, Schrank, Schreibtisch. Das Bad und die kleine Küche wurden tagsüber auch von den Kindergärtnerinnen benutzt. Eine der wenigen Bleiben, in denen der Besuch von Frauen gestattet war. Für Untermieter war Frauen- oder Herrenbesuch verboten. Vermieter machten sich bei Duldung strafbar. Es gab den Kuppelparagrafen. Für dieses Zimmer galt er nicht. Der Vermieter war die Stadt Hamburg.

An den dunklen Straßen am Volkspark standen

zu jeder Jahreszeit die geparkten, sacht wackelnden Autos. Durch das straßennahe Gebüsch schlichen Voyeure. Einige Male hatte es Überfälle gegeben. Liebespaare waren ausgeraubt worden. Einmal hatten zwei Niederländer, wahrscheinlich Seeleute, die ihren Zug verpasst hatten, ein halb nacktes Paar aus dem Auto gezerrt und im Schnee stehen lassen. Der Wagen war Tage später am Stadtrand von Rotterdam gefunden worden.

Zweimal hatte Jensen einen Einbruch verhindert. Genau genommen war er wegen seines bärenhaften Schlafs, den ich später auf einer Reise in Schweden erleben durfte, zum Nachtwächter nicht geeignet. Beim ersten Einbruch hatte er nicht gehört, wie die Haustür aufgestemmt und die Bürotür der Kindergartenleiterin aufgebrochen worden war. Erst als der Dieb ahnungslos in Jensens Zimmer eindrang, ihn dort schlafen sah, vor Schreck die Metallkassette mit dem Milchgeld fallen ließ, wachte Jensen auf. Nach einem Zögern, Traum oder Nichttraum, lief Jensen barfuß und im Pyjama hinter dem Einbrecher her, packte ihn, rang ihn nieder und nahm ihm die geklaute Kassette wieder ab. Den Mann ließ er laufen.

Wollte immer Indianer, nie Sheriff sein, sagte er.

Das andere Mal war er nachts zum Pinkeln gegangen, hörte im Büro der Kindergartenleiterin ein Rumoren, Kratzen. Stille. Er riss die Tür auf und stand einem Mann mit einer Pistole in der Hand gegenüber.

Gib her! Los! Her damit!

Der Mann reichte ihm sofort die Pistole und sagte:

'tschuldigung, und dann, worüber Jensen beim Erzählen immer wieder lachen konnte, sagte der Einbrecher: Nix für ungut.

Auch ihn ließ er laufen, zeigte mir am nächsten Abend die Pistole, eine Gaspistole, die aufgebrochene Tür und den Stahlpickel. Vielleicht bin ich doch vom Lärm aufgewacht, und das Pinkeln hat sich als Grund nur vorgeschoben.

Jensen kannte keine Angst. Jedenfalls nicht so, wie sie mir zu eigen ist, dem sich in gefährlichen Situationen die Haare im Nacken sträuben und der die dann einsetzende verstörende, den ganzen Körper ergreifende Unruhe niederkämpfen muss.

Jensen hingegen blieb, wie ich später beobachten konnte, konzentriert ruhig. Er war: kaltblütig. Vielleicht war diese Gefasstheit durch die körperliche Haltung erreicht worden, so wie man durch dreimaliges tiefes Ausatmen die Aufregung vermindert, wahrscheinlich waren es seine Judo-Übungen und die in Wettkämpfen erlangten Erfolge. Der auffallend ruhige Gang, diese fest und flach aufgesetzten Schritte, diese in der Mitte ruhende körperliche Masse, er wirkte, trat er auf, glaubwürdig – obwohl er das nicht immer war.

Ich hatte die Vorstellung, meine in Gefahrensituationen auftretende Hektik durch Training im Florettfechten überwinden zu können. Trainiert wird tatsächlich nicht nur die Technik, sondern zugleich die Einübung äußerster Konzentration auf den Gegner und dessen Aktion, woraus die eigene schnelle Reaktion folgen muss. Treffen, aber nicht getroffen werden. Es war, so verstand ich es, die Einübung in eine kalte Distanz – wobei wahrscheinlich von fern noch die Geschichte des florettfechtenden Holden Caulfield nachwirkte.

Da es eine Verbilligung für Studenten in dem überwiegend von Mädchen und Frauen besuchten, etwas elitären Fechtclub an der Rothenbaumchaussee gab, schlug Jensen vor, wir sollten uns als Studenten anmelden. Falls ein Ausweis verlangt wurde, würde uns schon etwas einfallen.

Tatsächlich wurde gleich bei der Anmeldung der Studentenausweis verlangt, woraufhin Jensen erzählte, wir hätten die Ausweise vor vier Tagen an der Kasse des Schauspielhauses hinterlegt, die seien dort vertauscht worden. Wir hätten die Pässe zweier Studentinnen zurückbekommen und natürlich an der Kasse gelassen. Kurios, sagte Jensen, die beiden Studentinnen hätten unsere noch nicht zurückgebracht und ihre nicht abgeholt. Die haben sich in unsere Fotos verguckt. Sobald sie die wieder abgegeben haben, reichen wir die Ausweise nach. Die Geschichte war so kompliziert und unlogisch, dass die Frau, wahrscheinlich weil sie wie ich den Zusammenhang nicht recht verstand, verhalten lachte. Also beim nächsten Mal. Wir wurden noch zwei-, dreimal nach den Ausweisen gefragt. Inzwischen übten wir mit den Mädchen, und Jensen erzählte ihnen seine Geschichten, er lachte viel und fühlte ihnen nach dem Fechten den Puls. Die

Ausweise waren vergessen. Jensen war der Medizin-
student, der er werden wollte, später einmal Arzt, und
ich, der die Vorträge der Volkshochschule über Philosophie besuchte und Schopenhauer und Nietzsche
las, Student der Philosophie, was ich einmal werden
sollte. Ein biografischer Vorgriff. Hinzu kam Kunstgeschichte. Ich besuchte die Vorträge in der Kunst-
halle. Wir wurden von den Mädchen des Fechtclubs,
Schülerinnen und Studentinnen, zu Partys eingeladen.
Diesen dem damals noch vorherrschenden Komment
entsprechenden Einladungen, zu denen man mit einem
Blumenstrauß antrat, wegen der Mittagsruhe nicht vor
siebzehn Uhr. Den Strauß beim Öffnen der Tür auspa-
cken, sich vorstellen, mit einer Verbeugung der Dame
des Hauses die Blumen überreichen, in das Wohnzimmer gebeten werden und, was Jensen beherrschte, das
Gespräch nach einer taktvollen Pause an sich ziehen,
indem man einen beliebigen Gegenstand, egal ob Bild,
Kommode, Bodenvase oder Lampe, als ganz erstaunlich bezeichnete. Kam einem der Gegenstand alt vor,
war dieser Spruch empfehlenswert: Wahrscheinlich
doch ein Erbstück. Das alles sagte er ohne die geringste
Übertreibung, sachlich und eher nachdenklich. Allein
wie er im Sessel saß, nicht zu tief hineingedrückt, aber
auch nicht wie auf dem Sprung. Es waren Wohnungen
und Häuser in Eppendorf, in denen die Räume und
ihre Gegenstände alle ein wenig größer, breiter und
weicher waren.

Jensen hatte sich aufgrund seiner Neugier für den
menschlichen Körper ein genaues medizinisches Wis-

sen angeeignet, konnte mit einem konzentrierten, in sich gekehrten Blick und einem zarten Griff den Puls fühlen, in einer Weise, wie ich es später nie wieder bei einem Arzt erlebt habe. Oft wurde dieses Pulsfühlen von ihm erbeten, was mittlerweile, hängt es vielleicht mit den technischen Neuerungen zusammen, den Schrittzählern, den Blutdruckmessgeräten, völlig aus der Mode gekommen ist. Er wurde nach pharmazeutischen Mitteln gefragt, riet dann stets, den Spezialisten zu konsultieren, machte aus seiner Abneigung vor einem übereifrigen Gebrauch von Pharmaka keinen Hehl. Mein Part war leichter, mit der Schopenhauer- und Nietzsche-Lektüre konnte ein – nicht gespielter – jugendlicher Skeptizismus mir Glaubwürdigkeit und Interesse verschaffen.

Jensen las ein Buch, von dem er mir, trafen wir uns, erzählte. Saßen wir nachts im Kindergarten, las er daraus vor. Ein so ganz anderes, wildes Erzählen. Dieser Jensen-Satz: Du musst das lesen. Als er das Buch ausgelesen hatte, lieh er es mir, ließ mich versprechen, es ihm wiederzugeben. Ein Roman des mir damals noch unbekannten Autors Henry Miller. Ich hatte sogleich hineingelesen und *Wendekreis des Krebses* auf unsere Reise nach Schweden mitgenommen.

Auf einer Felseninsel, bestanden von ein paar Kiefern unter ungeheuer hellblauem Himmel, lagen wir, der Boden von den Borsten getrockneter Kiefernnadeln gepolstert. Von der etwas weiter entfernten Felsklippe klang Lachen herüber, ein Frauenlachen, ein Männerlachen. Dort lag Jensen mit dem Mädchen, das Majken hieß. Und dann hörte ich Jensen singen. Nie hatte ich ihn singen hören, und jetzt sang er, und nicht einmal schlecht, *Horch, was kommt von draußen rein*. Das Wasser war ein horizontweites Blinken, ein ausgeblichen blau gestrichenes Holzhaus in Ufernähe, der auflandige Wind hatte am späten Nachmittag schon nachgelassen und die Hitze wurde spürbarer. Die Hosen, Hemden, Slips, Blusen lagen an dem gut hundert Meter entfernten Festland, ebenfalls felsig karg und mit Krüppelkiefern bestanden. Und auf dieser Insel zitierte Kristina neben mir im Singsang ein schwedisches Gedicht.

Die beiden Mädchen, mit weißen Schirmmützen und sehr blond, standen hinter einer Ortschaft und winkten. Sie kamen aus Lund, wo sie studierten, und wollten in die Nähe von Stockholm, in einen kleinen Ort – der Name ist vergessen – an der Küste, wo die Eltern von Kristina ein Sommerhaus hatten. Sie studierten Deutsch und Englisch. Wir hatten uns darauf eingestellt, Englisch zu reden, aber noch sprachen auch die Jugendlichen Deutsch. Das war in Schweden bis zum Zweiten Weltkrieg die erste Fremdsprache an den Schulen gewesen, jetzt war es die zweite.

Nachts kamen wir in dem aus sechs oder sieben Häusern bestehenden Ort an und wurden von Kristinas Familie begrüßt, bekamen ein Zimmer in dem großen Sommerhaus zugewiesen, in der Küche standen Brot, Butter, Schwedenmilch und geräucherter Lachs.

Am nächsten Morgen kamen Freunde, Verwandte,

junge und alte Menschen. Das rotbraun gestrichene Holzhaus mit den weiß umrandeten Fenstern lag nahe am Wasser. Ein Steg, daran ein vertäutes Boot. Grauer Fels, das Grün der Kiefern, Büsche mit Vogelbeeren. An einem Holzmast wehte die schwedische Flagge, das gelbe Kreuz auf dem himmelblauen Grund, ein gewöhnlicher Tag, ein Wochenende. Auch an den anderen Häusern waren die schwedischen Flaggen gehisst worden. Ein ungewohnter Anblick. Zu Hause wurde nach der Zeit der Fahnenweihen und der überall sichtbaren Hakenkreuze nur noch selten bei öffentlichen Anlässen geflaggt. Niemand wäre auf den Gedanken gekommen, vor seinem Privathaus die deutsche Flagge hochzuziehen.

Wir halfen beim Salatschneiden, Teigrühren, trugen Geschirr hinaus, stellten Bänke und Tische auf, schleppten Brennholz zu der Stelle, wo das Feuer angezündet werden sollte. Jensen klampfte auf Kristinas Gitarre. Ihr Bruder und eine junge Frau spielten Geige. Ein alter, grau zotteliger Mann spielte die Nyckelharpa. Die aufgeschichteten Holzscheite wurden angezündet, harzige Äste ins Feuer geworfen, ein knisternder Funkenregen stob in den Himmel. In der hellen Nacht wurde der Hambo getanzt. Kristina zeigte mir die Schritte, es ging erst nach vorn, sodann die Drehungen, ich trat ihr auf die Füße, und das alles im Dreivierteltakt. Eine Polka wurde gespielt. Ich tanzte mit Majken und anderen Mädchen, aber immer wieder und wieder mit Kristina. Die im Wasser gekochten knallroten Krebse wurden in Schüsseln gebracht. Wir aßen und tranken. Fritz Sekunde, ein Maler und Bildhauer, setzte sich neben mich. Ein Deutscher, der, enttäuscht von der deutschen Wiederaufrüstung und den Nazis in der Regierung Adenauers, nach Schweden ausgewandert war. Auch mit seinem Gastland haderte er, kritisierte die staatlich kontrollierte Fürsorge, die moralische Überheblichkeit der Schweden, ihre Selbstgerechtigkeit, ihre gefeierte Neutralität, die im Krieg für das Geschäft mit Erz und für deutsche Truppenverschiebungen einfach ausgesetzt worden war. Nach der Kapitulation waren zweitausendvierhundert vom Kurlandkessel über die Ostsee geflohene deutsche und baltische Soldaten unter dem diplomatischen Druck der Sowjetunion an Russland ausgeliefert worden. Ein Bruch der Neutralität. Per Olov Enquist hat darüber seinen 1968 erschienenen Roman geschrieben: *Die Ausgelieferten.*

Fritz Sekunde war als deutscher Soldat vor Leningrad verwundet worden. Zählte er zu diesen Ausgelieferten? Beim Schreiben dachte ich zuweilen, dieser Fritz Sekunde sei ein unwirklicher Teil jener Mittsommernacht mit Aquavit. Ich habe im schwedischen Wikipedia nachgeforscht, und tatsächlich gab es den Maler Fred oder Fritz Sekunde, in Dortmund geboren und 1994 in Malmö gestorben. So wie er jetzt zu mir spricht, ist seine Geschichte verwickelt und kompliziert, befragen kann ich ihn nicht mehr. Unversehens geriet der Zwanzigjährige in einen Konflikt mit ihm. Jensen hatte wieder reihum den Puls gefühlt, also musste ich wieder über Schopenhauer reden. Fritz Sekunde, der Kristina und mich beim Tanzen beobachtet hatte, war, das wurde deutlich, in sie, die fast zwanzig Jahre Jüngere, verliebt. Er behauptete, die Schopenhauer-Lektüre sei eine typisch pubertäre Laune. Was hätte ich antworten können, die Großen ins Feld führen, die Schopenhauer verehrt hatten, Thomas Mann, Richard Wagner, Friedrich Nietzsche? Alle pubertär? Das wäre ja auch nur ein Sichverstecken hinter den Großen gewesen. Vor allem, und darin lag die Tücke der Behauptung, wäre diese Antwort tatsächlich pubertär gewesen. Und so stritt ich mit dem Mann über den Zweifel und über fehlende Lebenserfahrung, ob die für ein philosophisches Verstehen notwendig sei, über Pessimismus und überhaupt darüber, ob der Welt ein Sinn zugrunde liege, wobei sich in der hektischen Diskussion – tatsächlich ging es um die Gunst Kristinas – die Positionen verkehrten. Fritz Sekunde beschrieb einen tiefen Nihilismus, während ich, befeuert von dem Tag auf den Klippen, das Leben feierte, das Schwimmen, das Reden, diese Schären, was für ein großartiger Wurf der Schöpfung, diese in das Meer gestreuten Felsbrocken, wie das zarte grüne Moos zu dem hellen Blau kontrastierte, die einzelnen vom Wind gekrümmten Kiefern, Gestalten wie aus einer fernen Sage, der graue Fels im Gleißen der Sonne, umgeben vom funkelnden Blitzen der See, und dieser Geruch der vom Wind geduckten Kiefern. Sich zu spüren, sich selbst, und plötzlich eins zu sein mit der Welt, einer so fraglosen Welt. Die Mädchen glühten, und ich glühte, der zu den roten Krebsen getrunkene Aquavit zeigte bei mir, der nur selten Alkohol trank, eine starke Wirkung. Der arme Fritz Sekunde hatte so gar keine Chance, er war steinalt – wahrscheinlich Anfang vierzig – und saß missmutig und traurig wie ein alter Rabe da, ja, später tat er mir leid, und ich würde ihm heute gern sagen, wie recht er mit seiner politischen Einschätzung hatte.

Jensen, der Sänger auf der Felsklippe, stimmte abermals ein deutsches Volkslied an. Die Schweden waren begeistert, auch sie sangen. Ich wurde genötigt zu singen. Zwei Jahre war ich vom Gesangsunterricht befreit worden, saß in der Schule auf dem Gang, der Musiklehrer glaubte, mein Singen entspränge einer gegen ihn gerichteten Verstocktheit. Er behauptete, jeder könne singen. Ein von Trauer gedrückter Mensch, der Pianist hatte werden wollen, im Krieg eingezogen worden war und einen Schuss durch die rechte Hand bekommen hatte. Wie zart er mit der linken Hand am Klavier einige Akkorde griff. Ich saß auf dem Gang und las, während in der Aula der Chor übte. Jetzt aber, hier, unter dem Einfluss des Aquavits, der noch immer hellen Sommernacht, der Mädchen, die klatschten, ich müsse singen, irgendetwas, aber singen, sang ich zuerst mit einem ironischen Ton, dann aber wie befreit *Am Brunnen vor dem Tore da steht ein Lindenbaum.* Und das Erstaunliche war, es gelang, da Jensen mich ein wenig in die Melodie führte, ich sang, wie erlöst, gleichsam die Theorie des Musiklehrers bestätigend, dass jeder Mensch singen könne, aus freier Brust und den richtigen Ton haltend – allerdings sollte mir das später nie wieder glücken. Das Wunder dieser Nacht. Auf Decken liegen. Nachts schwimmen. Von fern drangen Gesang und Musik herüber. Unfasslich selbstverständlich und in Deutschland undenkbar, zog mich das Mädchen hinauf in ihr Zimmer, eine kleine Kammer. Die Eltern, die Freunde, Verwandten, niemand störte sich daran. Ein schmales weißes Bett, die Wände weiß gestrichene Bretter, auf der Fensterbank lag eine dieser Glaskugeln, die den Ort der Fischernetze im Wasser anzeigen, hellgrau vom Bewuchs des Meers, winzige Krebsschalen, und doch schimmerte das darunterliegende rote Glas durch.

Am nächsten Morgen hoben wir die Koffer in den Wagen. Kristina und Majken hatten uns Smörrebröd bereitet, wir bekamen Käse, getrocknete Fischpaste, Weißbrot, Butter und Blaubeermarmelade in Gläsern, dazu ein Messer mit einem Holzgriff und einer breiten Klinge zum Aufstreichen, das bis heute benutzt wird, und ein Buch, der schmale Band eines jungen schwedischen Lyrikers, den Kristina verehrte. Der Gedichtband, in dem ich auf der weiteren Reise blätterte, dessen Flattersatz ich betrachtete, jedes Wort ein geheimnisvolles Versprechen, jedes Satzzeichen, diese eigentümlichen kleinen Kringel über dem A, jedes Wort war wichtig, einmalig, unersetzlich, auch wenn ich es nicht verstehen konnte, die Gedichte blieben – und das war mein Unglück – in einem Hotel oder einer kleinen Pension in Mittelschweden liegen. Auf der letzten Seite stand ihr Name, Kristina. Mit dem schmalen Gedichtband waren auch ihre Adresse und Telefonnummer verschwunden. Ein Missgeschick oder der unbewusste Wunsch, das Einmalige als nicht abgeschlossen zu bewahren? Davon blieb mir ein von Sommer und Liebe bestimmtes, mein Leben begleitendes Interesse an der schwedischen Literatur, und ich wünschte mir heute, der verlorene Lyrikband wäre *Hemligheter på vägen* von Tomas Tranströmer gewesen, dessen Gedichte ich später voller Bewunderung in der Übersetzung von Hanns Grössel gelesen habe. Auf der Tagung der Deutschen Akademie für Sprache und Dichtung in Stockholm 2011 traf ich Tranströmer. Er saß, nach einem Schlaganfall am Gehen gehindert und zum Schweigen verdammt, im Rollstuhl. Ich bedaure es heute, ihn nicht angesprochen zu haben. Es hieß, er könne verstehen, nur nicht reden, sein Deutsch sei früher sehr gut gewesen. Ihm hätte ich gern von dieser Fahrt nach Schweden erzählt. Eine tiefe Scheu hielt mich von ihm fern.

Von den Schären fuhren wir nach Stockholm, wo wir uns mit schwedischen Freundinnen, die wir in Travemünde kennengelernt hatten und deretwegen wir ursprünglich nach Schweden gefahren waren, treffen wollten.

Dieser Satz, nach einem Traum notiert: Erinnern ist ein merkwürdiges Vergessen.

Henry Millers *Wendekreis des Krebses* hatte ich auf die Fahrt nach Schweden mitgenommen, aber bald gemerkt, die Lektüre wollte so gar nicht zu der Reise passen, nicht zu dem lange in die Nacht reichenden Tageslicht, nicht zu dem dunklen Grün der sich hinziehenden Wälder, dem plötzlich auftauchenden Graublau der Seen, nicht zu den gelben Weizenfeldern und abermals dem Grün, ein langes Fahren durch den Wald, hin und wieder Warnschilder, die einen stilisierten Elch zeigten, und dann wieder dieses weithin blinkende Meer.

Nach der Reise habe ich den Roman im Alkovenzimmer weitergelesen. Das wilde, chaotische Tagebucherzählen, das dahinfließende, sprunghaft wechselnde Sprechen, die deutlichen Darstellungen der Sexualität. Ich hatte Breitkamps Wort *Spätzünder* im Ohr und las jetzt die einschüchternden Beschreibungen Henry Millers, der *Dauerständer,* der *mächtige Pint,* der *riesige Ständer,* und die immer bereiten und immer willigen Frauen. Ein, zumal nach der Reise, verstörendes Buch, fremd und unheimlich.

Jetzt, beim Wiederlesen, fallen die sprachlich gehetzten Szenen auf. *Jede Nacht schlief sie dort auf einer Bank unter ihrem zerfetzten Schirm, von dem die Stäbe herunterhingen, ihr Kleid grün verfärbt, mit ihren knochigen Fingern und dem von ihrem Leib ausströmenden Verwesungsgeruch. Und am Morgen saß ich selbst dort, machte ein ruhiges Nickerchen im Sonnenschein und verfluchte die überall Brosamen aufpickenden verdammten Tauben.* St. Sulpice! *Die dicken Glockentürme, die grellen Anschläge über dem Portal, drinnen die strahlenden Kerzen. Der von Anatole France so geliebte Platz mit seinem Stimmengesumm und Glöck-*

*chenklingen vom Altar, dem Plätschern des Springbrunnens, dem Gurren der Tauben, den wie durch Zauber verschwindenden Krumen, von denen nur ein dumpfes Kullern in den hohlen Eingeweiden übrigbleibt.*

Damals wie heute stutze ich an dieser Stelle. Ich bin zu den Tauben gegangen, habe mich diesen ruckartig pickenden Tieren genähert mit ihrem stumpfsinnig mechanischen Triebgetänzel, habe sie beobachtet und gelauscht, das dumpfe Kullern der Krumen bleibt jedoch bei der sonst so genau beschriebenen Szene ein bloßer Schnörkel. Und auch das, können Eingeweide hohl sein? Und Kullern – müsste es nicht, auf das Geräusch bezogen, Kollern heißen? Aber im Original habe ich natürlich nicht nachgeschaut, Fragen nach der Übersetzung stellten sich mir nicht.

Im *Wendekreis des Krebses* gibt es keine chronologische Handlung, stattdessen die jähen Wechsel der Szenen, hier wird geredet und gequasselt über Gott und die Welt, Alltagsphilosophie, kurze lyrische Naturbilder wechseln sich ab mit brutal Umgangssprachlichem, und immer wieder die mich einschüchternde, alle mir bisher bekannten Beschreibungen in den Schatten stellende Sexualität, die meinem Erleben so fern war. *In der Toilette stehe ich vor dem Becken mit einem riesigen Ständer. Er kommt mir gleichzeitig leicht und schwer vor, wie ein Bleirohr mit zwei Flügeln daran. Und während ich so dort stehe, kommen zwei Pritschen hereingesegelt – Amerikanerinnen. Ich begrüße sie herzlich, Pint in der Hand. Sie winken und gehen weiter. Wie ich in dem Waschraum meinen Latz zuknöpfe, sehe ich eine von ihnen darauf warten, daß ihre Freundin aus dem Lokal herauskommt. Die Musik spielt noch immer, und vielleicht kommt Mona oder Borowski mit seinem goldbeknopften Stock mich abholen, aber nun bin ich in ihren Armen, und sie hält mich fest, und es ist mir gleich, wer kommt oder was passiert. Wir winden uns in die Toilette, und dort stelle ich sie gegen die Wand gelehnt hin und versuche, ihn in sie hineinzukriegen, aber es will nicht gehen, also setzen wir uns auf den Sitzdeckel und versuchen es auf diese Weise, aber es will auch nicht gehen. Ganz gleich, wie wir's versuchen, es will nicht gehen. Und die ganze Zeit hält sie meinen Pint fest, klammert sich daran wie an einen Rettungsring, aber es hat keinen Zweck, wir sind zu hitzig, zu hastig.*

Dass es in dieser Szene nicht zum Koitus kam, hatte etwas Tröstliches, da in all den anderen Situationen eine bedrängende Bereitschaft und eine unermüdliche Fähigkeit zur Penetration herrschte.

Die Lektüre des Romans ermöglichte aber eine sprachliche Befreiung, auch einen neuen Blick für die Komik der damaligen verdrucksten, von Tanzstunden, Tanztees, Antrittsbesuchen bestimmten Beziehungen mit ihren komplizierten Manövern, um vom Sie ins Du zu kommen. Das war wiederum die Voraussetzung für erste zaghafte körperliche Berührungen. Eine Literarisierung der Umgangssprache, wodurch aus dem sedierenden *miteinander schlafen* und ähnlichen Euphemismen ein weniger formelhaftes, direkteres Reden wurde, das erfrischend, aber auch brutaler war.

Die Romane *Wendekreis des Krebses* und *Wendekreis des Steinbocks* waren in den Vereinigten Staaten und in England verboten und auch in Deutschland von einem Verbot bedroht, was wohl mit ein Grund dafür war, dass *Wendekreis des Krebses* in einer limitierten und nummerierten Auflage erschienen war – ein Anreiz mehr, das Buch zu lesen.

Anderthalb Jahre nach dem Tod des Vaters konnten wir im Sommer 1960 erstmals die Felle, die bis zum Winter zu Mänteln verarbeitet werden sollten, bei den Großhändlern bar zahlen, damit bekamen wir einen zusätzlichen Rabatt, was die Gewinnspanne erheblich vergrößerte. Die Schulden, das zeichnete sich ab, wären mit der Wintersaison abgetragen. Das Geschäft warf, auch durch meine Schnittmusterentwürfe für andere Firmen, Gewinn ab.

Im Herbst hörte ich, einer der lebensbestimmenden Zufälle, im Radio einen Bericht über das Braunschweig-Kolleg, eine Ganztagsschule mit Wohngelegenheit, an der man mit einem Stipendium in zwei Jahren sein Abitur nachholen konnte. Voraussetzung waren eine abgeschlossene Berufsausbildung, ein Intelligenztest und ein dreitägiger Probeunterricht. An dem Auswahlverfahren waren die inzwischen schon studierenden Kollegiaten beteiligt.

Ich hatte mir die Bewerbungsunterlagen zuschicken lassen und Jensen davon erzählt. Aber er wollte in Hamburg bleiben, wegen seiner Freundin, die schon an der Universität studierte, zudem war er überzeugt, in ein ganz großes Geschäft einsteigen zu können.

Er hatte von einem englischen Studenten in Hamburg einen Sportwagen, einen MG, gekauft. Der Wagen war defekt liegen geblieben, und der Student wollte oder musste nach London zurückfliegen und verkaufte ihn für einen geringen Preis. Jensen brachte den MG zu einem befreundeten Kfz-Mechaniker und lag eine Woche unter dem Wagen, suchte nach Ersatzteilen, feilte, schraubte unter Anleitung des Meisters an Pleuelstangen, Kolben, hantierte mit Nockenwellenlineal und Spannrollenschlüssel und brachte den MG wieder in Gang, fuhr, das Verdeck heruntergeklappt, mit mir durch die Stadt. Meine Erinnerung sagt, der Wagen war unglaublich hart gefedert und man saß fast auf der Straße. Jensen musste die Gänge regelrecht hineinprügeln. Wir sind zwei Oldtimer-Rallyes durch Niedersachsen mitgefahren, das eine Mal landeten wir auf dem drittletzten Platz. Jensen konnte sich eine kleine bronzene Teilnehmerplakette an den MG schrauben. Das andere Mal wurden wir disqualifiziert. Wir hatten einen der Zielpunkte, den Hof Sudermühlen, angefahren und waren zum Pinkeln in das Restaurant gegangen, hatten einen Apfelmost getrunken. Jensen startete den MG. Die Kiste sprang nicht an. Zuerst hatte ich Jensen, der an dem Motor herumschraubte, noch Werkzeug gereicht, später saß ich am Gasthaustisch und konnte nur noch zusehen, wie Jensen an dem Motor schraubte und fluchte. Später kam ein Mechaniker von einer im nächsten Ort gelegenen VW-Werkstatt. Er löste das Problem mit Isolierband. Wir blieben im Restaurant, aßen Spargel mit Heideschinken und fuhren erst nachts nach Hause.

Das andere ist eine Jensen-Erzählung. An einem Wochenende war er zu einer Party in Othmarschen eingeladen worden, fuhr mit seiner Freundin auf den Parkplatz des Grundstücks. Die Gäste drängten sich um den alten, in einem eigentümlichen Rotbraun lackierten Sportwagen. Eine der jungen Frauen sagte, sie habe sich in den Wagen regelrecht verliebt, woraufhin ihr Freund oder Verlobter Jensen fragte, was der Wagen denn koste. Jensen nannte aus Jux einen hohen Preis, und dieser junge Schnösel, erzählte Jensen, zieht ein Scheckheft aus dem Blazer, schreibt eine Zahl mit einigen Nullen darauf, reicht mir den Scheck und fährt mit seiner Thusnelda im MG weg. Und ich hatte einen Sack voll Kohle.

Das ist das Big Business, sagte Jensen, ein Handel mit englischen Oldtimern. Jensen fuhr nach England, kaufte einen Oldtimer, einen sehr alten Wagen, dem man noch die Abstammung von der Kutsche ansah, und fuhr ihn Richtung Kontinent. Die Geschichte dieser Fahrt will ich Jensen, falls er sie geschrieben hat oder noch schreiben will, nicht wegnehmen, nur so viel, in Lüneburg blieb das Gefährt endgültig stehen und wurde von einem Bauern mit einem vorgespannten Pferd zum Gasthof *Zur Linde* gezogen.

Vierhundertfünfzig Mark hatte Jensen für das technische Fossil bezahlt, ließ es nach Hamburg abschleppen, lief wieder zwei Wochen mit ölverschmierten Händen herum. Endlich hatte er die motorisierte Kutsche so weit repariert, dass sie fuhr, aber sie fuhr wie ein eigensinniger Esel. Nach einiger Zeit, mal nach wenigen Minuten, mal nach einer guten Stunde, blieb sie stehen. Aber wo sie stand, wurde sie bestaunt, und Jensen wurde immer wieder angesprochen, ob er das Gefährt nicht verkaufen wolle.

An einem Freitagabend hatte er mich gebeten, in das Hotel *Vier Jahreszeiten* zu kommen. Er brauche meine Hilfe. Er bat mich um eine Fuchsstola, egal ob Blaufuchs oder Rotfuchs, Hauptsache elegant, für seine Freundin. Ich hätte nichts weiter zu tun, als mit ihm und einem Interessenten zu essen. Einfach dabeisitzen, etwas philosophische Unterhaltung, auch bestätigendes Kopfnicken reiche. Eine Stola hatte ich nicht im Geschäft, aber ein Blaufuchscape.

Ich wartete zur verabredeten Zeit vor dem Hotel, war schon früher gekommen, stand etwas im Schatten, um seinen Auftritt zu beobachten. Das Auto hatte er in der Nacht zuvor gute zweihundert Meter entfernt von dem Hotel geparkt. Damit wollte er verhindern, dass der Wagen bei einer längeren Anfahrt plötzlich irgendwo im Verkehr bockig stehen blieb. Jensen fuhr mit seiner Freundin vor. Der Portier, ein erfahrener Mann, ging ohne jedes Staunen zu dem Gefährt, öffnete den Schlag, reichte der jungen Schönen im Blaufuchscape die weiße Handschuhhand, sie raffte ihr Kleid, zeigte viel Bein, die Schuhe, extra für diesen Auftritt in einem

Trödelladen gekaufte Schlangenleder-Pumps, der Portier half ihr vom Wagen mit dem kutschenähnlichen Trittbrett. Jensen nahm die ihm von mir zum Geburtstag geschenkte naturgraue Persianerkappe vom Kopf, zog sich die ebenfalls im Trödel gekaufte lederumrandete Autobrille ab und reichte dem herbeieilenden Pagen den Autoschlüssel. Unter seiner offenen, langen ledernen Fliegerjacke war ein schwarzer Anzug zu sehen, ein weißes Hemd, eine schwarze Fliege. Passanten blieben vor der Motorkutsche stehen. Es hätte eine Filmeinstellung sein können. Jensen reichte seiner Freundin den Arm und schritt mit ihr durch den erleuchteten Eingang.

Nach der verabredeten Viertelstunde ging ich ins Hotel, fragte nach dem Namen Jensen und wurde zu dem Tisch geführt, an dem Jensen, seine Freundin – hieß sie Ingrid? – und ein Mann mit grau meliertem Haar und aufgebürsteten, schwarz gefärbten Augenbrauen saßen, der Fremde im gestreiften nachtblauen Anzug, mit breitem Revers, an dem linken ein Ordensbändchen, das Hemd spannte über dem Bauch, der silberne Schlips bedeckte korrekt den Kragenknopf. Der Mann hatte sich auf eine Anzeige Jensens hin gemeldet, mit der er für ein wirtschaftlich sicheres Projekt Startkapital einholen wollte. Das Projekt hatte er dem Anrufer am Telefon des *Kindergarten Volkspark* erläutert, er plane eine Agentur, die Oldtimer in England aufkaufe, in Hamburg repariere und mit guter Gewinnmarge wieder verkaufe. Der Anrufer hatte sich interessiert gezeigt und vorgeschlagen, sich im Hotel *Vier Jahreszeiten* zu treffen.

Der potenzielle Financier rauchte eine Zigarette, an der linken Hand einen massiven Siegelring. Wo sind all die Siegelringe, die damals die Hände schmückten, geblieben? Jensen stellte mich als Kenner Schopenhauers vor. Der erhoffte zukünftige Geldgeber, nennen wir ihn Achenbach, sagte, mit Philosophie habe er nicht viel am Hut, er sei mehr für das Solide, Hiesige, Jetzige. Aber er fände es jedes Mal interessant, von Spekulationen zu hören. Die Speisekarten wurden gebracht. Achenbach bestellte sich die Consommé, danach ein Steak medium.

Der Sommelier kam. Achenbach fragte nach einem Bordeaux, nannte den Namen des Weinguts, das den Namen eines Comte trug.

Der Sommelier sagte, damit könne er nicht dienen, er könne aber einen Jahrgang 1947 empfehlen. Jensen hatte bei der Bestellung eines Bordeaux 1947 und dem zustimmenden Nicken etwas schmale Lippen bekommen. Offensichtlich war nicht geklärt, wer das Essen zahlen würde, er oder Achenbach.

Achenbach erzählte von seiner Netsuke-Sammlung, von den kleinen Elfenbeinfiguren, die an japanischen Medizinbeuteln hingen. Er habe sie auf seiner ersten Reise nach Japan entdeckt und sammele sie seitdem. Aber machen Sie sich keine Mühe, hier welche zu finden, billige Imitationen, meist von Seeleuten mitgebracht, er lächelte verbindlich zu Jensens Freundin – Mutoniati. Wir nickten. Später, sehr viel später, lernte ich, dass es große Gemächte bedeutet.

Jensen unterbrach die Achenbach-Suada, sagte, Pardon, dort sind ja Max und Anny! Entschuldigung, die muss ich kurz begrüßen.

Achenbach verdrehte den Kopf und blickte zu dem etwas entfernten Tisch, an dem Max Schmeling und Anny Ondra in größerer Gesellschaft saßen. Jensen ging in diesem ruhigen, Vertrauen bildenden Schritt zu dem Tisch hinüber, leicht vorgebeugt und mit einer artigen Verbeugung zu den anderen Gästen redete er mit Schmeling und mit der neben ihm sitzenden Schauspielerin, eine zarte, stark geschminkte Frau, die, während Jensen auf Max Schmeling einredete, mit ihrer Perlenkette spielte. Ich erzählte Achenbach von der Farm in Wenzendorf, wo Schmeling Nerze züchtete, auch so ausgefallene Farben wie Saphir, Indigo, Weiß, Black. Die moderne Züchtung mache alle Farben möglich. Schmeling komme zu jedem Jahresball der Kürschnerinnung. Als die Gesellschaft an Schmelings Tisch in schallendes Gelächter ausbrach, verabschiedete sich Jensen.

Jensen kam zurück an unseren Tisch und sagte: Entschuldigung, er habe mit Schmeling etwas Geschäftliches besprechen müssen.

Einen bemerkenswerten Auftritt bot der Sommelier mit seinem Assistenten. Die Flasche wurde gedreht, wurde geöffnet, der Korken berochen, das Glas leicht geschwenkt. Wer sollte kosten? Jensen und Achenbach wiesen wechselseitig aufeinander, das ging zweimal hin und her. Jensen setzte sich durch. Achenbach trank mit versonnenem Kennerblick. Er nickte.

Der Rotwein wurde eingeschenkt. Jensens Freundin

und ich sagten Danke, wir seien Abstinenzler. Das Personal war gut geschult, der Sommelier lächelte sachlich. Achenbach hob das Glas und sagte: Lassen Sie uns auf die Zukunft der Oldtimer trinken. Er stieß mit Jensen an, trank, schmatzte, wiegte anerkennend den Kopf, nahm noch einen Schluck. Bordeaux, ahh, und ließ die flache Hand langsam durch die Luft gleiten.

Jensen nippte nur.

Das Steak wurde gebracht. Und während Achenbach mit einem Schnitt die rosa Farbe prüfte und zu essen begann, konnte Jensen endlich seinen Geschäftsplan vorstellen, nannte Zahlen, nannte längst vergangene Automarken, Details von Motoren, Fahrwerk, Radaufhängung, Gangschaltungen, Achenbach kaute und nickte. Jensen hatte sich eingearbeitet, vorbereitet, er zog vier Blatt Papier aus der Jackentache, sagte, er habe alles aufgeschrieben, Startkapital, und dann am Beispiel eines MG-Sportwagens aus dem Jahre 1934, ein Midget, noch mal nachgeprüft, redete von R- und Q-Typen, geschätzten Kaufpreisen, Reparaturpreisen, Verkaufspreisen, Verzinsungen und abermals Zahlen.

Wie hoch die Anfangseinlage?

Die Summe, die das Unternehmen am Anfang bräuchte, sei, konservativ gerechnet, dreißigtausend Mark. Ingrid ergänzte die Zahlen, nannte die Reparaturwerkstatt, die sich auf Oldtimer spezialisiert hatte. Jensen reichte Achenbach das Konzept.

Interessant und sehr schön, sagte der, er werde die Kalkulation studieren, faltete die Seiten und steckte sie in die Jackentasche, erzählte, während er weiter am Steak schnitt und kaute, von seiner letzten Großglockner-Fahrt, von Serpentinen, Überholmanövern. Die zweite Plakette, die er Harry anheften konnte.

Harry?

Mein Porsche. Im Club in Salzburg haben alle einen Spitznamen. Meiner ist männlich, aber es gibt auch welche, die heißen Marie.

Noch grüßte man als Porschefahrer auf der Autobahn per Lichthupe, wenn einem ein anderer Porsche entgegenkam. Das Dessert wurde gereicht. Achenbach hatte eine Williamsbirne gewählt und berichtete von den in Flaschen gezogenen Birnen im Tessin, die sodann aufgefüllt wurden mit dem richtigen Geist. Tessin, sagte er, Ascona, die Palmen, die Berge und dann der See. Der Ort zum Ausspannen. Er plane eine Beteiligung an einer Sterbeklinik. Thanatos Felice.

Ein Page kam mit einem Gong und rief: Herr Achenbach. Bitte ans Telefon.

Achenbach entschuldigte sich mit einer knappen Verbeugung zu Ingrid, legte die Serviette beiseite. Wir saßen und warteten.

Der Mann mit dem schweren Siegelring kam nicht zurück, an seiner Stelle der Oberkellner, der sagte, der Herr habe sich verabschieden müssen wegen einer dringlichen Finanzbesprechung. Er lasse sich entschuldigen.

Nach einer Stunde gab es keinen Zweifel mehr. Als der Oberkellner die Rechnung brachte, warf Jensen einen Blick darauf, fuhr sich über die blonden Stoppelhaare und sagte, er habe kein Geld bei sich. Zahlen wollte eigentlich der Herr, den der Oberkellner vorhin entschuldigt hatte. Wo ist der Mann hingegangen?

Der Geschäftsführer kam und – das Restaurant war gut besucht – behielt die Contenance, fragte mit dem Kopf zu mir gewandt: Kann der Herr nicht aushelfen?

Jensen sagte, nein, der ist Existenzialist, der mag kein Geld und hat keins.

Jensen wurde dezent zum Direktor gebeten. Seine Freundin und ich saßen am Tisch.

Nach einiger Zeit kam Jensen zurück und sagte: Kommt, wir gehen. Die Sache ist geregelt. Ich habe dem Geschäftsführer den Wagen als Pfand dagelassen und die Wagenpapiere gegeben. Die Mäntel wurden gebracht.

Draußen, ein paar Meter entfernt, stand die motorisierte Kutsche den Verkehr behindernd auf der Straße.

Er habe, sagte der Portier, mehrmals versucht, den Wagen wieder zu starten, um ihn vorzufahren. Vergeblich.

Lassen Sie nur. Er bleibt hier, sagte Jensen, er gehört jetzt dem Hotel.


Wir gingen zu dritt Richtung Gänsemarkt. Ein Apriltag, der Frühling und Befreiung versprach.

Woher kennst du Max Schmeling?

Wie du, aus der Zeitung.

Jensen hatte ihm eine besondere Zucht angeboten. Hatte gesagt, er sei Biologe und ihm sei es gelungen, Nerze zu züchten, deren Fell gestreift wie das eines

Zebras sei, schwarz-weiß. Und Schmeling hatte sich interessiert gezeigt, auch Anny Ondra. Man könne, man müsse sich einmal in Ruhe sehen. Schmeling gab mir seine Visitenkarte. Und dann habe ich gesagt, die Nerze tragen die passende Zuchthauskleidung. Falls mal einer entweichen sollte, finden Sie den Schlingel schnell wieder.

Schmeling hat gelacht, Anny Ondra, die Gesellschaft hat gelacht. Aber heute vor dem Einschlafen, sagte Jensen, wird ihm das Lachen vielleicht vergehen.

Ein Rechtsanwalt hat mich überzeugt, den Namen des Freundes zu ändern. Nun heißt er also Jensen. Er würde sich auch unter jedem anderen Namen sofort erkennen. Ich hoffte in den vergangenen Jahren immer, etwas von ihm zu hören oder über ihn zu lesen: ein spektakulärer Skandal in der Finanzbranche, der Zusammenbruch einer Filmgesellschaft oder von einem Mann, der im Norden Nigerias ein Zentrum für *Ärzte ohne Grenzen* betreibt, auch als Besitzer einer Privatklinik für Schönheitschirurgie am Genfer See wäre er denkbar. Ihm traue ich alles zu. Wenn er irgendwo lebt und dies liest, ich würde mich freuen, von ihm zu hören.

Ich war nach Braunschweig gefahren, hatte dort einen Tag lang, zusammen mit anderen Bewerbern, einen Intelligenztest gemacht. Jeder an einem kleinen Tisch sitzend, ein wissenschaftlicher Mitarbeiter von Frau Professor Müller-Luckmann stoppte die Zeit, die für

die Antworten auf die Fragen vorgesehen war: Wort-
vergleiche, geometrische Vergleiche, Zahlen, Muster,
Deutung von Klecksen. Es war die Zeit der Testgläu-
bigkeit. Über die Höhe des Intelligenzquotienten geis-
terten unter den Teilnehmern unterschiedliche Zahlen.
Konnte eine Zahl von hundertdreißig oder mehr über
ein zukünftiges Leben bestimmen? Nachdenken, hin-
terfragen, etwas Neues finden war nicht vorgesehen.
Der Test war auf die Schnelligkeit der Lösungen ausgerichtet. Zeit ist Geld.

Ein Traum, der sich noch nach Jahren in immer ähnlichen Variationen wiederholte: Ich sitze an einem
Tisch. Zuschauer sitzen in dem abgedunkelten Saal. Vor
mir das Prüfungsblatt, eine unregelmäßige Fläche mit
Zacken und Bögen, es könnte eine Landkarte sein. Ich
soll die Fläche berechnen. Aber es gibt keine Zahlen.
Ich schüttle den Kopf. Eine Stimme sagt: Kopfschüt-
teln reicht nicht. Abtreten! Ein Raunen geht durch die
Zuschauerreihen.

Das Modell des Braunschweig-Kollegs war einerseits
demokratisch ausgerichtet, die studierenden Kollegiaten konnten mit über die neu Aufzunehmenden abstim-
men, andererseits war es durch den vorgeschriebenen
»hohen« Intelligenzquotienten der Aufgenomme-
nen und den kompakten Unterricht, der das Pensum
für das Abitur auf zwei Jahre zusammenpresste, vom
Gründungsdirektor Walter Raßmann als Eliteeinrich-
tung konzipiert worden, zwar mit einem demokratisch
pädagogischen Ziel, dennoch schien es, als niste noch

immer der Geist der früheren NS-Führungsakademie in den Gebäuden. Von den ungefähr vierhundert Bewerbern wurden am Ende nur achtunddreißig aufgenommen, und unter den achtunddreißig, auch das ein Zeichen der Zeit, waren nur zwei Frauen.

Im Februar 1961 kam eine junge Frau ins Geschäft und bestellte einen Pelzmantel, etwas Leichtes sollte es sein und auf keinen Fall ein Persianer. Das seien Altfrauenmäntel. Sie war mit dieser Einschätzung der Mode um einige Zeit voraus. Nach langem Überlegen entschied sie sich für einen Fehmantel. Vielleicht habe ich sie in dem Beratungsgespräch auch auf dieses Fell hingelenkt, da wir vom Grossisten gerade ein Bündel zur Ansicht bekommen hatten. Die Fehfelle gehörten, wie die in den Trümmern gefundene Pelznähmaschine und der aus dem brennenden Haus gerettete Rauchtisch, zum Gründungsmythos der Kürschnerei Timm. Diese Fehfelle waren nach einem komplizierten Tauschverfahren, in dem Bauholz, Chloroform, ein Reiterabzeichen in Silber, Butter, Zigaretten und Speiseöl eine Rolle spielten, zum Vater gelangt, der daraus, obwohl er das Handwerk nicht erlernt hatte, im Winter 1945 für die Frau eines englischen Besatzungsoffiziers einen Mantel anfertigen sollte. In *Die Entdeckung der Currywurst* ist die Szene beschrieben: *Die Frau des Intendanturrats ließ die kleinen Felle durch die Hand gleiten. Wunderbar weiche graue Felle mit schneeweißer Wamme und kleinen Schweifen mit schwarzen Spitzen, und Lena Brücker, in ihrem seriösen Marinekostüm, sah sofort:*

*Die läßt die Felle nicht mehr los, der kroch auf eine wei-*
*che Weise der Wunsch in die Finger, in die Innenseite*
*der Hand und von da durch den Rücken in den Kopf.*
*Und was sie in der Handfläche fühlte, kam aus dem wie*
*rot lackierten Mund als samtlockender Laut, wonderful.*

Der Vater saß in seinem vom Grau ins Grün umge-
färbten Uniformmantel und nähte die zarten Felle an
der gefundenen Pelznähmaschine aneinander, fluchte
und schimpfte, die hauchzarten Haare wurden immer
wieder von der Maschine erfasst und büschelweise eingenäht. Er musste die Nähte mit klammen Fingern
wieder auftrennen. Eine Fummelarbeit. Meine Mutter
und ich schliefen in dem eisigen, nicht heizbaren Keller
in einem Bett. Und ich konnte im Kerzenlicht die mär-
chenhafte Eislandschaft an der Wand studieren. Meine
Mutter, die auch nicht Näherin gelernt hatte, war mit
dem Einheften und Einnähen des Stofffutters beschäftigt.

Das Werk gelang. Der englische Intendanturrat und
seine Frau oder Geliebte waren von dem Mantel begeistert. Der Vater bekam für die Anfertigung Butter,
Schmalz und Mehl und vor allem die so sehr ersehnten
Zigaretten. Das war die Gründung von *Pelze Timm.*

Fehfelle sind einfach zu verarbeiten, werden nicht aus-
gelassen, sondern nur rechteckig zugeschnitten. Die
Kunst liegt in den Händen der Maschinennäherinnen.
Wir hatten jetzt für diese Arbeit eine schon in Rente
gegangene Näherin beschäftigt. Sibirischer Feh, der
Rücken ein dunkles Blaugrau, das Haar seidig, beste

Qualität. Der Mantel wog ohne Seidenfutter nur siebenhundert Gramm. Als die junge Frau hineinschlüpfte, vor dem großen Ladenspiegel stand, sich ein wenig bewegte, überzog ein silbriger Hauch die Felle, ließ den blaugrauen Schimmer verschatten oder aufglänzen. Ich verstand die Begeisterung des englischen Offiziers und den Stolz des Vaters über das Gelingen seiner damaligen Arbeit. Fehmäntel waren im Mittelalter allein dem Adel vorbehalten.

Träume? Habe ich von den Tieren geträumt? Zahlreich waren die Schreckträume in der arbeitsintensiven Winterzeit, Abgabetermine konnten nicht eingehalten werden, Mantelteile waren zu kurz geraten, konnten durch kein Ziehen und Zerren in die richtige Form gebracht werden, fertiggestellte Teile waren verschwunden, falsche Berechnungen führten zu monströsen Ärmelformen, Vorder- und Rückenteile waren auf Kindergröße geschrumpft.

Ein anderer Traum könnte aus der Zeit stammen, als ich an dem Fehmantel arbeitete. Ich zeichnete die Schablone zum Einschneiden, als mit einem Stöhnen die aneinandergenähten Fellstreifen über den Tisch krochen, Haare verloren und eine dunkle Spur auf der weißen Papierschablone hinterließen.

Einige Wochen vor meiner Abreise nach Braunschweig hatte mich Lothar Loewe zu sich eingeladen, in sein Appartement in Eppendorf, ein großer weiß getünchter Raum mit einem Balkon, einer Küche und einem

Bad mit Toilette. An eine Wand war der Entwurf einer Schule gepinnt, eine abstrakte Grafik mit kleinen stilisierten Bäumen – die an das Schnittmuster eines komplizierten Capes oder an einen weit geschnittenen Mantel mit gefaltetem Kragen erinnerte. Beides, die Architekturentwürfe wie die Schnittmuster, sollte eine Hülle für Körper werden.

Aber nicht daher kam mein frühes Interesse für Architektur – ich vermute, es geht auf meine Mutter zurück. Nicht dass die Mutter sich theoretisch für Baukunst interessiert hätte, aber spürbar war, wie sie dem Verlust des Hauses ihrer Kindheit nachtrauerte. Und das, obwohl sie darin keine glückliche Kindheit verbracht hatte. Eine kleine Stadtvilla mit einem Vor- und Rückgarten, die ihr Vater in der Tornquiststraße hatte bauen lassen. In diesem Haus aus der Gründerzeit bewohnte sie als Kind ein kleines Turmzimmer. Die Stiefmutter konnte keine Kinder bekommen, und in einem märchenhaften Hass strafte und quälte sie die beiden übernommenen Kinder, besonders das Mädchen, dem die Liebe des Vaters gehörte. Das Kind wurde bei kleinsten Vergehen eingeschlossen, durfte tagelang nicht aus dem Zimmer, bekam rationiertes Essen. Heimlich steckte das Stubenmädchen ihr etwas zu. Die Stiefmutter, die ich noch erlebt habe, war eine bösartige, Gerüchte verbreitende, der Liebe unfähige Frau. Als wolle der Himmel einen Ausgleich für solche Niedertracht schaffen, wurde aus dem Kind später eine Frau und Mutter von heiterer Selbstlosigkeit, die unbegrenzt Liebe schenken konnte.

Für das kleine Mädchen war es das schönste Haus, hatte sie doch unter dem Dach ein kleines Zimmer für sich. Das darin Eingesperrtsein hatte sie wohl irgendwann für sich als Belohnung umgedeutet, am Fenster sitzen zu dürfen und auf die stille Straße zu schauen, in der hin und wieder ein Pferdewagen zu sehen war, ein Radfahrer und die Kinder von nebenan, deren Spiele sie verfolgte, während sie sich vorstellte, mitzuspielen.

Diese Stadtvilla, kurz vor der Jahrhundertwende gebaut, zeigt ein Foto, schmal, zweistöckig, etwas vorgezogen, auf halber Breite der Fassade, den Dachfirst überragend, ist ein turmähnlicher Baukörper mit einer verglasten Terrasse. Oben im Turm zwei kleine rundbogige Fenster, dort lag das Zimmer, in dem das Kind wohnte, das einmal meine Mutter werden sollte. Alle Fenster haben Gesimse und Stuckornamente, der zweite Stock ist durch ein Stuckband abgehoben.

Ein von einem Berufsfotografen gemachtes Foto zeigt den Innenraum, das Wohnzimmer, den Salon, eingerichtet im Jugendstil, eine filigrane Metallkonstruktion als Deckenlampe, in der eine geschliffene Glasschale hängt, daneben drei kleine Glaslampions. Ein umlaufender Fries aus gemalten Kreisen zieht sich an den Wänden entlang, hohe Fenster, mit grazilen weißen Blumenkörben, zwei geblümt gemusterte Fauteuils. Ein Klavier, ein aufgeschlagenes Notenblatt, davor die Stiefmutter. *Oma am Klavier* steht auf der Rückseite und vorne etwas krakelig von der Stiefmutter geschrieben: *Es war eine schöne Zeit*. Ein Foto zeigt die

Villa von außen. Auf der Rückseite steht: *Unser Häus-chen! Tornquiststr. 27. Frühling 1918.*

Dieses *Häuschen* musste, als die Hutfabrikation ihres Vaters in der großen Wirtschaftskrise Ende der Zwanzigerjahre bankrottging, verkauft werden.

Wenn es denn noch stünde. Wenn man es noch hätte. Auch wenn es anderen gehörte. Aber wenn es wenigstens so dastünde. Aber ausgerechnet dieses Haus, das Haus ihrer Kindheit, war von einer Bombe getroffen, ausgebrannt und abgerissen worden. Die anderen Häuser in der Tornquiststraße, alle variiert in dem zweistöckigen Villenstil, waren auf der einen Seite stehen geblieben. Die ganze gegenüberliegende Straßenseite war zerstört worden. Oft ging die Mutter mit mir durch die Straße, und sie zeigte mir die Stelle, wo das Haus gestanden hatte und durch einen Neubau ersetzt worden war. Jede der anderen Villen schien mir als Kind wie ein kleines Schloss, in den Proportionen, der Fensterführung, den Stuckornamenten. Der Neubau hingegen war so enttäuschend einfach, die Fenster, die Türen, die Fassade, alles glatt und rechteckig. Die Schmucklosigkeit wirkte, als habe man sich keine Mühe mehr mit den darin Wohnenden gegeben.

Den Architekten Lothar Loewe hatte ich im Fechtverein kennengelernt. Sein Handicap war seine mittlere Größe, ausgleichen konnte er das mit einem lockeren Handgelenk, die Finten waren knapp und schnell. Das ist deutlich in der Erinnerung, wie er Erklärungen mit eleganten kurzen Handbewegungen begleitete. Wir hatten uns nach einer Trainingsstunde in einem Café getroffen und waren, nachdem er seinen Beruf genannt hatte, in eine Diskussion über den Neuaufbau Helgolands gekommen. Diese im Krieg bombardierte und später von den Engländern als militärisches Bombenabwurfziel genutzte Insel hatte ich kurz nach der Rückgabe an die ehemaligen Bewohner mit einem Schulfreund besucht.

Der Wiederaufbau der Insel hatte gerade begonnen. Wir wohnten in einem Zelt auf der vorgelagerten Düneninsel. Es war Pfingsten, und ein ständiger Wind ging. Das Wasser war eisig. Mit einem Boot kamen wir zu der Felseninsel. Wir wanderten über das mit Bombentrichtern übersäte Oberland. Die meisten Ruinen waren abgeräumt worden. Einige Zeilen neuer Häuser waren fertig gebaut und auch schon bezogen worden, es war dieser Typus Haus, der die Stadtvilla der Mutter ersetzt hatte, monotone Klinkerbauten, Türen und Fenster wie rechteckig in die Fassade gestanzte Löcher, schmucklos, eine Verlängerung des Kasernenbaus ins Zivile. Lustlos entworfene und errichtete Bauten, nicht zu vergleichen mit den Neubauten im dänischen Apenrade, die, obwohl ebenfalls schmucklos, doch etwas je Eigenes an Form, Größe und Fensterfügung hatten.

Seine Freundlichkeit und Nachdenklichkeit bewahrten Loewe davor, mich, den Zwanzigjährigen, mit seinem Fachwissen in die Enge zu treiben. Er gab vorsichtig zu bedenken, was an dieser Bebauung dennoch gelungen sei und welches die Voraussetzungen gewesen waren, welche Kosten eine Rolle spielten, und natürlich, das war auch mir bewusst, hätte man dort keine Imitate von Gründerzeitvillen bauen können. Aber auch heute, sehe ich Fotos der Häuser auf dem Ober- und Unterland der Insel, erscheinen sie mir wie ein Sinnbild des so zweckmäßigen wie freudlosen Aufbruchs der jungen Bundesrepublik. Dieser Eindruck muss damals auch einen der leitenden Architekten, Georg Wellhausen, nachdenklich gestimmt haben. Er entwarf und baute die sogenannten Hummerbuden. Bunt und klein aneinandergereiht, mit gleicher Dachform, aber unterschiedlicher Fensterzahl, stehen sie am Hafen und versprechen dem Ankommenden etwas von einem skandinavischen Fischerdorf.

Lothar Loewes Entwurf einer Schule, der als Plan an der Wand hing und als Modell in seinem Appartement stand, war für einen Wettbewerb entstanden. Ein abwechslungsreiches, flaches Gebäude, verglast, mit hervorgehobenen Stahlstützen und Ziegelmauern. Der Entwurf gefiel mir. Wurden die Wände damals noch mit Ziegeln gemauert oder waren es schon Ziegelplatten, die an den Beton geklebt wurden?

Lothar Loewe interessierte sich als Einziger meiner Bekannten für die Konstruktionszeichnungen der Modelle und die Berechnungen der Schnittmuster, ließ sich die Entwürfe zeigen, die geometrischen Gleichungen ähnelten, tatsächlich musste Räumliches umschlossen werden, wie Berechnungen eines Stulpenärmels zeigen:

*Am hinteren Unterärmelteil mißt man*
*$c^2$ von $p^2 = 16$ cm und*
*$y^2$ von $d^2 = 16,5$ cm.*
*Verbinde $x^2$ mit $y^2$.*
*$s^2 =$ die Mitte von $y^2 - x^2$.*
*Was die Strecke $y^2 - x$ zuzüglich Strecke $n^2 - o^2$*
*größer ist als $y^2 - c^2$ ist als Falte bei $s^2$ abzulegen.*
*Der Stulpenteil $y^2 - c^2 - p^2 - d^2$ ist am Unterärmel*
*für sich zu schneiden.*
*Das beim Übertragen des hinteren Unterärmelteils*
*bei h entstandene Loch ist verlaufend auszugleichen.*

Wir gingen in die *Schauburg,* in der eine Reihe italienischer Filme des Neorealismus gezeigt wurde. *Rom, offene Stadt* und *Paisà* von Roberto Rossellini kannte ich bereits, getroffen von dieser Wucht der Bilder schaute ich sie mir abermals an. Jetzt saßen wir und sahen die *Fahrraddiebe* und *Schuhputzer* von Vittorio De Sica, Luchino Viscontis *Weiße Nächte* und diskutierten auf dem Weg zu Loewes Wohnung über eine Ästhetik der Wirklichkeit, die nicht durch lange Erzählungen aufgeblasen wird, sondern von der Bedeutung des Beiläufigen, des Alltäglichen lebt.

In seinem Appartement hörten wir Miles Davis, *Kind of Blue,* und er zeigte mir den Entwurf der Berliner Philharmonie von Hans Scharoun und den Plan von Alvar Aalto für das eben fertiggestellte Kulturhaus in Wolfsburg. Beide Bauten sind, betrete ich sie, mit Lothar Loewe verbunden, wie er die verschobenen Seitenflächen Scharouns begeistert deutete, noch war der

Bau nicht abgeschlossen. Erstmals hörte ich bei ihm Karlheinz Stockhausen, das Stück *Gesang der Jünglinge im Feuerofen*. Ein eigentümliches, sich tief einprägendes Hörerlebnis, traumhaft verstörend die sich überlagernden Stimmen, aus denen hin und wieder eine verständlich heraustönte.

Lothar Loewe war ohne jeden Bekehrungseifer ein Kenner der Moderne, ihrer Grafik, Musik, der Architektur und der Literatur. Er zeigte mir das gerade erschienene *Textbuch 1* von Helmut Heißenbüttel, las ein Gedicht vor, die Sprache war kalt, reduziert und fern jeder Bildgewohnheit. Die rhythmisierte Wiederholung abstrakter Wörter erzeugte einen so ganz anderen, fast maschinenhaften Klang als der gewohnt melodische von den mir bis dahin bekannten Gedichten. Wenige Monate später, im Braunschweig-Kolleg, stieß ich mit Benno Ohnesorg wieder auf Helmut Heißenbüttel.

In dem Heft *Akzente 1, 1961* waren Gedichte, Thesen und eine kontroverse Diskussion zum Thema *Lyrik Heute* abgedruckt, mit Beiträgen von Günter Bruno Fuchs, Günter Grass, Rudolf Hartung, Walter Höllerer, Franz Mon, Peter Rühmkorf und Helmut Heißenbüttel.

Helmut Heißenbüttel:

*Meditation d*
*Schraffuren von Spiegelungen und Reflexe und*
  *Nachmittage*
*Nachmittage und Nachmittage und Nachmittage*

*Nachmittage sind gebräuchlicher als*
  *Vergangenheiten*
*Nachmittage sind nicht häufiger als*
  *Vergangenheiten*
*der Nachmittag mit dem ich benenne ist*
  *benennbarer als Vergangenheiten*
*langsam entfernte Nachmittage durch eine Schraffur*
  *von Spiegelungen*
*fortgegangene Fortgänge verweisen*
*gesprungene Spiegelflächen und gesprungenere*
  *Nachmittage*
*gesprungenere Nachmittage und gesprungenere*
  *Nachmittage*

Wohltuend war Heißenbüttels Nüchternheit, wie er die Sprache als Material verstand, den Autor als Produzenten und damit den Text von jedem metaphysischen Qualm befreite.

Aus der weiteren Lektüre Heißenbüttels blieb die Erkenntnis, dass Sprache aus sich eine Struktur entwickeln kann, die nicht auf Abbildbarkeit zielt, sondern in ihrer Dynamik eine eigene Wirklichkeit kreiert und eine Referenz zu jener schafft, die nicht ohne Weiteres beschreibbar ist. Und ganz wichtig, Heißenbüttels Insistieren auf der Fülle der Sprache, der alltäglichen wie der literarischen, auf der Unendlichkeit des vorgefundenen Sprachmaterials, auf den verschiedenen Sprechakten, auf Zitaten, auf Einbeziehung des Alltags, auf Film, Fotografie, Musik und Pop. Die Montagetechnik war für die Struktur eines Romans wie *Morenga* entscheidend.

Während der Arbeit an meinem ersten Roman *Heißer Sommer* habe ich Heißenbüttel geschrieben und ihm, dem Redakteur des Süddeutschen Rundfunks in Stuttgart, Texte und Ausschnitte aus dem work in progress zugeschickt. Seine Antwort kam schnell, er wolle mich in München treffen, und er sagte zu, im Radio-Essay des Süddeutschen Rundfunks etwas aus dem Manuskript zu senden. Er kam nach München, ein großer, massiger, gar nicht pompös auftretender Mann, dessen Biografie am leeren linken Jackenärmel abzulesen war. Er lud mich in ein italienisches Restaurant ein, fragte nach meiner Arbeit, nach meinem Studium, fragte ausführlich nach meiner vormaligen Kürschnerarbeit und nahm mich nach dem Essen zu einem Galeriebesuch bei van de Loo mit. Ein paar Wochen später konnte ich zur Aufnahme ins Studio des Süddeutschen Rundfunks nach Stuttgart fahren, ein Hotel war reserviert und auch das Tonstudio für ein Gespräch und für die Lesung eines Abschnitts aus dem erzählenden Teil und den darin eingeschnittenen sprachreflektierenden Passagen des Romans.

Da war nicht nur die Lust an der Diskussion mit dem so eigenwilligen wie anregenden Mann, selbst wenn man nicht einer Meinung war, für mich waren das auch jeweils vier Monatsmieten. Durch die späteren, weiteren Sendungen gewannen nicht nur die Bücher Aufmerksamkeit, sondern auch der Autor, ich, und zwar in doppelter Weise, denn Heißenbüttels Anregungen führten zu neuen Texten, es waren Verpflichtungen zur Arbeit an der Literatur, zur Fortsetzung eines kritischen Gesprächs. Das war die große, wichtige Zeit des Rundfunks.

Wenn es ein Nachleben geben sollte, woran ich nicht glaube, würde ich für Helmut Heißenbüttel einen Stein in die Waagschale werfen. Und, um das bei dieser Gelegenheit zu sagen, den zweiten bekäme Hanns Grössel, den ich bei jeder Fahrt nach Köln in seinem WDR-Büro besuchte, wo es Kaffee und Streuselkuchen gab. Hanns Grössel erscheint mir hin und wieder im Traum und sagt: Herr Timm, schreiben Sie doch über Chamisso, denken Sie nur, dieser Dreiklang: Morenga – Chamisso. Ein Wunsch, eine Forderung, die noch immer auf ihre Erfüllung wartet.

Den Namen des Büros, in dem Lothar Loewe arbeitete, hatte ich vergessen, ihn jetzt aber im Internet gesucht und gefunden. Mit der Architektengemeinschaft Friedrich Spengelin hat Loewe unter anderem 1972 bis 1974 eines der größten Bürohäuser Europas in der Hamburger City Nord gebaut. Ich habe mir den Bürokomplex angesehen und die Sechseckstruktur bewundert, die um drei rote Türme angeordnet ist, das gewaltige Bauvolumen gliedert und optisch reduziert. Friedrich Spengelin war, das Ergebnis meiner jetzigen Nachforschung, der Architekt, der auf Helgoland die von mir als so langweilig bezeichneten Häuser gebaut hatte.
    War Lothar Loewe damals schon bei Spengelin?

Hatte ich Loewe von dieser Frau aus Goldap und von ihrem ostpreußischen Siedlungsprojekt erzählt? Welche Möglichkeiten für Architekten, für Stadtplaner. Man hätte das Konzept der Moderne in der Lüneburger

Heide verwirklichen, die kleinen Städte von zehntausend Einwohnern hätten ein jeweils eigenes Gepräge bekommen können. Ausgerichtet an der skandinavischen Architektur: Weiß und Farbe, Besonderheiten in der Dach- und Fensterform. Den ostpreußischen Dialekt in einer hellen, im besten Sinne modernen Stadtarchitektur hören. Auch die Landwirtschaftsbetriebe, die Wohnhäuser, Ställe, Hallen, Scheunen wären licht, funktional gewesen und dennoch nicht von dieser Monotonie und Einfallslosigkeit der Helgoland-Bebauung. Eine Referenz an Kant und Herder, an die Aufklärung. Die Bürger hätten ihre Vorstellung vom Wohnen und Zusammenleben demokratisch einbringen können. Ich vermute, Lothar Loewe, dieser kluge, zurückhaltende Mann, hätte meine Begeisterung mit dem richtigen Argument bremsen können, zum Beispiel, dass die Architektur der Häuser, wäre das Ostpreußen-Projekt Wirklichkeit geworden, wohl eher den Modellhäusern vom SS-Siedlungsamt geähnelt hätte, die im eroberten Ostraum gebaut werden sollten.

Zum Abschied hat mir Lothar Loewe drei Bände von Bertolt Brecht geschenkt: *Gedichte,* doppelter Schutzumschlag, gelb, fadengebunden, den Klappentext hat Peter Suhrkamp geschrieben, erschienen im Jahr 1960. Ich habe sie gehütet, und sie sind bei all den Umzügen nicht verloren gegangen. Im ersten Band steht eine Widmung in schwarzer Tintenschrift: *Zur Erinnerung an gemeinsame Erlebnisse. April 61, Lothar Loewe.*
Was für ein staunenswerter Reichtum an Formen,

Wortbildungen, Rhythmen, ungewöhnlichen Reimen, vor allem diese lyrische Nüchternheit, das Schnodderige, die Alltagssprache, die Ellipsen, Oxymora und Paradoxa, die dialektischen Brechungen. Wer sich verleiten lässt, diesem Brecht sprachlich zu folgen, kann, das war mir sogleich klar, nur Epigone werden.

Im Braunschweig-Kolleg angekommen, habe ich in den drei Bänden gelesen. Und beides gefeiert, die Opulenz der Sprache und die kritische Sicht, den nüchternen, ja zynischen Blick auf die großen Gefühle wie Liebe, Treue, *glotz nicht so romantisch,* und die Härte: *Vom ertrunkenen Mädchen.* Auch das Sangbare dieser Gedichte, wie bei der *Ballade von den Seeräubern,* die später auf der Schallplatte von Ernst Busch ihre Stimme bekam:

*O Himmel, strahlender Azur!*
*Enormer Wind, die Segel bläh!*
*Laßt Wind und Himmel fahren! Nur*
*Laßt uns um Sankt Marie die See!*

Die Mauer war im August 1961 gebaut worden. Drei Wochen nach dem Mauerbau machte unser Kolleg-Jahrgang einen Berlin-Besuch, bezahlt vom Bundesministerium für gesamtdeutsche Fragen. Berlin-West wurde uns gezeigt, zugleich die westliche Freiheit und die soziale Marktwirtschaft gefeiert. Die Verzweiflung und die Wut der Berliner Bürger waren an der im Bau befindlichen Grenzanlage zu erleben, wo sie, buchstäblich über Nacht von ihren Nachbarn und Freunden getrennt, standen und sich über die provisorischen Stacheldrahtrollen Nachrichten zuriefen. Von Haus zu Haus wurde aus den Fenstern mit Bettlaken und weißen Tüchern gewinkt.

Ich bin mit der S-Bahn durch die sächselnd bürokratischen Kontrollen nach Ostberlin gefahren, noch gab es den *Palast der Tränen* nicht, und in das Theater am Schiffbauerdamm gegangen. *Die Dreigroschenoper* wurde gegeben. Mit dem von der Lektüre der Gedichte geübten Ohr kam ein Staunen darüber, was Theater sein kann. Eine lustvoll sinnliche Gedankenmaschine.

Warum habe ich Lothar Loewe bei einem der späteren Besuche in Hamburg nie angerufen? Ich kann es mir nicht erklären, auch nicht, weshalb ich andere Freundschaften und Lieben nie wieder aufgesucht habe. Sie schienen mir abgeschlossen und plötzlich sehr fern und fremd, wie ich mir selbst auch, erst jetzt kommen sie mir wieder näher.

Ein das Leben entscheidendes Buch muss uns zufallen, geschenkt werden, meist als Empfehlung, und sehr selten, aber auch das geschieht hin und wieder, schenkt es sich selbst, wie *Der Fremde,* der im Antiquariat Lüders, Hamburg-Eimsbüttel, auf dem Tisch lag, in einem himmelblauen Leineneinband, und dort auf mich wartete. Ein paar Bleistiftstriche waren auf den Seiten, ein Zettel mit einer Telefonnummer, dahinter ein vergessener Name und diese ersten beiden, so knappen wie harten

Sätze: *Heute ist Mama gestorben. Vielleicht auch ges-tern, ich weiß es nicht.*

In Lüders' Handschrift stand da: Sehr guter Zustand. 5 DM. Albert Camus, von dem ich bis dahin nichts ge-lesen hatte. Johnny-Look, mit dem ich hin und wieder in der Buchhandlung stöberte, legte die fünf Mark aus, nein, er bestand darauf, mir das Buch zu schenken. Ich könne es ihm ja mal ausleihen. Ich ging mit dem Buch zur Kasse – und ahnte nicht, dass es mein Leben be-stimmen würde.

Die Lektüre war eine Offenbarung. Die Faszination, die von diesem Roman ausging, lag in der kühlen sprachlichen Distanz, mit der die Dinge und Menschen beschrieben wurden, bei einer gleichzeitigen Feier der Mittelmeerlandschaft, von Meer, Sonne, Sand. Solche schnörkellosen, lapidaren Sätze, mit denen die Ge-schichte eines Mannes und eines Mordes ohne klares Motiv erzählt wird, zugleich der Verzicht auf alles Ge-fühlige und Moralisierende, so etwas hatte ich noch nicht gelesen. Meursault, der ungerührte Held der Geschichte, steht in seiner radikalen Ehrlichkeit, sei-ner Ablehnung jeder Konvention und in dem Verzicht auf vorschnelles Einverständnis für eine entschiedene Eigenständigkeit.

Um die Wirkung des Romans zu verstehen, der nicht nur mich, sondern viele meiner Generation ergriff, muss man von den Fünfziger- und frühen Sechzigerjahren sprechen, von der Zeit des selbstgefälligen Wirtschafts-wunders, vom Verschweigen der Untaten, der fraglosen Autorität der Eliten, den erstarrten Konventionen, von den Tanztees, Verlobungen, Antrittsbesuchen, den seichten Schlagern, den Heimatfilmen, dem einzigen genuin deutschen Filmgenre, von der großen Heuchelei. Der Fund des himmelblauen Buchs bescherte mir eine so ganz andere, nüchtern kritische Sicht auf mich und die Welt, und später am Braunschweig-Kolleg, durch Gespräche mit Benno Ohnesorg angeregt, wurde das Interesse an Frankreich und dem Existenzialismus verstärkt durch die Lektüre der Romane von Jean-Paul Sartre und Simone de Beauvoir, durch die Lyrik von René Char und vor allem durch Filme von Jean-Luc Godard, François Truffaut und Éric Rohmer.

Aber noch arbeitete ich bis in die Nacht an Schnittmustern und Mänteln. Der sächsische Kürschnermeister hatte einen Mantel aus Seehundfellen verhunzt. Die Auslassschnitte in den Fellen waren von ihm falsch berechnet worden. Die Teile zu knapp, und wie in einem meiner Schreckträume zeigte das Rückenteil eine tiefe Delle. Der Meister hatte die Teile mit Wasser eingestrichen und versucht, sie durch Ziehen in Form zu zwingen, was, wie man sofort sehen konnte, unmöglich war. Die drei nassen Teile lagen eingerollt und triefend wie unförmige tote Seehunde auf der Zweckplatte. Das einzige Mal, dass ich das Gefühl hatte, vor toten Tieren zu stehen. Der sächsische Meister kam am nächsten Tag nicht ins Geschäft. Blieb einfach weg. Keine Erklärung. Holte sich auch den ausstehenden Lohn nicht ab. Er war desertiert.

Und ich war ratlos. Weder meine Erfahrung noch mein Können reichten aus, um die misslungene Arbeit zu richten. Ich bat Johnny-Look um Hilfe. Er kam in unsere Werkstatt, trennte die Nähte, die schief und krumm waren, auf, verschob, schnitt neu ein, was äußerst kompliziert war, da die Nähte im Seehundfell zu sehen sind und als ein geometrisches Muster auch gesehen werden sollen.

Johnny-Look schaffte es, aus der Fellruine, von der ich dachte, man könne sie nur wegwerfen, einen glanzvollen Mantel herzustellen. Er war ein wirklicher Meister. Wir haben ihn eingestellt und arbeiteten die letzten Monate zusammen.

Es muss im Frühjahr 1961 gewesen sein, aber meine Erinnerung, die bildhafte, führt mir die Situation hartnäckig als Sommernachtstraum vor Augen, das Fest in der Modehochschule. Oder war es das Künstlerfest Li-LaLe? Nein. Ein irrwitziges, trunkenes Fest, bei dem die Kreationen der Studenten der Modeschule am Lerchenfeld vorgeführt wurden. Mit Kommentaren, die das Gezeigte ankündigten: Zwitscherlinge, die Nacht der wilden Reiher, der Bär und Rosenrot.

Wir standen am Rand, Jensen und ich, beobachteten die Tanzenden, besonders diese Studentin mit der schwarzen Tüllexplosion auf dem Kopf, die Augen schwarz geschminkt, am Körper wie eine Haut ein schwarzer mit silbernen Halbmonden beklebter Lycra-Anzug. Ich hatte Jensen überredet, mit mir auf die Jahresfeier zu gehen, die den werbewirksamen Ruf hatte, wild und frei zu sein. Wir standen und schauten dieser tanzenden Wildnis zu, als plötzlich die Studentin mit der schwarzen Tüllwolke auf dem Kopf aus der rasenden Menge heraussprang und mich hineinzog. Die Band spielte Rock 'n' Roll und gemischte lateinamerikanische Rhythmen. Zierlich war die junge Frau, aber von einer erstaunlichen Kraft, riss mich herum, drehte mich, die Tanzstunden halfen hier nicht, keine mexikanischen Kreisel, keine sichelförmigen Rumbaschritte, dies war ein Höllentanz. Ich rauchte nicht, Haschisch war damals noch selten, aber vielleicht war die Cola angereichert worden: Ich sah Hunde zierlich in Ballettröckchen tanzen, und weiter hinten wurde ein Wettbewerb im Zwergenwerfen ausgefochten. Helme wurden verteilt, reife Orangen regneten vom Himmel. Zwei Boxer traten in Strapsen gegeneinander an, ein Bär im Abendkleid hob die Tatze segnend über die Tanzenden. Den schwarzen Tüll ihres Huts im Gesicht, saß sie mir, klein, zierlich, beim Tanzen auf dem Oberschenkel, schrie mir ins Ohr: Vorsicht, ich bin die Lilith!, drückte mir, den sie gezwungen hatte niederzuknien, ihren Busen ins Gesicht, plötzlich wurde sie mir weggerissen, verschwand mit einem Mann, der eine Hahnenfeder am Hut hatte, im Gedränge. Ich musste mich setzen, Luft holen. Das Hemd war mir aus der Hose gerissen worden, einen Slipper hatte ich verloren. Ich stand auf, hinkte zur Mitte der Tanzfläche, suchte am Boden, wurde von den Tobenden angerempelt, sah, wie Lilith weiter hinten mit meinem Schuh Fußball spielte, ihn zu anderen Tanzenden kickte, die ihn weiterschossen, schließlich konnte ich ihn greifen.

Ich stand, nun in beiden Schuhen, da und beobachtete, wie der Mann mit der Hahnenfeder mit Lilith knutschte. Ich muss wirr geredet haben. Nein, sagte Jensen, du schlägst ihn nicht. Bleib sitzen. Ausatmen, ganz tief einatmen, wieder ausatmen. Warte hier, bleib sitzen. Er brachte mir ein Glas Wasser.

Du hast doch nur Cola getrunken? Er fühlte meinen Puls. Meine Güte, sagte er.

Grau und undeutlich, sehr weit entfernt war sie, an die ich nur sehr selten gedacht habe, jetzt, während ich schrieb, tauchte sie plötzlich wieder auf und kam näher, ist jetzt bedrängend nahe, fragt, warum ich mich feige habe verleugnen lassen, sieht mich streng an, die Augenbrauen schwarz nachgezogen, die Wimpern angeklebt, der Mund voll und dunkelrot, ich träume von ihr, verwirrende Träume, die im Aufwachen, auch bei äußerster Konzentration, nicht festzuhalten sind. Doch dann dieser: Lilith sitzt im Cabriolet und lässt einen ellenlangen roten Seidenschal im Fahrtwind flattern. Wir fahren in großer Geschwindigkeit durch die Stadt. Es muss Hamburg sein, denn am Dammtor-Bahnhof steht ein Schutzmann im weißen Mantel auf dem Podest und regelt den Verkehr. Er hebt mechanisch die Arme, winkelt sie an. Er trillert mit der Pfeife. Liliths roter Schal reißt den Polizisten vom Podest. Ein Menschenauflauf. Lynchrufe werden laut. Der am Boden Liegende bin ich.

Wir hatten uns in der Bar des Streit's-Kinos am Jungfernstieg verabredet. Ein Kino mit einer Bar, in der ein ergrauter Pianist bekannte Melodien spielte und hin und wieder, wenn er diese Melodien selbst nicht mehr ertrug, jäh hart gezackt improvisierte, nur kurz, damit das biedere Völkchen nicht irritiert aus der Bar lief. Lilith hatte sich einen Manhattan bestellt und ich eine Cola mit Eis, wobei ich mich heute frage, wie ich das klebrige Gesöff, das lediglich durch das Eis ein wenig an Süße verlor, über Jahre getrunken habe, während um mich herum ausgiebig Bier, Wein und Korn konsumiert wurden. Sie kam in einem schwarzen Pullover und einem kurzen, engen hellgrauen Rock. Einige mutige Frauen trugen inzwischen ihre Röcke und Kleider kniefrei. Eine Freundin, ihre Mutter hatte die Kürzung strikt verboten – zu nuttig! –, krempelte, ging sie aus dem Haus, den Rock zweimal im Bund um, zupfte den Pullover darüber. Kam sie zurück, zog sie den Rock wieder hinunter bis zum Knie. Ein Kampf um Zentimeter.

Lilith, die vor mir im Sessel saß und so selbstverständlich die übereinandergeschlagenen Beine zeigte, das schwarze Haar hochgesteckt, schwarz geschminkt die Augen, darin irritierend die schwarzen glatt glänzend spiegelnden Pupillen. Man sah, ihr Vater kam aus dem Süden. Wir sprachen über den Film, den wir uns ansehen wollten, meine Erinnerung sagt *Außer Atem,* obwohl der schon ein Jahr vorher in die Kinos kam, und wir redeten über Henry Miller, von dem ich, er schien mir zu Lilith zu passen, erzählte, woraufhin sie sich als eine Kennerin Millers zu erkennen gab, die weit mehr von ihm gelesen hatte als ich und mich darüber aufklärte, dass Anaïs Nin, von der ich noch nichts gehört hatte, seine Geliebte gewesen war. *A Spy in the House of Love.* Unbedingt lesen! Nin schreibe besser als Miller. Beide hatte sie in New York gelesen.

Sie war nach Erik dem Roten und dem Friseur die dritte Person, die mir als Augenzeugin von dem so fernen und doch wunschnahen Amerika erzählte, von Brooklyn, von den Kneipen, den Buchläden, Geschäften, von den Jazzclubs, und auf die Frage, wie sie dorthin gekommen sei, sagte sie, mit ihrem Freund, der Filmrechte handele. Sie bestellte noch einen Manhattan und brachte das Gespräch, als sei das der Grund unseres Treffens gewesen, auf ihren Freund, der verheiratet sei, Frau und zwei Kinder, und – wo sonst? – in Blankenese wohne, mit Blick auf den Strom. Einmal war sie dort gewesen und dem Mann sofort verfallen, ja, sofort, obwohl oder vielleicht gerade weil seine Frau danebenstand, eine sehr schöne Frau, freundlich, perfekt, aber langweilig, Faltenrock, grauer Pullover und Perlenkette. Er habe sie gleich nach dem Besuch angerufen und sich mit ihr in einer Eisdiele verabredet, tatsächlich war sie mit ihm Eis essen, wie ein Schulmädchen. Aber von der Eisdiele gingen sie direkt ins Hotel. Damals hatte sie gerade angefangen, Kunstgeschichte zu studieren, war dann zur Hochschule gewechselt. Mode. Haute Couture. Das habe sie immer interessiert. Er hatte sie darin bestärkt. Kunsthistorik, da machst du später Führungen oder lässt Kinder mit Ton kneten.

Als ich etwas sagen wollte, sagte sie: Ich weiß, mir fehlte der Vater, nie kennengelernt, aber das zu wissen, hilft nicht. Er kam aus Venezuela. Auf ihren Vater hatte ich sie gar nicht ansprechen, sondern nur fragen wollen, wann sie ihren Abschluss an der Modeschule machen wollte. Auf die Frage antwortete sie nicht, sondern sagte, sie habe mehrmals den Versuch unternommen, sich von dem Mann zu trennen, habe mit anderen Männern etwas angefangen. Aber dann ruft er an, will mich sehen, nein, sofort, unbedingt, jetzt, jetzt, es reiße ihm die Brust entzwei, er könne nicht mehr atmen, verstehst du, ich komme um, nur sehen, dich sehen, wenn ich dich nicht sehe, die Augen spüren dich, verstehst du, und dann treffen wir uns, in dieser dummen Eisbar, und alles fängt wieder von vorn an.

Was sagt seine Frau dazu?

Sie billigt das. Hin und wieder treffe ich sie. Wir besprechen praktische Probleme. Sie will nur nicht, dass ich zu ihr ins Haus komme. Aber das will ich auch nicht.

Lilith schüttelte den Kopf und legte mir eine Hand auf den Oberschenkel.

Der Barpianist, dem ich einmal nach der Improvisation gesagt hatte: Prima, das ist ja ein Gruß an Thelonious Monk, warf mir einen aufmunternden Blick zu.

Nach einer langen Pause sagte sie: Ich möchte, dass du den Mann einmal siehst.

Warum?

Du musst ihn einmal gesehen haben. Du musst wissen, wie er aussieht. Ich will wissen, was du von ihm hältst.

Wie kommst du auf mich?

Lilith sieht das, sagte sie und sprach von sich in der dritten Person. Du kannst sie retten.

Wie das?

Du bist unschuldig.

Na ja.

Doch. Doch.

Sie wohnte in der Blumenstraße, in der Dachwohnung einer zweistöckigen Villa aus der Gründerzeit. Das Wohnzimmer mit zwei Fenstergauben war mit großen Volants behängt, übergroße Blumenmuster, Schnüre mit grünen Troddeln hingen von der hohen Decke. Ein großer Tisch stand in der Mitte des Raums, darauf Entwurfpapier. Expressive Kohlezeichnungen von Mänteln, Jacken und Kleidern. Da war, wie ich mit einem Blick sehen konnte, viel Stoff vonnöten. Arbeiten für die Modeschule. Aus der hinteren Ecke war ein Krächzen zu hören. Dort stand ein mannshoher, oben runder, mit einem Tuch abgedeckter Metallkäfig. Sie zog das schwarze, mit roten Fransen gesäumte Tuch vom Käfig. Ein Kakadu saß auf der Holzsprosse. Den hat Harald mir geschenkt.

Das Tier begann zu krächzen.

Hörst du, fragte sie, was er sagt?

Nein.

*Ich liebe dich.* Ich hasse das Vieh. Das hat ihm Harald beigebracht und noch etwas.

Der Kakadu krächzte.

Was sagt er?

Das kann ich nicht sagen, zu vulgär, Harald sagt, das komme vom Vorbesitzer. Glaube ich aber nicht, sagte sie, man erkennt doch Haralds Stimme. Ich hasse das Vieh.

Sie starrte in den Käfig. Wasser hat er noch. Und nach einer Pause: Du musst mich retten, du musst mich vor diesem Mann retten.

Wie denn?

Willst du ihn sehen?

Warum? Nein. Eigentlich nicht.

Du musst. Damit du mich verstehst.

Der Mann mit der Hahnenfeder?

Was? Nein, der nicht. Versprich mir, dass du mir hilfst.

Als ich morgens aus dem Bad kam, sagte meine Mutter: Gott! Was ist das?

Ich blickte in den Spiegel, rot, deutlich sichtbar, Zahn für Zahn, der nächtliche Biss in die Brust, knapp über dem Herzen.

Gestoßen, sagte ich.

Was mich begleitete, war ihr Parfum, ein süßlich schwerer Duft. Er haftete auf der Haut, wollte nicht verfliegen und blieb als eine Körpererinnerung. Ich habe versäumt zu fragen, wie das Parfum hieß, und später, selten, ist mir dieser Tropenduft wieder begegnet. Die fremden Trägerinnen des Dufts mochte ich nicht nach dem Namen des Parfums fragen. So bleibt es, spüre ich ihn überraschend, bis heute, eine Sinnesverwirrung.

Lilith hatte einen Tisch für mich in *Jacobs Restaurant* an der Elbchaussee bestellt, dort sollte ich mich um zwanzig Uhr einfinden. Als Kind hatte ich mit Vater und Mutter, als das Geschäft noch brummte, ein paarmal in dem als fein geltenden Restaurant gegessen.

Ich hatte mir ausreichend Geld eingesteckt – noch gab es keine Kreditkarten – und wurde zu einem Einzeltisch geführt. Lilith hatte alles genau vorgegeben, der Tisch stand neben dem großen Tisch, an dem die kleine Gesellschaft saß, darunter Peter Frankenfeld, den man samstags mit seiner Fernseh-Talentsuche *Toi-Toi-Toi* im heimischen Wohnzimmer sehen konnte. Lilith kam in einem aus Hamburger Sicht schrillen Kleid, sehr kurz, der untere Saum gefältelt und ausgestellt, dunkelblau mit großen roten Klatschmohnblüten. Von den anderen Tischen wurde ihr unhanseatisch nachgeschaut. Sie streifte beim Vorbeigehen meinen Tisch. Hinter ihr der Mann, den ich beobachten sollte, groß, das Wort stattlich passte gut zu ihm. Das blonde Haar angegraut, ein schwarzer Blazer, ein weißes Hemd, rot-dunkelblau gestreifte Krawatte und ein breit weißes Zahnlachen. Sie saß neben Peter Frankenfeld und leicht an diesen angegrauten Mann gelehnt, hielt seine Hand demonstrativ in ihrer – oder war es umgekehrt? – und blickte mit ihren glänzenden Augen hin und wieder zu mir herüber, teilnahmslos wie auf einen Fremden. Ich saß, trank stilles Wasser und hörte zu. Frankenfeld erzählte von New York, wo er schon vor einiger Zeit gewesen war, von Shows, wie genau die dort inszeniert wurden, Licht, Ton, Musik, der Ablauf.

Das bestellte Stubenküken wurde mir serviert.

Der Herr, vielleicht einen Weißwein?

Nein, danke.

Ich aß das mit geheimnisvollen Kräutern ausgestopfte Stubenküken, trank stilles Wasser und hörte ihr Lachen und das Lachen dieses Mannes, eine tiefe Stimme, sonor, klangstark, nicht unsympathisch. Zwei-, dreimal blickte er zu mir herüber, aber so, als studiere er mich, so wie ich ihn. Einmal schien mir, er habe mir kumpelhaft zugelächelt. Aber vielleicht galt das nur der Erzählung Frankenfelds. Plötzlich dieser Verdacht, sie habe ihm auch von mir erzählt. In was für ein Spiegelkabinett der Beziehungen war ich da hineingeraten?

Ich verlangte die Rechnung und ging.

Wie fandst du ihn?

Sieht gut aus. Mehr kann ich nicht sagen.

Er will mir Geld geben. Ein Modegeschäft. Etwas Neues, für Pelze. Nicht dieses Normale, die Persianerhänger, dieses Schwarz. Denkt man doch an Beerdigung. Ich habe mir gestern dein Geschäft angesehen. Entschuldige, das ist eine Klitsche.

Ich weiß.

Er will Geld geben, wir könnten zusammen etwas Großes aufziehen. Er hat dich gesehen. Fand gut, wie du da einfach gesessen bist und so getan hast, als beobachtest du ihn nicht. Etwas jung fand er dich, sie lachte, ich dich übrigens auch.

Das lässt sich nicht ändern.

Aber die Modelle muss man ändern, überhaupt die Pelzmode. Man muss das anders aufziehen, nicht diesen Wärmewert in den Vordergrund stellen. Sondern die Kunst. Verrücktheit. Die Vermählung mit dem Tier.

Kommt das von ihm?

Nein. Das sage ich. Wer den Mantel trägt, ist ein höchst ästhetischer Tiermensch. Eine Versöhnung.

Ich werde aufhören, ich will etwas ganz anderes machen.

Und was?

Schreiben.

Quatsch. Mode ist deine Begabung. Kürschnerei. Wir können zusammen etwas aufziehen. Etwas Großes, ich mache Entwürfe – oder wir –, du machst die Schnittmuster. Du hast das Muster für diesen Mantel mit dem Tulpenkragen entworfen. Ganz eigen. Großartig. An der Modeschule waren sie alle begeistert. Habe das Modell gesehen, perfekt. Wir würden das schaffen. Was willst du mit dem Studium?

Sie hatte etwas – im Wortsinn – Eindringliches. Nach dem zweiten Biss, der andere hielt sich violett verfärbt hartnäckig, konnte ich nicht mehr mit bloßem Oberkörper aus dem Bad kommen.

Sie rief an, ich ließ mich verleugnen, war bei Kunden oder gab Kurse für Schnittmusterzeichnen. Sie kam ins Geschäft. Meine Mutter, meine Schwester sagten, ich sei leider wieder unterwegs. Abermals kam sie und bestellte sich ein Persianercape. In Rot. Signalrot. Die Mutter war ratlos, sagte, sie habe noch nie ein rotes Persianerfell gesehen. Die müssten wahrscheinlich extra gefärbt werden. Der Preis spiele keine Rolle, habe sie gesagt. Sie nennt dich übrigens immer beim Vornamen, sagte meine Mutter mit einem verschwörerischen Blick, und die Bedingung ist, sie will, dass du den Schnitt und das Cape machst. Ich habe ihr gesagt, dass alles bestellt werden muss. Ich habe einen Fantasiepreis verlangt, sagte meine Mutter, um sie abzuschrecken. Zehntausend Mark. Sie hat sofort die Hälfte angezahlt.

Bar?

Ja.

Und du hast es genommen?

Natürlich. Warum denn nicht? Zehntausend sind doch kein Pappenstiel.

Es war eine Versuchung. Eine, die mir als solche deutlich bewusst war. Zu der Zeit gab es das Pelzatelier von Zoern noch nicht. Aber es war entschieden. Die Abreise stand bevor, und ich spürte, es wurde Zeit.

Meine Mutter, sie war darin perfekt, hatte bei ihr Maß genommen. Dieses Cape war meine letzte Arbeit. Seitdem habe ich keine Felle mehr angefasst. Ich zeichnete einen Entwurf, der nach unten ein wenig konisch verlief, zum Busen führte ein leicht geschweifter Abnäher, die Rückenpartie, lediglich durch zwei kleine Abnäher modelliert, sollte flach herabfallen, die Schultern hingegen waren mit einem gewissen Raffinement gerundet und durch Polster betont, was den einfachen – Lilith hatte einen langen Hals – Ausschnitt hervorhob. Zunächst wurde der Entwurf in Nesselstoff gearbeitet und an einer Lilith in der Figur ähnlichen Näherin anprobiert und ein wenig korrigiert, sodann wurde das Schnittmuster gezeichnet. Die extra rot gefärbten, in der Lockenbildung flach und wellenförmig gezeichneten Persianerfelle mussten mit einer Zackenschablone auf Capelänge eingeschnitten werden. Das Innenfutter war aus tiefschwarzer Seide. Den Verschluss am Hals hatte Lilith geliefert: eine Klammer in Form einer zierlichen Lyra.

Nie habe ich Lilith in dem Cape gesehen. Als meine Mutter sie anrief, das Cape sei fertig, hörte sie, das Geld werde überwiesen, kommen könne sie aber nicht. Ein überraschender Termin – sie fliege nach Amerika.

Vier Tage nach der Fertigstellung fuhr ich nach Braunschweig.

Die Mutter schrieb mir zwei Wochen später dorthin, das Cape sei abgeholt worden, nicht von Lilith, sondern von einem Chauffeur. Ein wenig enttäuscht war ich, dass Lilith sich nicht für diese Arbeit bedankte, auch nicht nach Braunschweig kam, um mich umzustimmen. Eine Eitelkeit, zugegeben, keine gute Eigenschaft. Ihr Erscheinen hätte unter den Kollegiaten ziemliches Aufsehen erregt.

Jahre später schickte mir meine Mutter Ausschnitte aus einer Modezeitung nach Paris. Lilith – sie war inzwischen blond – hatte in Amerika ein Modelabel entwickelt. Überraschend war, wie einfach und schlicht die Mäntel, Jacken und Hosen für Frauen wirkten. Das Label hatte sich offenbar nicht durchgesetzt oder war bald aufgekauft worden. Ich hörte danach nie wieder von ihr und habe auch nicht nachgeforscht.


Eine Persianerjacke (Mantel? Cape?) ist von Motten zerfressen geliefert worden. Die Locken fallen wie kleine Flocken zu Boden. Bei dem Versuch, die kahlen Stellen herauszuschneiden, zerreißt das Leder, und eine

Stimme sagt: Das ist das Blut. Tatsächlich ist die Flüssigkeit aber nicht rot, was mich sehr verwundert.

Das Besondere an dem Traum war, dass ich jahrzehntelang nicht mehr von der Kürschnerei geträumt hatte. Früher hingegen hatte ich mehrmals diesen Schrecktraum: Die Geschäftstür geht mit dem ihr eigentümlichen Glockenzeichen auf und er, der Vater, kommt herein, eine dunkle, mächtige Gestalt. Er hatte sich nur tot gestellt.

Ich habe damals nicht die von ihr so gefeierte Anaïs Nin gelesen. Ihre Exaltiertheit hatte mich nicht zum Lesen motiviert. Bis jetzt hat dieser damals so emphatisch empfohlene Roman *Ein Spion im Haus der Liebe* warten müssen. In den Siebzigerjahren wurde er hauptsächlich von Frauen und Mädchen gelesen, Freundinnen lasen ihn, als seinerzeit über sexuelle Befreiung diskutiert wurde. Oft begleitet von einem intensiven Maiglöckchenduft, wie inszeniert für die frühe Erzählung der Autorin: ein gefährliches Parfum. Heute kennt keiner der jungen lesenden Menschen in meinem Umkreis Anaïs Nin.

Der Roman *Ein Spion im Haus der Liebe* ist seit Langem vergriffen, und die Bestellung über ZVAB brachte für drei Euro ein dtv-Taschenbuch mit muffigem Kellergeruch ins Haus. Der Piatti-Umschlag zeigt eine in Aquarell gemalte Frauenbüste, große schräge Augen. Heute ein unmöglicher Umschlag. Eine Ausgabe von 1987, klein gedruckt, höchst anstrengend zu lesen.

Diese Selbstentblößung der aus der Sie-Perspektive schreibenden Erzählerin scheut keine Sentimentalität, streift manchmal den Kitsch, ist darum auch mutig und hat einige gelungene poetische Stellen. Ein Bericht über das Begehren, über Treue und Untreue, über den Wunsch nach Halt und den nach einem wilden, ungebundenen Leben, über das Verheimlichen und Offenbaren, über die Kraft, die aus der Sexualität erwächst. Die genauen Beschreibungen der Gewissenskonflikte; aus der Lüge erwächst das schlechte Gewissen, das wiederum Lust erzeugt, der Genuss, in zwei so unterschiedlichen Parallelwelten leben zu können. Die eine, die Ehe mit dem in sich ruhenden, erfolgreichen Alan, der ihr, Sabina, der erfolglosen Schauspielerin, die finanzielle Sicherheit gewährt – was im Roman nie zum Thema wird –, demgegenüber die andere Welt, die geheime, die nicht nur in der Fantasie ausgelebte Sexualität mit den Geliebten.

Dieser schwelgerische Ton in Nins Roman, von dem Lilith so fasziniert war, wäre mir, dem damals Albert Camus lesenden Zwanzigjährigen, fremd gewesen: *Und dann geschah es wie ein Wunder: das Pulsieren der Lust, nie erreicht durch erhebende Konzerte, Höhepunkte in Kunst oder Wissenschaft, unerreicht auch durch die königlichen Schönheiten der Natur – diese Lust, die den Leib in ein Feuerwerk verwandelte, das allmählich versprühte in Fontänen des Entzückens. Sie schlug die Augen auf, um den Triumph ihrer Befreiung auszukosten: sie war frei, frei wie der Mann, konnte ohne Liebe genießen.*

Erstaunlich frisch hingegen sind die zeitgeschichtlichen Schilderungen. In einer dieser bedrängend erhellenden Passagen beschreibt Nin, wie sich 1940, als der Einmarsch der deutschen Truppen in Paris droht, die berühmte internationale Künstlerszene auflöst. Nin wählt eine Situation in einem Jazzkeller. Die versammelten Maler, Musiker, Literaten müssen Paris verlassen, sie werden nach Amerika und in all die anderen Herkunftsländer zurückkehren. Zurückbleiben werden die Franzosen und die Staatenlosen. Ein Jazzsänger, der seinen Unterhalt in einem Leichenschauhaus verdient, beschreibt die kommende Zeit: *Cold Cuts zog mit unerwarteter Schnelligkeit eine Autohupe aus der Tasche, befestigte sie an einem Knopfloch, drückte mit jener Inbrunst darauf, mit der eine Frau Parfüm aus dem Zerstäuber drückt, und sagte: »Hören Sie die Sprache der Zukunft! Das Wort wird völlig verschwinden, und die Menschen werden auf diese neue Weise miteinander sprechen!« Und indem er sich mit bemerkenswerter Beherrschung gegenüber den schäumenden Fluten des Alkohols verbeugte, die gegen den Deich seiner Höflichkeit brandeten, brach Cold Cuts zu seiner Pflicht im Leichenschauhaus auf.*

Ungewöhnlich ist die sich aus psychoanalytischen Kenntnissen speisende Beschreibung des weiblichen Körpers.

*Aber sie hatte immer schon die Nacht dem Tag vorgezogen. Im Sommer fiel das Mondlicht auf ihr Bett. Nackt lag sie stundenlang da und fragte sich, wie die Strahlen ihre Haut beeinflussen würden, ihr Haar, ihre*

*Augen, und dann – tiefer eindringend – ihre Empfin-*
*dungen. Ihr schien, als ob durch dieses Ritual ihre Haut*
*einen anderen, einen nächtlichen Glanz annähme, ein*
*Leuchten, das seine volle Kraft nur in der Nacht, bei*
*künstlichem Licht entfaltete. Die Menschen bemerkten*
*es und fragten sie, was geschehen sei. Manche glaubten,*
*sie nähme Drogen. Es verstärkte ihre Liebe zum Mys-*
*terium. Sie fühlte sich mit diesem Himmelskörper ver-*
*bunden, weil er das Gestirn der Liebenden war.*

*Seine Anziehungskraft auf sie, ihr Wunsch, in sei-*
*nem Licht zu baden, erklärte ihre Abwehr gegen Heim,*
*Ehemann, Kinder. Sie stellte sich vor, sie kenne die We-*
*sen, die auf dem Mond wohnten: heimatlos, kinderlos,*
*freie Liebe, die nicht an den anderen gebunden ist.*

Darum also, wie mir erst jetzt, nach der Lektüre, bewusst wurde, die silbernen Halbmonde auf Liliths Lycra-Anzug. Darum auch das Cape, das sie bestellt hatte,
denn diese Sabina im Roman trägt ein Cape: *Ihr Cape*
*war mehr als ein Cape gewesen. Es war ein Segel, es*
*waren ihre Gefühle, die sie in die vier Winde warf, da-*
*mit sie vom Sturm gebläht und gepeitscht wurden. Jetzt*
*hing es schlaff. Auch ihr Kleid hing schlaff.*

Programmatisch wird die Untreue gefeiert, der Wechsel der Partner, die Absage an eine von der Gesellschaft
erwartete Rolle, jegliche Festlegung: *Ich wollte Gren-*
*zen überschreiten, Identifizierungen unmöglich machen.*
*Alles, was einen dauernd in eine Schablone zwingt, an*
*einen Ort, ohne Hoffnung auf Veränderung.*

*Ein Spion im Haus der Liebe* ist wie ein Echo aus der
Vergangenheit, gelesen, während ich schrieb, hat der

Spion die Erinnerung aber auch farbiger werden lassen. Und der junge Mann war nicht unschuldig, wie Lilith glaubte, eher ahnungslos, dörpert, um es mittelhochdeutsch zu benennen. Mein Ausweichen folgte einem Instinkt, der Furcht, dieser Lilith nicht gewachsen zu sein. Hätte ich das Buch damals gelesen, hätte ich vielleicht eine andere Sicht auf den Möglichkeitsraum des Erleb- und Wünschbaren bekommen und ihn nicht nur als eine bedrohliche Exzentrik empfunden.

Noch zwei Wochen bis zur Abreise nach Braunschweig, dann endlich sollte die Zeit der Wahrhaftigkeit, so nannte ich sie für mich, anbrechen.

Zu einer Abschiedsparty hatte Jensen noch drei andere Freunde eingeladen, die sich extern auf das Abitur vorbereiteten, das als Bastion vor jedem akademischen Beruf lag. Jensen hatte das Fest bei einer Bekannten organisiert. Allerdings konnte er dann selbst nicht kommen, da er wieder einmal in irgendein dringliches Geschäft verwickelt war. Die junge Gastgeberin, die in der Firma ihres Vaters, dem zwei oder drei Kinos gehörten, arbeitete, hatte vier Freundinnen hinzugeladen. Ein Foto zeigt uns, das war die Vorgabe von Jensen, festlich gekleidet, die Herren bitte dunkler Anzug mit Papier-Chrysantheme am Revers, weißes Hemd und Fliege. Die Damen bitte im Kleid. Wir sehen aus wie auf dem Abschlussball der Tanzstunde. Der Raum, ein großes Zimmer mit Stuckdecke, verrät, dass die Gastgeberin darin als Kind und Schülerin gelebt hat. Poster von Filmschauspielern an der Wand, das Bücherbord mit den einschlägigen Taschenbüchern und Wörterbüchern vollgestellt, die Deckenlampe mit rotem Krepppapier umwickelt, an Bändern hängende Lampions, auf dem Tisch waren Salzstangen, Erdnüsse, Strohhalme ausgelegt, Saftflaschen und Cola standen reichlich da, aber kein Alkohol, wahrscheinlich war es die Bedingung der Eltern gewesen, damit die Party im Haus gefeiert werden durfte. In einer Ecke des Zimmers an einem kleinen Tisch sitzt ein Mädchen, dessen Namen ich vergessen habe, ja, ich wünschte, ich hätte diesen Namen im Kopf. Sie sitzt da, versunken über den Gläsern, und mixt Cola mit Fruchtsäften, das volle braune Haar zu einem Kranz hochgesteckt, eine Haarsträhne fällt ihr in die Stirn, dunkle Augen, ein weiches, gleichmäßiges Gesicht.

Ein anderes Foto zeigt uns beim Tanz. Sie trägt ein Seidenkleid, dunkellila, meine ich, kurzärmelig. Auch das ist auf dem Foto zu erkennen, das Kleid ist, wie damals viele Kleider der Mädchen, noch maßgeschneidert. Ihre Hand, eine freundliche Faust, auf meinem Rücken, Wange an Wange, ihr Blick ist nach oben zur Decke gerichtet, eher nachdenklich. Eine Szene wie aus dem Truffaut-Film *Schießen Sie auf den Pianisten*.

Ich habe sie nach dieser Abschiedsparty ein paarmal getroffen, wir fuhren an die Elbe nach Rissen, hinunter zu dem alten Fährhaus. Saßen und redeten in der Aprilsonne. Sie hatte ihre Abiturarbeiten geschrieben, war von der mündlichen Prüfung befreit worden und wollte im Herbst mit dem Studium in Heidelberg anfangen, wenn ich mich richtig erinnere, Deutsch und Geschichte, und Lehrerin werden. Sie schwärmte, wie auch andere lesende Freundinnen, von ihrem Deutschlehrer.

Auf ihre Frage erzählte ich ihr, dass ich die Aufnahmeprüfung am Braunschweig-Kolleg bestanden hatte und dort in den nächsten zwei Jahren das Abitur nachholen wollte. Danach studieren. Literatur, Philosophie und vor allem: schreiben, Gedichte, Romane, Dramen. Bescheiden war ich nicht.

Einmal sind wir nach Wittenbergen an die Elbe gefahren. Im Geschäft war nicht mehr viel zu tun, Frühling, die Saure-Gurken-Zeit begann. Am Elbufer lag ein an Werktagen wenig besuchtes Restaurant. Wir blickten auf den Strom, Möwen, die sich auf Stuhllehnen setzten, noch war es kühl, und niemand außer uns saß in dem Restaurantgarten. Mit ihr konnte ich an einem der Tische sitzen, ohne zu reden, nie von diesem irritierenden Gefühl begleitet, ich müsse etwas sagen, müsse eine Unterhaltung in Gang bringen oder in Schwung halten. So vergingen die Zeit und der Nachmittag.

Wir waren vom Geestrücken hinunter an die Elbe gefahren und hatten, die Wolken ballten sich schwarz am Himmel, das Verdeck zugeklappt. Die ersten schweren Tropfen fielen, als ein Blitz, ein unmittelbares Krachen, vor uns herunterzuckte. Hinter der nächsten Kurve lag ein Mann am Boden. Ich hielt, wir stiegen aus. Der Mann war vom Blitz getroffen worden, aber bei Bewusstsein, der linke Jackenärmel war versengt, die Hand stark gerötet, das Zifferblatt der Armbanduhr hatte eine feine gezackte schwarze Naht, als wäre sie von einem winzigen Schweißapparat durchtrennt worden. Der Mann sagte: Ich bin getroffen. Sie blieb bei ihm sitzen, blieb ruhig, ohne Anzeichen von Hektik oder Entsetzen, und redete mit ihm. Ich fuhr zum nächsten Haus, telefonierte nach einem Krankenwagen. Als ich zurückkam, lag der Mann da, den Kopf in ihrem Schoß. Noch immer hatte er keine Schmerzen, redete von seiner Arbeit unten am Ufer, wo die Buhnen verstärkt wurden. Der Krankenwagen kam. Der Arzt untersuchte ihn, sagte: Das nenn ich Glück. Der Arm ist nicht verletzt. Nur schockgelähmt.

Wir verabschiedeten uns von dem Mann, der sagte: Danke.

Er wurde auf einer Trage in den Krankenwagen geschoben.

Hat wirklich Schwein gehabt, sagte der Arzt, kann eine Kerze anzünden.

Sie hatte mir den Gedichtband *Anrufung des Großen Bären* von Ingeborg Bachmann geliehen, der ihr geschenkt worden war. Von ihrem Deutschlehrer? Ich war mit den geschäftlichen Details für die Übergabe des Ladens in die alleinige Verantwortung der Mutter beschäftigt und kam kaum zum Lesen. Zwei oder drei Tage vor der Abreise trafen wir uns in einem Café in Eppendorf. Als ich ihr das Buch zurückgeben wollte, sagte sie: Wenn du magst, behalte es. Ich habe sie nach Hause gefahren, sie stieg aus, ging durch den Vorgarten, drehte sich um und winkte von der Haustür, die, durch einen Mechanismus gebremst, nur langsam zuging. Ein fest eingeprägtes Bild – wie die glänzend messingbeschlagene Tür sich mit einem Ruck schloss.

Erst Monate später, im Herbst, habe ich *Anrufung des Großen Bären* gelesen und abermals Monate später den Dankesbrief geschrieben. Ich bekam keine Antwort.

Das Überraschende an den Gedichten war dieser so ganz andere Ton. Keine Fremdwörter, denen Gottfried Benn in der Lyrik Raum geschaffen hatte, überraschend reimend und widerspenstig, wie in dem Gedicht *Fürst Kraft: er stieg mit festen Schritten / in seinen sleeping-car / und schon war er inmitten / von Rom und Sansibar.* Die poetischen Bilder wurden durch einen schnodderigen, nach Berlin weisenden Ton gebrochen. Und erst recht nicht waren die Gedichte Ingeborg Bachmanns mit der an der Alltagssprache orientierten Sprache Brechts zu vergleichen. Bei Bachmann fanden sich rätselhafte Bilder, ein fragender Ernst und ein mit der Sprache verbundener Klang, der spürbar – so spricht die Erinnerung – unter die Haut ging, von der ich gelernt hatte, welch einen wunderbaren körperlichen Mantel sie bildet, eine Erfahrungsfläche voller rätselhafter Drüsen, feinster Nerven, die zugleich Erkenntnissinn für grenzenlose Lust und Schmerz sind.

In dem Band findet sich ein zarter Bleistiftstrich – von ihr? – am Rand einer Strophe des Gedichts *Erklär mir, Liebe:*

*Erklär mir, Liebe, was ich nicht erklären kann:*
*sollt ich die kurze schauerliche Zeit*
*nur mit Gedanken Umgang haben und allein*
*nichts Liebes kennen und nichts Liebes tun?*
*Muß einer denken? Wird er nicht vermißt?*

*Doktor Faustus* von Thomas Mann war ein Abschieds-
geschenk von Volker Weber. Seit der ersten Volks-
schulklasse kannten wir uns, hatten zusammen gespielt,
Fahrradtouren gemacht, Telefonstreiche. Wir riefen aus
dem Telefonbuch Teilnehmer an, die einen auffallenden
Namen hatten wie Babendererde oder Geisenhanslüke,
und verwickelten die Ahnungslosen in ein Gespräch
mit einem entfernten Namensverwandten, der gerade
in Asien oder Afrika eine Reise machte. Volker schlug
einen Gong an einem Gewürzmörser, kamen die Grüße
aus Hongkong, war der imaginäre reisende Vetter dagegen am oberen Lauf des Kongo unterwegs, trommelte
Volker im Hintergrund auf einem ledernen Papierkorb.
Mal beschrieben wir den Urwald, mal die Flüsse und
immer die jeweils dort lebenden Afrikaner oder Chi-
nesen. Die Kenntnisse hatten wir aus der Zeitschrift
*Rasselbande* und den ambitionierteren Heften von *Das
Zelt* sowie aus Abenteuerbüchern. Die Pygmäen hatten
nur Speere und Pfeil und Bogen, und doch erlegten sie
geschickt Elefanten. Sie gruben neben den Elefanten-
pfaden eine schmale Rinne, nur einen halben Meter tief,
die sie mit Laub und kleinen Ästen bedeckten. Die riesigen Tiere gingen ihren gewohnten Pfad, traten in die
Rinne, stürzten jäh zur Seite und zertrümmerten sich

durch ihr eigenes Gewicht. Eine Geschichte, die mich als Kind ungemein beschäftigt hat, wie diese kleinen Menschen durch Beobachtung und Geschicklichkeit ein so großes Tier ohne Gewehr erlegen konnten.

Nur wenige der Angerufenen hängten ein. Die meisten hörten zu, obwohl sie an der Stimme merken mussten, dass Kinder sprachen. Es waren kleine Hörspiele. Einige Teilnehmer stellten Fragen, die auf den Ort oder den genauen Verwandtschaftsgrad zielten. Volker ließ sich, wenn er telefonierte, davon aus dem Erzählen bringen und hängte dann schnell ein. Ich sagte: Warten Sie, vielleicht kommen Sie selbst darauf, welcher Großneffe ich bin. Schweigen. Andere baten sogar darum, sie wieder anzurufen. Wahrscheinlich waren viele ältere Menschen unter den Angerufenen, auch Hausfrauen, und die Nachmittage dehnten sich. Wir waren gerade vierzehn geworden, in einem knappen Jahr sollte der von den Erwachsenen angedrohte Ernst des Lebens beginnen.

Eines Tages zog sich unser Foxterrier, als Volker kam, den er sonst bellend und an ihm hochspringend begrüßte, in ein anderes Zimmer zurück. Kein Locken brachte ihn heraus. Zwei Wochen später wurde Volker nachts mit dem Krankenwagen in die Eppendorfer Klinik gebracht. Diabetes wurde festgestellt. Er hatte die Nächte kaum geschlafen, war wieder und wieder an den Wasserhahn gegangen, um den quälenden Durst zu stillen. In der Nacht hatte er das Bewusstsein verloren. Ich besuchte ihn im Krankenhaus, wo er schmal und mit blauen Ringen unter den Augen lag. Tut mir leid, sagte er, als müsste er sich für seine Krankheit entschuldigen. Wir hatten eine Fahrradtour nach Dänemark geplant, zu einem Strand, von dem Bekannte erzählten, dass dort viele Mädchen badeten. Fortan musste er sich jeden Tag Insulin spritzen und tat es sachlich, ohne Kommentar, wie nebenher und nie klagend. Die zierliche, aus Jugoslawien stammende Mutter sagte kummervoll, der Junge sei seit der Krankheit ein anderer. Er habe das Lachen verlernt. Der Vater betrieb als Goldschmied ein kleines Juweliergeschäft in einem aus Trümmerziegeln errichteten Neubau. In dem Geschäft und der daran anschließenden kleinen Wohnung roch es nach Mörtel und von fern immer noch nach Brand. Volkers Vater war einmal aus Hamburg rausgekommen, im Krieg, das war das Abenteuer gewesen, als Soldat am Atlantikwall gedient zu haben. Er erzählte, dass der Krieg für ihn hauptsächlich Schwimmen im Atlantik gewesen sei.

Wir begannen zur selben Zeit unsere Lehren. Volker Weber in einem kleinen Goldschmiedegeschäft.

Volker las E. T. A. Hoffmann. Sammelte die verschiedenen Ausgaben. Er interessierte sich nicht für all die anderen Romane, durch die ich lesend wanderte, Salinger, Dostojewski, Thomas Mann, Henry Miller, Camus, die ich ihm nannte und jedes Mal mit einer überbordenden Begeisterung beschrieb. Er las E. T. A. Hoffmann. Er sammelte Erstausgaben und Bücher über E. T. A. Hoffmann. Die umfangreichen schweren Bände waren gespickt mit Zetteln, blaue, weiße, rote und gelbe. Befragt, nach welchem System er da vorgehe, gab er labyrinthische Antworten über die Bedeutung der Figuren, der Orte, der Zeit, der Beschreibungen von Wetter, Büschen, Bäumen, Wasser. Gefragt, was genau ihn an diesem E.T.A. Hoffmann so interessiere, antwortete er: Das Unheimliche.

Vielleicht hatte ihn am Anfang diese Geschichte gefangen genommen: der Goldschmied René Cardillac, der es nicht ertrug, seine so mühevoll und genau gearbeiteten Geschmeide an fremden Körpern zu wissen. Auch vor Mord schreckte er nicht zurück, um sie wieder an sich zu bringen. Sonderbarerweise übertrug sich Volkers literarische Bewunderung seines Handwerks nicht auf das Gelingen.

Als er an seinem Gesellenstück arbeitete, hatten sich die Innungsmeister um ihn versammelt, was er sicherlich als irritierend empfand. Der von ihm entworfene Ring hatte eine kleine kreisrunde, auf den Ring gelötete Fläche, in deren Mitte Volker eine Perle geschraubt hatte. Nun aber musste er um diese Perle herum fünf kleine Goldkügelchen löten – eine höchst diffizile Arbeit. Eine Arbeit, die auf eine Auszeichnung angelegt war. Er arbeitete mit Pinzette und Feingebläse, durch das die Hitze mit seinem Atem reguliert wurde, kein Pusten, sondern nur ein Hauch war erforderlich. Vier Kügelchen waren bereits perfekt festgelötet. Das fünfte misslang, es wurde von einem leichten Feuerstoß getroffen und zerschmolz, wobei ein winziger flüssiger Tentakel auch ein zweites Kügelchen erfasste und in einen winzigen Klecks verwandelte.

Der missglückte Ring erschien mir weit interessanter und origineller als diese biederen, mit einer Perle und winzigen Goldkügelchen besetzten Ringe, die damals in Mode kamen. Sein missglückter Ring sah aus, als hätte Dalí ihn entworfen. Die Innungsmeister entschieden jedoch, dass er die Prüfung im darauffolgenden Jahr wiederholen müsse.

Kurz vor der Abreise besuchte ich ihn in seiner Lehrwerkstatt. Er saß auf einem Arbeitshocker, den Lederschurz vor sich, in dem der beim Feilen anfallende Goldstaub gesammelt wurde, und sagte: Es war, als hätte mich jemand angestoßen. Er schüttelte den Kopf über sein Unglück.

Eine Perle mit zwei Goldtränen.

Wir sind an dem Abend ins Kino gegangen, haben eine Komödie mit Doris Day gesehen, die er sehr mochte, ja regelrecht anschwärmte. *Meisterschaft im Seitensprung*. Er lachte im Kino derart befreit und so selbstvergessen, dass andere Zuschauer sich nach ihm umdrehten. Später heiratete er eine wasserstoffblonde Frau mit Ansprüchen, wie er das nannte. Kinder hätte er gern gehabt, aber der Zucker – und die Frau wollte sowieso keine.

Volker Weber schenkte mir zum Abschied mit einer Widmung den *Doktor Faustus* von Thomas Mann. Ein Paperback der Reihe *Die Neue Serie* im S. Fischer Verlag.

Wie war er auf dieses Buch gekommen? Gelesen hatte er ihn, wie auch die anderen Romane von Thomas Mann, nicht.

Der *Doktor Faustus* war ein Geschenk, das mich im Kolleg durch den Sommer begleitete, abends gelesen in einer tiefen Versunkenheit. Mittags, nach dem Unterricht, vor dem Essen in der Kolleg-Mensa, habe ich eines dieser langen Gedichte von Bertolt Brecht laut gelesen. Als Sprechübung für das Kolleg-Theater. Hinzu kam die empfohlene, letztendlich von der Schulbehörde vorgeschriebene Lektüre der deutschen Literatur. Den Kanon behandelte die Deutschlehrerin Frau Dr. Kranz engagiert und durchaus auch kritisch: Barock, Klassik, Romantik, Realismus, Naturalismus, Expressionismus, schließlich die Literatur der Gegenwart. Eine systematische schulische Lektüre, die das zufällige, anarchische Lesen ablöste.

Nach Braunschweig bin ich mit dem VW-Cabriolet gefahren, das hellgraue Verdeck auf- und nach hinten geklappt, die roten Ledersessel glänzten, gepflegt war der Wagen, die Gummileisten der versenkbaren Scheiben hatte ich mit Talkumpuder eingerieben und den Wagen zuvor durch eine der damals neuen Waschstraßen gefahren, wobei mich jedes Mal ein Gruseln überkam, wenn die Bürsten über das Stoffverdeck walzten. In den nächsten Jahren, das hatte ich deutlich vor Augen, würde ich mit dem Geld von meinem Stipendium auskommen müssen, Reisen allenfalls per Anhalter machen können und für eine sehr lange Zeit wahrscheinlich nie wieder so gut verdienen wie in dem Winter 1960, als das Geschäft schuldenfrei war. Mit dem Wagen war ich durch Schweden gefahren, Jensen als Begleiter, den Rekorder voll aufgedreht, Bing Crosby, Nat King Cole, Frank Sinatra und Dave Brubeck. Eine Sommerreise, wie sie nur in einem ungebundenen Lebensabschnitt möglich ist.

Jetzt begleitete mich G., den ich aus meiner kurzen Zeit im Abendgymnasium kannte, auf der Fahrt nach Braunschweig. Groß, schlank, braune tief liegende Augen, hatte er eine erstaunliche, unerschöpfliche Energie, war witzig, zynisch, schlagfertig, ein mathematisch-technisch begabter Mann mit einer radikal amoralischen Weltsicht und einer unfasslichen Geilheit, dessen Lebensziel es war, mit tausend Frauen zu schlafen, und zwar aus allen Erdteilen. Die weise Natur hatte es offensichtlich so eingerichtet, dass seine Samenüberproduktion nicht zur Befruchtung taugte.

Er passte in die Zeit, als ich den Existenzialismus entdeckte, *Der Fremde* und *Der Mythos des Sisyphos* von Camus las und die Ungebundenheit als eine Voraussetzung für das Schreiben hielt. Die Vorstellung, dass allein die soziale Distanz, die emotionale wie rationale, dem gerecht werden könne, was ich glaubte, ausdrücken zu müssen: Radikalität, Kompromisslosigkeit, auch Härte gegen sich selbst. Das waren die Vorsätze, mit denen ich losfuhr, im Gepäck die Bücher, die mir wichtig waren: Camus, Sartre, Brecht, Bachmann, Thomas Mann, Tolstoi und Nietzsche.

Auf der Fahrt erzählte mir G., er wolle eine Firma für Elektronik gründen, darum werde er ein Studium der Kybernetik anfangen. Berechnungen für Vereinfachungen, Reduktionen, andererseits für Verstärkung, Maximierung.

In Braunschweig bat er mich, an der Bruchstraße zu halten, und ging ins Bordell. Kam nach einer halben Stunde zurück, die Frau, sagte er, so, und zeichnete die Figur in die Luft. Einfach fantastisch.

Sechs, sieben Jahre später habe ich ihn wiedergesehen. Er lebte in einem Reihenhaus in Bergedorf bei Hamburg. Seine schüchterne Frau hatte sich unter dem Vorwand, Schnittchen machen zu wollen, für eine lange Zeit in die Küche zurückgezogen. So konnte er mir ungefragt erzählen, dass er die tausend nicht geschafft habe und bei dreihundertsiebenundzwanzig hängen geblieben sei. Er war Manager in einer großen Handelsfirma geworden, mittlere Hierarchie, aber mit Aufstiegschancen, wie er sich selbst einschätzte, und sagte, Napoleon sei letztlich auch auf Sankt Helena gelandet, allerdings ohne Frau. Da seine Frau gerade aus der Küche mit der Schnittchenplatte kam, mochte ich nicht nachfragen, was er damit meinte, und grübelte auf dem Nachhauseweg über den Satz.

Vor dem Braunschweig-Kolleg parkten wir unter einer mächtigen Blutbuche. Ein grau gequaderter, massiger Bau, dem man seine Bestimmung ansah: Ab 1937 war er als Führungsakademie der Hitlerjugend errichtet worden. Hier sollte die Nazi-Elite ausgebildet werden. Ein Schwimmbad, eine Turnhalle. Neben dem kasernenähnlichen Hauptgebäude lagen die ebenfalls grau gequaderten vier Wohnhäuser, zweistöckig, schindelgedeckt. Die Zimmer: ein großes dreiteiliges

Fenster, ein Bett, ein Schreibtisch, eine Dusche und ein Einbauschrank. Auf jedem Gang eine Toilette und eine Teeküche.

Wir trugen die zwei Koffer und die Tasche mit den Büchern ins Zimmer. Ich ging mit G. auf den Parkplatz, überreichte ihm die Autoschlüssel, zögerte, nahm das kleine Holzplättchen mit dem Drachentöter von dem Kettchen, wartete, bis er wendete, winkte ihm, stand am Straßenrand, sah den Wagen, den Jensen verkaufen würde, die Straße hinunterfahren. Ich hätte, wären nicht ein paar Kollegiaten vorbeigekommen, jauchzen mögen, so aber ging ich in das Gebäude und pfiff eine schartige Melodie nach einem Stück von Charlie Parker.

## Danksagung

Dank den guten Geistern, die mit Rat und Tat an diesem Buch mitgewirkt haben, meiner Frau Dagmar sowie
Kerstin Gleba
Sandra Heinrici
Martin Hielscher
Christof Hamann
Jörn Lindskog
Helge Malchow
Klaus Meyer-Minnemann
Christian Neidhart
Günter Rohrbach
Robert Zepf
und den Kolleginnen und Kollegen im Verlag.

# Literaturverzeichnis

Ingeborg Bachmann, Werke, Bd. 1. Gedichte © 1978 Piper Verlag GmbH, München.

Walter Benjamin, Erzählen. Schriften zur Theorie der Narration und zur literarischen Prosa. Ausgewählt und mit einem Nachwort von Alexander Honold, Frankfurt am Main 2015.

Gottfried Benn, Sämtliche Gedichte. Klett-Cotta, Stuttgart 1998.

Bertolt Brecht, Werke. Große kommentierte Berliner und Frankfurter Ausgabe, Band 11: Gedichte 1. © Bertolt-Brecht-Erben / Suhrkamp Verlag 1988.

Brehms Tierleben, Kleine Ausgabe für Volk und Schule, Band 4, Leipzig 1927.

J. D. Salinger, Der Fänger im Roggen, Köln 2003.

Fjodor Dostojewskij, Der Idiot. In der Übersetzung von Swetlana Geier, Frankfurt am Main 2021.

Helmut Heißenbüttel, Textbücher 1–6, Klett-Cotta, Stuttgart 1980.

Alexander von Humboldt, Ansichten der Natur, mit wissenschaftlichen Erläuterungen, Band 1, Stuttgart und Tübingen 1849.

Franz Kafka, Die Erzählungen und andere ausgewählte Prosa. Hrsg. v. Roger Hermes, Frankfurt am Main 1996.

Henry Miller, Wendekreis des Krebses, Reinbek bei Hamburg 1979.

Anaïs Nin, Ein Spion im Haus der Liebe, München 1972.

Rainer Maria Rilke, Herbsttag, Werke in drei Bänden, Band 1, Frankfurt am Main 1966.

Uwe Timm, Die Entdeckung der Currywurst, Köln 1993.

Lew Tolstoi, Anna Karenina. Neu übersetzt von Rosemarie Tietze, München 2009.

Der Kürschner. Fach- und Lehrbuch für das Kürschnerhandwerk. Herausgegeben vom Berufsbildungs-Ausschuß des Zentralverbands des Kürschnerhandwerks. Zweite überarbeitete Ausgabe, Köln 1956.

Mit herzlichem Dank an die Staats- und Universitätsbibliothek Hamburg Carl von Ossietzky.

Die anrührende autobio-
grafische Erzählung über
Uwe Timms Freundschaft
zu Benno Ohnesorg

---

dtv

Uwe Timm
Der Freund und
der Fremde

---

# Das literarische Zeugnis der Studentenrevolte

dtv

Uwe Timm
Heißer Sommer
Roman

»Nüchterner und liebevoller, zarter
und unerbittlicher ist über die
deutsche Vergangenheit selten
geschrieben worden.«

**dtv**

Uwe Timm
Am Beispiel meines
Bruders

# Das eindringliche Porträt einer Generation der verlorenen politischen Hoffnungen

dtv

Uwe Timm
Kerbels Flucht
Roman

www.dtv.de